# 사고력 위기의 시대,
# 학생 주도성을 살리는
# AI 디지털 활용 수업

사고력 위기의 시대,
학생 주도성을 살리는

**AI 디지털**
**활용 수업**

초판 1쇄 발행 2026년 1월 10일

**지은이** 이은총 · 심원지 · 박정은

**발행인** 송진아
**편　집** 아이핑크
**디자인** 권빛나
**제　작** 제이오
**펴낸 곳** 푸른칠판
**등　록** 2018년 10월 10일(제2018-000038호)
**팩　스** 02-6455-5927
**이메일** greenboard1@daum.net

ISBN 979-11-91638-30-1 13370

사고력 위기의 시대,
학생 주도성을 살리는

# AI 디지털 활용 수업

이은총·심원지·박정은 지음

푸른칠판

# 차례

# 2부
# AI·디지털 활용 수업, 어떻게 할까

## Chapter 1
### AI·디지털 활용 수업을 위한 기초 공사 1: 교사가 먼저 만나는 AI



## Chapter 2
### AI·디지털 활용 수업을 위한 기초 공사 2: 무엇을 먼저 가르치고 배워야 하는가



## Chapter 3
### 마음의 근육을 키우는 AI·디지털 활용 수업

## Chapter 4

### 생각의 근육을 키우는 AI·디지털 활용 수업



책에 참고용으로 수록된 이미지들의 원본을 자세히 확인하실 수 있어요.

# 들어가며

AI 기술의 발전 속도는 인류가 경험한 그 어떤 기술 발전 속도의 기울기보다 가파르다. AI의 시장가치, 성장성 등을 분석한 보고서와 전망을 내놓은 영향력 있는 투자 기관 코튜COATUE는 2023년 11월 발간한 「The AI Revolution」에서 인터넷, 스마트폰, AI의 미국 내 기술 채택률을 제시하였는데, 이는 AI 기술의 확산 속도를 직관적으로 보여 준다.

사용자 1억 명을 확보하는 데 인터넷이 7년, 스마트폰이 2년 반 걸린 반면, 챗GPTChatGPT는 단 2개월이 걸렸다. 지금 이 순간에도 거대 기술 기업들은 연이어 새로운 AI 모델과 기술을 발표하고 있으며, 소셜네트워크서비스(Social Network Service, 줄여서 SNS)는 연일 발표되는 새로운 기술 소식과 그에 대한 반응으로 들끓고 있다. '가장 좋은 AI는 최신 AI'

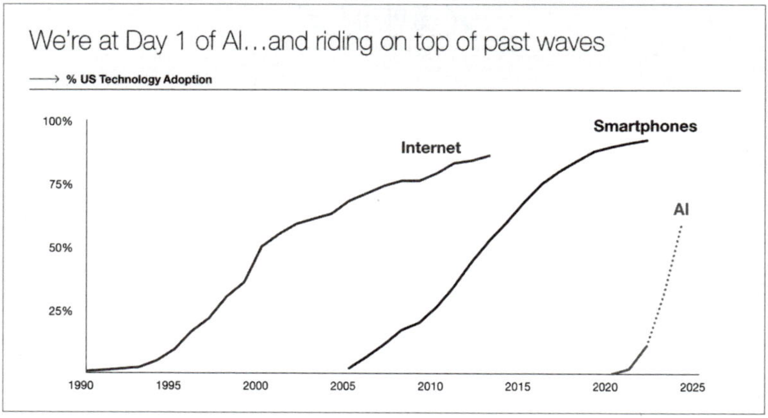


AI: The coming revolution(Viswanath & Khanna, 2023)

가 되어 버린 세상 속에서 기술 선점과 시장지배력 확보를 위한 경쟁이 그 어느 때보다 치열하다. 이러한 경쟁은 단순히 기업 간의 각축전을 넘어 국가 차원의 경쟁으로 번지고 있다. 미국과 중국을 필두로 프랑스, 인도, 그리고 대한민국을 포함한 여러 국가가 '소버린AISovereign AI', 즉 AI 주권 확보에 사활을 걸고 있다. 이는 자국의 데이터와 안보를 지키고 문화적 특수성을 반영한 AI를 개발하여 기술 종속에서 벗어나려는 국가적 의지의 표명이다. 국가 간 AI 경쟁은 GPU 등 인프라와 데이터 확보를 넘어 AI를 사회 전반에 혁신적으로 융합하는 AI 대전환AX, AI Transformation을 주도할 인재 양성에 국가적 역량을 집중하는 단계로 나아가고 있다. 교육부가 2025년 11월에 발표한 'AI for All: 모두를 위한 AI 인재 양성 방안'에는 AI 인재 양성을 넘어 AI 대전환의 혜택을 온 국민이 보편적으로 누릴 수 있도록 지원하기 위한 국가적 고민과 방향이 담겨 있다.

한편 AI의 아버지라 불리는 제프리 힌튼Geoffrey Hinton을 비롯하여 많은 AI 연구자들이 현재의 AI 경쟁이 초래할 위험에 대해 강한 메시지로 경고하고 있다. 힌튼과 함께 AI 3대 거장으로 꼽히는 요슈아 벤지오Yoshua Bengio 역시 AI가 이미 속임수, 자기보존 능력을 보이고 있다며 개발 속도를 늦추고 국제적인 안전 규약을 마련해야 한다고 강조했다. AI에 대한 우려가 커지면서 힌튼과 벤지오는 물론, 오픈AIOpenAI의 샘 올트먼Sam Altman과 구글Google 딥마인드DeepMind의 데미스 허사비스Demis Hassabis마저 "AI로 인한 인류 멸종의 위험을 완화하는 것은 팬데믹이나 핵전쟁과 같은 다른 사회적 규모의 위험들과 마찬가지로, 전 지구적 우선순위가 되어야 한다."는 성명에 서명하기에 이르렀다.[1]

하지만 이러한 경고에도 불구하고 AI 경쟁에서 뒤처지지 않는 것이 기업과 국가의 사활이 걸린 문제가 되면서, 기술 패권을 선점하기 위한 F1 경주는 멈추지 않고 있다. 이 엄청난 속도 경쟁에서 큰 사고가 일어나기 전까지는 안전을 위해 속도를 줄이는 세이프티 카Safety Car를 기대하기 어려워 보인다. 지니의 램프가 이미 세상 밖으로 나온 이상, 이제 우리에게 중요한 것은 속도가 아닌 방향이 되었다. 방향에 대한 고민 없는 질주는 결국 충돌로 귀결될 뿐이다.

"교육에서 AI 활용에 대한 진정한 기준은
그것이 학생의 배움과 성장에
실질적인 변화를 가져오는지가 되어야 한다."
- 사티아 나델라(마이크로소프트 CEO)

수많은 AI 기술이 교실 문을 두드리는 지금, 마이크로소프트 CEO 사티아 나델라의 이 한마디는 우리에게 잠시 멈추어 교육의 본질을 생각해야 한다는 메시지를 던진다. AI는 과연 학생 개개인의 학습을 돕는 기회가 될 것인가, 아니면 격차를 키우고 학생을 AI에 의존하는 수동적 학습자로 만드는 위기가 될 것인가? 학생들의 소통과 공감을 지원할 것인가, 아니면 기술에 대한 심리적 의존을 키울 것인가? 궁극적으로 우리 아이들의 사고력을 키울 것인가, 아니면 오히려 사고력을 저하시킬 것인가?

새로운 기술을 이해하고 접목해야 한다는 시대적 요구와, 섣부른 적용이 낳을지 모를 부작용에 대한 우려 사이에서 우리는 길을 찾아야 한다. 이 책은 희미한 경계 위에서 AI·디지털 기술의 발전 과정, AI와 학습에 대한 최신 연구를 토대로 교육 현장에 대한 기대와 우려를 동시에 조명하고자 한다. 그리고 이 거대한 기술의 파도 속에서 교육자들이 어떻게 지혜를 모아 학생들의 배움과 성장이라는 기회로 만들어 갈 수 있을지, 구체적인 실천 방법을 함께 모색하고자 한다.

1부 「AI 시대, 교실의 위기를 기회로 바꾸는 법」에서는 먼저 AI 기술 발전의 큰 흐름을 살펴보고, 이 기술이 교육 현장에 야기하는 복합적인 위기, 즉 윤리적 딜레마, 정서적 문제, 사고의 외주화로 인한 인지적 부채에 대해 진단한다. 이러한 위기 분석을 바탕으로 AI 시대에서 함께 나아가야 할 교육의 방향과 본질이 '나'로 바로 서서 공동체와 '연대'하는 삶을 지향하는 것임을 제안하며, 궁극적으로 위기를 기회로 전환할 열쇠가 기술이 아닌 교사에게 있음을 강조한다. 나아가 AI 활용이 학생의 사고 촉진으로 이어지기 위한 핵심 열쇠인 '순서, 교사, 프롬프팅'의 중요성을 역설하고, 교육 현장에서 AI·디지털 기술을 유익하게 활용하기 위한 목표와 원칙을 제시한다.

2부 「AI·디지털 활용 수업, 어떻게 할까」는 1부에서 제시한 방향성을 교실에서 실천할 수 있는 구체적인 방법으로 연결한다. 수업 혁신은 교사의 성장에서 시작된다는 인식하에 교사가 전문성 신장을 위한 동료로 먼저 AI를 만나는 방법(Perplexity, NotebookLM, Padlet TA 활용)을 안내한다. 다음으로 AI 시대를 살아갈 학생들이 반드시 갖추어야 할 내면의 기초(학습 방법의 학습, 비판적사고력, AI 윤리, AI 프롬프팅)를 다지기 위한 구체적인 수업 방법과 사례를 소개한다. 마지막으로 이 단단한 기초 위에 학생들의 정서적 안정과 고차원적 사고력을 기르는 AI·디지털 활용 수업 사례들을 살펴보고, 이를 효과적으로 지원하는 도구와 방법(Brisk Teaching, Vibe Coding 등)을 제시하여 현장 교사들의 실천적 역량과 교육적 상상력을 함양하고자 한다.

# Part 1

○●○

# AI 시대, 교실의 위기를 기회로 바꾸는 법

○●○

AI 기술은 교육혁신의 기대를 안고 교실에 다가서고 있지만, 동시에 학생들의 윤리적 공백, 정서적 의존, 사고력 저하라는 그림자를 드리우고 있다. 1부에서는 AI로 인한 위기의 실체를 최신 연구와 사례를 통해 깊이 분석한다. 이 심층적 진단을 토대로 기술의 파도를 헤쳐 나가 위기를 기회로 전환할 열쇠는 화려한 기술 자체가 아닌, 교육의 본질을 꿰뚫는 교사의 통찰과 교육적 원칙임을 논하고자 한다.

# Chapter 1

## AI·디지털 활용 수업,
## 위기인가 vs. 기회인가

# 1 AI·디지털 기술, 어디까지 왔나

2023년 유튜브를 뜨겁게 달군 영상이 하나 있다. 할리우드 배우 윌 스미스가 스파게티를 먹는 영상이었다. AI를 활용해 만든 이 영상은 누가 봐도 어색한 표정과 기괴하게 반복되는 움직임으로 사람들의 웃음을 유발하며 순식간에 온라인 밈으로 퍼져 나갔다. 영상의 파급력이 어찌나 컸던지, 이후 '윌 스미스가 얼마나 자연스럽게 스파게티를 먹는가?'는 영상 생성 AI의 성능을 가늠하는 기준으로 자리 잡았다.

2024년 중국 콰이쇼우(Kuaishou, 快手)가 개발한 클링AIKlingAI로 생성한 영상은 차원이 달랐다. 너무나 정교한 나머지 사람들은 실제 영상과 AI 영상을 거의 구분하지 못했다. SNS 스레드Thread에 올라온 영상을 본 이용자들은 '이건 AI가 만든 영상이 아니라 윌 스미스 본인이 올린 패러디 영상'이라며 확신했고, 이 댓글은 수많은 공감을 얻었다. 그러나 그 영상 역시 AI가 만든 것이었다. '어색한 합성물'이 인간의 눈을 속이는 수준으로 발전하는 데 걸린 시간은 단 1년이었다.

윌 스미스 영상의 사례가 보여 준 이 놀라운 결과는 사실 생성형 AIGenerative AI 발전이라는 거대한 빙산의 일각에 불과하다. 2022년 말 오픈AI의 챗GPT를 필두로 거대 기술 기업들이 경쟁적으로 뛰어들며, 초기 텍스트 기반의 싱글모달Single-Modal을 넘어 넘어 이미지, 오디오, 영상까지 처리하는 멀티모달Multimodal AI로 기술을 빠르게 발전시켰다. 오픈AI의 GPT-4o는 오디오 응답에 단 320밀리초ms밖에 걸리지 않아 인간의 반응 속도와 거의 일치하는 능력을 보여 주었으며, GPT-3.5 수준의 추론을 활용하는 비용은 2022년에 비해 2024년 약 280배 이상 저렴해졌다.[2] 2025년에 발표된 구글의 나노 바나나Nano Banana는 캐릭터의 일관성을 탁월하게 유지하며 4~5초 만에 이미지를 만들어 냈고, 베오 3Veo 3는 물리 법칙을 잘 지키며 현실감을 잘 표현하여 놀라움을 자아냈다. 이는 비용의 효율성, 접근성, 성능을 빠르게 개선하며 광범위한 AI 확산의 기반이 되고 있다.

이러한 혁신은 가상 세계를 넘어 물리 세계로 다가오고 있다. 특히 로봇공학 분야에서 가장 대표적인 변화가 나타났다. 최근 10억 달러(약 1조 4,000억원) 규모의 투자금을 유치한 미국의 로봇 스타트업 피규어 AIFigure AI가 개발한 휴머노이드로봇은 AI 기술과 만나 스스로 영상을 보고 인간의 행동을 배우는 지능형 로봇으로 진화하고 있다. 테슬라

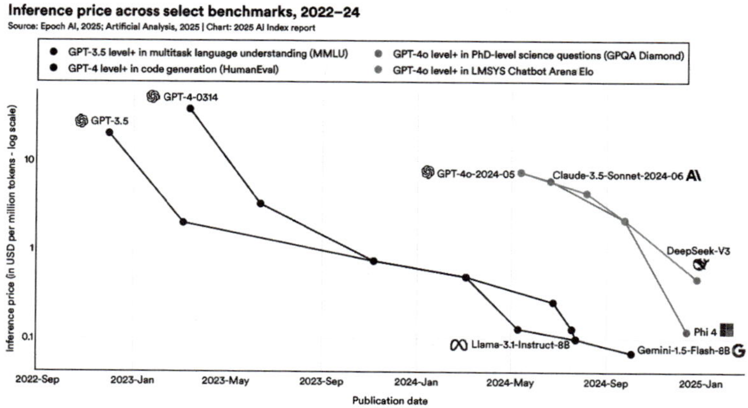


2022년 9월 ~ 2025년 1월 AI 가성비 지표(AI Index report, 2025)

Tesla 역시 영상 학습 기반의 휴머노이드 옵티머스Optimus를 대규모로 생산할 계획을 밝혔다. 이는 로봇이 정적인 공장을 넘어 인간과 상호작용하는 복잡한 환경으로 활동 영역을 넓히고 있음을 보여 준다.

AI 기반의 자율주행기술 역시 실험 단계를 넘어 상용 서비스 단계로 진입했다. 특히 자율주행 로보택시가 대표적이다. 미국에서는 웨이모Waymo와 테슬라가 샌프란시스코, 오스틴 등 주요 대도시에서 이미 일반인 대상으로 유료 서비스를 시작하거나 준비하고 있다. 중국 역시 정부 주도하에 베이징, 우한, 선전과 같은 기술 시범구에서 바이두 아폴로Baidu Apollo 등 자국 기업의 완전 자율주행 로보택시 운행을 허가하며 기술 도입을 서두르고 있다. 이처럼 AI가 주변 환경을 정밀하게 인식하고 예측하는 능력이 고도화되면서, 자율주행자동차가 점차 자리를 잡아 가고 있다.

인간의 건강과 직결된 의료 영역의 변화는 더욱 극적이다. 디지털 헬스케어 시장은 스마트워치 같은 웨어러블 기기, 원격진료와 결합한 의료 AI의 발전에 힘입어 폭발적으로 성장하고 있다. AI는 방대한 의료 영상 데이터를 학습해 인간 의사만큼 정확하게 질병을 진단하고, 개인의 유전정보를 분석하여 맞춤형 치료 전략을 제시한다. 실제로 세계 뇌졸중 전문가들과 AI가 뇌 영상으로 예후를 예측하는 대결에서 AI는 인간 교수진보다 3배 이상 빠른 속도와 20% 이상 높은 정확도를 기록하며 그 우수성을 증명하기도 했다.[3] 촌각을 다투는 응급 상황에서 수많은 환자의 데이터를 학습한 AI는 인간의 실수를 줄이는 제2의 의견을 제시함으로써, 보다 체계적이고 신속한 치료 전략을 세우는 데 결정적인 도움을 줄 것으로 기대된다.

나아가 AI는 신약 개발과 생명과학의 근간이 되는 단백질 구조 예측 분야에서도 활용되면서 영향력을 끼치고 있다. 2024년 노벨화학상은 AI 알파폴드AlphaFold와 함께 대중이 게임처럼 참여하는 단백질 구조 예측 프로젝트 폴드잇Foldit을 개발한 과학자에게 공동 수여되었다. 이는 AI와 인간이 집단지성의 힘을 발휘해 과거라면 수십 년에 걸쳐 알아냈을 생명의 비밀을 단기간에 풀어내고 있음을 보여 준 상징적인 사건이다. 이처럼 AI는 인류의 수명을 연장하고 건강을 관리하는 핵심기술로 자리 잡았다.

이제 AI는 콘텐츠 창작을 넘어, 로봇과 자동차를 움직이고 인간의 생명을 구하는 등 우리 사회의 근본적인 작동 방식을 바꾸고 있다. 지금까지 살펴본 분야의 혁신은 아주 일부에 불과하다. 이미 금융, 교육, 행정, 기초과학 연구 등 인간 활동의 거의 모든 영역에서 AI를 활용한 새로운 시도들이 이어지고 있으며, 우리가 상상하지 못했던 방식으로 조금씩 사회구조와 일상의 풍경을 바꾸어 놓고 있다. 윌 스미스의 어색한 스파게티 영상으로 시작된 작은 물결은 이제 우리 삶의 전반으로 펴져 나가고 있다.

# 학교교육의 AI·디지털 기술 도입 역사와 사례

교실은 아주 오랜 기간 동안 칠판과 분필, 종이의 세계였다. 인쇄물을 괘도에 걸거나 손으로 직접 써서 만든 수업 자료를 활용하던 시절이 길게 이어졌다. 두툼한 출석부와 생활기록부, 공문철이 책장에 가득했고, 업무는 손 글씨와 도장으로 마무리되곤 했다. 그러다 컴퓨터실 구축, 대형 텔레비전과 교실용 컴퓨터 보급이 이뤄지면서 교실 풍경이 조금씩 달라졌고, 교육행정정보시스템(NEIS, 일명 나이스)의 도입으로 학생·학사 정보가 디지털로 관리되기 시작했다. 종이에서 디지털로의 전환이 본격화된 것이다.

학교교육에 AI·디지털 기술이 폭넓게 스며든 결정적 계기는 코로나19 팬데믹이었다. 2020년 전 세계 약 16억 명의 학습자가 학교 폐쇄를 경험했고[4], 교육 시스템은 불과 몇 달 사이에 대규모 온라인 전환을 거쳤다. 초기에는 인프라 부족과 디지털 격차가 도드라졌지만, 빠르게 안정화가 이뤄졌고 한국의 신속한 원격수업 대응은 국제적 주목을 받기도 했다. 등교가 재개된 뒤에도 온라인수업의 경험은 남아, 오프라인수업과 디지털콘텐츠가 자연스럽게 융합되는 블렌디드러닝Blended Learning으로 이어졌다. 결과적으로 팬데믹은 일시적 비상 대응을 넘어 교육의 디지털 전환을 가속시켰고, 이는 AI와 데이터 기반의 개별 맞춤형 학습으로 나아가는 발판이 되었다.

이제 각 교실마다 설치된 무선망, 학생 개별 태블릿과 전자칠판, 각종 에듀테크EdTech를 활용하는 모습은 더 이상 특별한 장면이 아니다. 특히 최근에는 AI 기술을 기반으로 하는 에듀테크들이 속속 도입되고 있다. 스쿨플랫, 매쓰홀릭T, 클래스팅 등 많은 수학 에듀테크들이 학생의 학습 과정을 분석하고 맞춤형으로 학습 경로를 추천해 주는 코스웨어 형태를 띠며 챗봇 형태의 AI 튜터 시스템을 접목하고 있다. 플랭, 말해보카, 듀오링고와 같은 영어 에듀테크 서비스는 AI가 발음을 분석해 주거나 챗봇과 회화 연습을 하는 등 정교한 상호작용을 가능하게 했다.

공교육에서도 정부 차원의 AI 도입을 적극적으로 시도했다. 2023년 교육부는 '디지털 기반 교육혁신 방안'을 발표하며 교사와 AI가 협력하는 학생 맞춤형 수업을 목표로 삼았다. 이를 실현하고자 AI디지털교과서AIDT를 개발하고 교사 연수 등을 적극적으로 추진하며 2025년부터 수학, 영어에 적용하였으나 정책적 변화 등으로 인해 속도와 방향을 조정했다.

정책적 조정을 거친 교육부는 2025년 11월 'AI for All: 모두를 위한 AI 인재 양성 방안'을 발표하며 AI 대전환(AX, AI Transformation) 시대를 천명하고 '전 생애주기에 걸친 보편적 AI 교육과 세계 3강을 견인하는 다층적 인재 양성'을 목표로 제시했다.[5] 이 방안은 초·중등에서의 AI 교육 확대, 대학의 다층적 AI 인재 양성 강화, 그리고 국민을 위한 평생·직업 교육 확대에 이르는 전방위적이고 체계적인 지원 방향을 담고 있다.

한편 교육 현장에서 학생들의 직접적인 생성형 AI의 사용도 점차 확대되고 있다. "막을 것인가, 활용하도록 가르칠 것인가?"를 두고 갑론을박이 이어지고 있으나, 최신 기술로부터 학생들을 영원히 고립시킬 수 없기에 학교라는 안전한 환경에서 AI를 책임감 있고 효과적으로 활용하도록 가르치는 것이 더 중요하다는 목소리에 힘이 실리고 있다. 그동안 생성형 AI 기업들은 미성년자 이용에 대해 암묵적으로 위험성을 경고하는 식의 소극적인 태도를 보여 왔다. 그러나 최근 미성년자를 위한 새로운 기준을 마련하며 적극적인 변화를 보이고 있다. 구글은 교육용 워크스페이스 관리자가 허용 시 모든 연령의 학생이 제미나이Gemini 등을 사용할 수 있도록 접근성을 넓혔고, 오픈AI 역시 2025년 9월에 유해 콘텐츠 필터링, 부모 통제 기능 등이 추가된 18세 미만 전용 챗GPT를 출시한다고 발표했다.[6]

교사들 역시 AI를 수업 준비와 업무 경감에 적극 활용 중이다. 개별 학생에게 최적화된 맞춤형 콘텐츠 및 피드백 제공과 더불어 생성형 인공지능을 활용해 수업 활동 아이디어를 얻거나 평가 자료를 생성하는 데 도움을 받는다. 또 각종 업무용 문서를 만들거나 가정통신문을 작성하는 등의 문서 업무에도 활용하며 업무 효율을 높이고 있다.[7]

종합해 보면 학교교육에서 지난 몇 년간의 기술 발전은 유례없이 빠르고 집약적이었다. 한 가지 분명한 점은 디지털 기술은 교사를 대체하는 것이 아니라 돕는 수단이며, 궁극적인 교육의 목표를 이루기 위한 도구라는 것이다. 하지만 이러한 급격한 디지털 전환이 과연 학생들의 학습과 성장에 긍정적인 영향만을 미치고 있는지, 또한 우리는 어떤 균형 감각으로 기술을 현명하게 사용해야 하는지, 그 이면을 들여다볼 필요가 있다.

# 디지털 네이티브 Z세대, 무엇을 잃고 있는가

근래 스마트폰과 SNS가 인간의 뇌 기능과 정신 건강에 미치는 부정적 영향에 대해 경각심을 일깨우는 목소리가 커지기 시작했다. 저널리스트 요한 하리Johann Hari의 책 『도둑맞은 집중력』(요한 하리, 어크로스)은 이러한 시대적 불안을 다루며 큰 반향을 일으켰다.

업무를 위해 컴퓨터를 켰다가 스마트폰 알림에 이끌려 무의식적으로 SNS를 스크롤 하며 시간과 집중력을 빼앗긴 경험은 누구에게나 익숙할 것이다. 차분히 앉아서 책 한 권을 온전히 읽거나 영화 한 편을 끝까지 감상하는 것이 예전보다 훨씬 어려워졌다고 말하는 사람들도 많아졌다. 우리는 인플루언서나 AI가 요약하고 정리해 주는 지식과 정보에 익숙해지면서 깊이 몰입하고 사고하는 경험과 점차 멀어지고 있음을 체감하고 있다.

요한 하리는 이러한 집중력의 위기가 개인의 의지 문제가 아니라, 사용자의 주의를 끊임없이 빼앗도록 설계된 사회구조적 문제라고 주장한다. 특히 거대 기술 기업들이 사용자를 가능한 한 오래 화면 앞에 붙잡아 둠으로써 더 높은 이익을 창출하는 비즈니스 모델 자체에도 주목한다.[8]

이러한 분석은 사회심리학자 조너선 하이트Jonathan Haidt의 진단과도 맞닿아 있다. 그는 『불안 세대』(조너선 하이트, 웅진지식하우스)에서 Z세대*의 불안과 우울증 비율이 급증한 원인을 이 세대가 역사상 처음으로 '놀이 기반 아동기에서 스마트폰 기반 아동기로의 대재편을 경험했기 때문'이라고 진단한다.[9] 청소년들이 스마트폰을 통해 많은 시간 디지털 세상에 머무르면서 친구와의 대면 교류는 줄어들고 수면의 양과 질이 모두 저하되며 인지적, 정서적 문제를 경험하고 있다는 것이다.

역설적으로 이 기술의 위험성을 가장 잘 아는 이들은 바로 그 기술을 만든 장본인들이다. 스티브 잡스Steve Jobs는 생전 뉴욕타임스와의 인터뷰에서 자신의 자녀들은 아이패드를 사용해 본 적이 없으며, 가정 내 기술 사용을 엄격히 제한한다고 밝혔다. 빌 게이츠Bill Gates 역시 자녀가 14세가 될 때까지 스마트폰을 허락하지 않았으며, 구글의 전 최고경영자 에릭 슈미트Eric Schmidt는 통제되지 않는 디지털 환경에 아이들을 노

* Z세대란 일반적으로 1990년대 중반부터 2010년대 초반에 태어나 유년기부터 디지털 환경에 노출된 세대를 지칭한다.

출시키는 현실을 거대한 실험이라 칭하며 깊은 우려를 표한 바 있다.[10]

그렇다면 학교에서 디지털기기를 활용했을 때 학생들의 학습에 어떤 영향이 있었을까? 교사가 교육적 목적을 가지고 디지털 기술을 활용하는 것은 통제되지 않은 무분별한 개인적 사용과는 다르기에 기대를 가져 볼 수도 있다.

그러나 이에 대해 2023년 「UNESCO 세계 교육 현황 보고서」는 냉정한 현실을 보여 준다. 보고서는 우선 교육에서 디지털 기술의 부가가치에 대한 확실한 증거는 거의 없다고 단언하며, 교육 기술의 긍정적 효과에 대한 증거가 부족하고 편향되어 있음을 지적한다.[11] 기술이 학습에 긍정적인 효과를 보인 경우도 주로 고차원적인 사고력 증진보다는 반복 훈련과 연습에 중점을 둔 제한적인 결과였다.

보고서는 특히 디지털 기술의 과도한 사용이 낳는 부정적 영향을 명확하게 경고하는데, UNESCO에서 인용한 2022년 PISA 보고서[12]에 따르면 학교에서 학습 목적으로 디지털기기를 전혀 사용하지 않는 학생보다 최대 1시간까지 적절히 사용하는 학생들의 수학 점수가 더 높았다. 하지만 사용 시간이 1시간을 넘어가면서부터는 오히려 점수가 점차 낮아졌으며, 특히 5시간 이상 사용하는 경우 학업성취도 하락이 뚜렷하게 나타났다. 이는 통제된 교실 환경에서조차 디지털기기의 과도한 사용이 학습 방해 요인으로 작용할 수 있음을 보여 준다.

저널리스트와 사회심리학자의 통찰부터 기술 설계자들의 역설적인 행보, 그리고 국제기구의 보고서에 이르기까지 모든 증거는 하나의 방향을 가리키고 있다. 디지털 기술을 교육 현장에 섣불리 도입하는 것은 학습 개선을 보장할 수 없으며, 오히려 과도한 사용으로 부작용을 낳을 수도 있다는 경고이다.

이는 이 책의 논의를 다음 단계인 AI로 이끈다. 비교할 수 없이 빠른 속도로 발전하며 우리 삶에 스며드는 이 새로운 기술 앞에서 AI 네이티브 세대 학생들은 어떤 문제를 마주하게 될까?

# 현장의 목소리, AI에 대한 교사들의 기대와 우려

우리나라의 기술 수용도와 도입률은 전 세계적으로 최상위권에 해당한다. 1990년대 초고속인터넷, 2000년대 스마트폰 및 모바일 인터넷, 그리고 근래의 AI까지 신기술은 사회 전반에 걸쳐 빠르게 확산되어 왔다. 오픈AI의 챗GPT 출시 이후 한국은 세계에서 가장 높은 수준의 생성형 AI 사용률과 유료 구독자 수를 보이는 국가로 꾸준히 언급되고 있다. 챗GPT 유료 구독자 수는 미국에 이어 세계 2위 수준이며, 생성형 AI 활용률과 업무 내 활용률은 미국에 비해 두 배 가량 높은 수준이다.[13] 이러한 현상의 배경에는 견고한 디지털 인프라와 신기술에 대한 사회의 적극적인 수용성이 자리하고 있다. 이러한 경향은 기업 환경에서도 뚜렷하게 나타난다. 한국지능정보사회진흥원NIA의 보고서에 따르면 2022년 기준 국내 기업의 인공지능 도입률은 28%에 달해, 같은 시기 OECD 평균인 8.1%를 크게 웃돌았다.[14]

우리나라는 단순히 기술을 빠르게 도입하는 시장을 넘어, 핵심 기술을 개발하는 생산국으로서도 두각을 나타내고 있다. AI 벤치마킹 전문 기업 아티피셜 애널리시스Artificial Analysis의 보고서(2025년 9월 19일 기준)에 따르면 LG AI 연구원의 엑사원 4.0 같은 국내 LLM 언어 모델은 세계적인 성능을 갖추었다. 특히 이 모델은 미국과 중국의 기술 패권 구도 이외에 가장 지능적인 모델로 평가받으면서 한국의 기술적 역량을 입증하고 있다. 국가적으로는 AI 3대 강국 도약을 목표로 대통령 직속 국가AI전략위원회를 출범시키고, AI 데이터센터 구축, 인재 양성과 규제 정비 등 독자적인 AI 생태계 확보에 총력을 기울이고 있다.

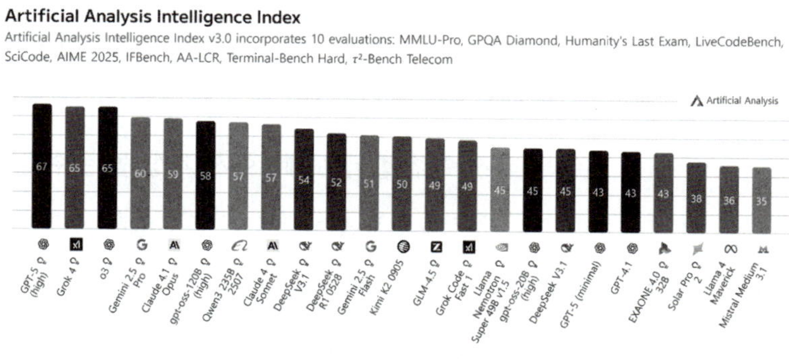


AI Intelligence Index(Artificial Analysis, 2025.9.19.)

이처럼 국가 차원의 강력한 정책적 의지와 전 세계적으로 그 우수성을 인정받는 한국 교사들의 높은 신기술 수용성이 만나는 지점에서, 우리나라 교육계의 AI 도입은 그 어느 국가보다 빠르고 깊게 이루어질 가능성이 높다. 이는 분명 새로운 교육혁신의 기회를 제공하지만, 동시에 앞서 살펴본 Z세대의 문제와 같이 잠재적 위험이 가장 빠르게 확산되는 환경을 만들 수도 있다.

결국 거대한 정책적 흐름과 기술적 가능성 속에서 AI가 교실의 문을 두드릴 때 최종적인 방향키를 쥐고 있는 이는 바로 교사이다. 2025년 여름 교육혁신 선도교사 연수 강사 활동에서 이루어진 교사들의 심도 있는 논의들은 교육의 최전선에 있는 교사들이 AI의 양면성을 얼마나 깊이 인식하고 있는지 명확히 보여 주었다.

먼저 교사들은 AI가 지닌 긍정적 잠재력, 즉 기존 교육의 한계를 넘어 학생들의 학습 촉진 가능성에 주목했다. AI가 개인별로 최적화된 자료와 즉각적인 평가 및 피드백을 제공함으로써 학습 격차를 해소하고 학생 스스로 방대한 자료를 탐색하며 학습을 이끌어 가는 자기 주도적 탐구의 강력한 도구가 될 수 있다는 기대가 있었다. 또한 자료 수집과 같은 단순 반복 작업을 AI가 대신함으로써 교사와 학생 모두 탐구의 본질에 더욱 집중할 수 있으며, AI를 잘 활용하기 위해 좋은 질문을 던지는 능력이 중요해지면서 학생들의 사고가 확장될 수 있다는 점도 긍정적으로 평가했다.

하지만 이러한 기대감의 이면에는 AI가 가져올 부작용에 대한 깊은 고민이 자리했다. 우려는 AI가 학생들의 학습경험을 근본적으로 바꿔 버릴 수 있다는 불안감이며, 이는 크게 윤리적·인지적·정서적 차원으로 나누어 볼 수 있다.

첫 번째 우려는 윤리적 딜레마이다. AI를 활용한 과제 대필 및 표절 문제부터 AI에 내재된 편향이 교육적 불평등을 심화시키는 문제, 그리고 학생들의 민감한 학습 데이터가 침해될 수 있는 문제에 이르기까지 교사들은 기술의 발전 속도를 따라가지 못하는 윤리적 공백을 깊이 우려하고 있다.

둘째, 정서적 관계의 왜곡이다. 학생들이 AI와의 기계적인 소통만 반복하면 인간적인 공감 능력이 저하되거나, AI에 대한 정서적 의존이 심화될 수 있다는 점이 우려 사항으로 제기되었다.

셋째, 사고력 저하의 문제이다. 학생들이 스스로 생각하고 문제를 해결하기보다 AI가 제공하는 정답에 의존하여 '생각하는 힘' 자체를 잃어버리게 되는 것을 가장 큰 위협으로 인식했다. 학습의 핵심 과정이 생략된 채 결과만 얻게 되어 깊이 있는 이해에 도달하지 못할 것이라는 우려이다.

이러한 현장 교사들의 목소리는 이 책이 던지는 핵심 질문과 정확히 맞닿아 있다. 과연 교사들이 우려하는 윤리적 딜레마, AI가 대신하는 소통과 공감, 사고력의 외주화는 단지 기우일 뿐인가, 아니면 이미 현실에서 벌어지고 있는 위기 상황인가? 바로 이 근본적인 우려의 실체를 심층적으로 분석해 보고자 한다.

# AI가 던지는 윤리적 딜레마, 이대로 괜찮은가

AI는 인간 중심의 사회구조를 근본적으로 재편하고 있다. 과거의 기술이 인간의 연결을 돕는 도구의 역할에 머물렀다면, 오늘날의 AI는 스스로 목표를 추구하고 결정을 내리는 행위자의 특성을 보인다. 유발 하라리Yuval Noah Harari의 지적처럼 스스로 목표를 추구하고 결정을 내릴 수 있는 AI는 인간으로 구성된 연결망에 새로운 주체로 등장했을 뿐만 아니라, 인간을 거치지 않는 AI 간의 연결망이 독자적인 사슬을 형성하는 시대를 열고 있다.[15] 이처럼 AI가 인간의 사고, 상호작용, 의사결정 과정에 깊숙이 관여하는 독립된 비인간 행위자로서 영향력을 확장하면서, 기술의 급격한 발전은 새로운 가능성과 함께 윤리적 공백을 드러내고 있다.

AI가 교육에 던지는 윤리적 딜레마를 살펴보기 전에 윤리ethics, 인공지능 윤리AI ethics, 윤리적 딜레마ethical dilemma의 명확한 뜻부터 알아보자. 윤리란 인간이 사회적 일원으로서 지켜야 하는 행동 규범이며 공동체 구성원 전체가 공유하는 도리로, 살아가면서 지켜야 할 집단적인 이치를 뜻한다. 이는 개인의 주관적 가치인 도덕보다 더 보편적이고 사회규범적 성격을 지닌다.[16] 인공지능 윤리는 AI 기술의 개발, 연구, 적용 등 전체 단계에서 인공지능을 둘러싼 규범적 문제를 다룬다.[17] 과거 인공지능 윤리는 주로 개발과 연구를 담당하는 전문가 집단에 국한되어 논의되었다. 하지만 AI가 우리 일상에 깊이 스며들면서 이제는 AI를 활용하는 모든 대중이 윤리적 문제의 주체이자 당사자가 되었다.

윤리적 딜레마란 두 가지 이상의 윤리적 규범 또는 가치가 충돌해 선택지 중 어느 하나를 선택하기 어려운 상황을 의미한다.[18] 기존의 방식은 주로 정보나 국제기구와 같은 기관이 윤리적 기준을 제시하고 사회 구성원들이 이를 따르는 하향식top-down 구조였다. 하지만 지금은 AI 기술의 발전 속도가 윤리적, 법적 논의의 속도를 압도하면서 기존 방식으로는 개인이 일상에서 마주하는 수많은 윤리적 딜레마를 판단하고 대응하기 어려운 시대가 되었다. 그리고 이 윤리적 공백은 아직 보편적 가치관이 형성되는 과정에 있는 학생들에게 더 큰 위협으로 다가온다. 교육 현장에서 실제로 발생하는 AI 윤리적 딜레마 사례는 크게 부정행위(과제 대필 및 표절), AI의 편향과 차별, 개인정보 침해, 인간 주체성의 위기로 나누어 볼 수 있다.

## 부정행위(과제 대필 및 표절)

2025년 11월 연세대학교 중간고사에서는 생성형 AI를 활용한 대규모 부정행위가 적발돼 큰 논란과 우려를 자아냈다.[19] 이러한 시험 부정행위뿐만 아니라 일상적인 과제 수행에서도 AI 활용이 보편화되며, 이제 대학가에서는 "AI 없이는 과제를 할 수 없다."는 말이 나올 정도가 되었다. 이는 단순히 과제를 대신 작성하는 수준을 넘어, 학생들이 학습 과정에서 반드시 거쳐야 할 지적 사고와 탐구의 과정을 생략시킨다는 점에서 문제의 심각성이 크다.

더 큰 문제는 이를 예방하기 위해 학생들의 AI 사용을 금지하더라도 AI가 생성한 결과물을 인간은 물론 탐지 기술로도 식별하기 어렵다는 것이다. 영국 레딩대학교University of Reading에서 수행된 실증 연구[20]에 따르면 인공지능(GPT-4)이 100% 작성한 답안의 94%가 인간의 채점과 유사도 검사 과정에서 탐지되지 않았다. 인간의 채점과 기존의 표절 검사 서비스뿐만 아니라 AI 기업이 개발한 AI 탐지기도 AI가 생성한 결과물과 인간이 창작한 결과물을 구분하지 못한다. 오픈AI가 자체 개발한 AI 탐지기의 정확도가 26%에 불과해 서비스를 철회했을 정도이며, 간단한 프롬프트(예: 'AI 탐지 서비스에 걸리지 않도록 해 줘' 등)로 우회하기도 쉬워 기술에 기반한 탐지는 사실상 불가능하다.

설상가상으로 이 연구에서 AI 답안은 탐지되지 않았을 뿐만 아니라, 실제 학생들의 답안보다 평균적으로 5% 높은 점수를 획득했으며 대부분 상위권에 집중되는 경향까지 나타났다. 탐지가 어려울뿐더러 AI를 사용하는 것이 더 좋은 성과를 내는 현실 앞에서 학생들에게 AI 사용을 포기하라고 요구하기는 어려울 것이다. 결국 '감시'와 '탐지'라는 방식이 지속 가능한 해결책이 되기 어렵다는 것을 인정해야 한다. 이제 교육계의 논의는 '어떻게 막을 것인가'에서 '어디까지 학습을 위한 도구 활용으로 보고, 무엇을 부정행위로 규정할 것인가'에 대한 사회적, 교육적 합의를 형성하는 방향으로 전환되어야 한다.

### AI의 편향과 차별

AI는 인간이 생성한 데이터를 토대로 학습하기에, 데이터에 내재된 인간 사회의 편견 역시 그대로 학습하여 불평등을 재생산하고 강화할 수 있다. 가장 대표적인 사례가 2020년에 발생한 영국의 대입(A-Level) 시험 차별 논쟁이다. 2020년 코로나19로 영국의 대입 시험인 A-Level이 취소되자, 영국 정부는 교사 예상 점수, 학생의 A-Level 예비시험 및 학교 과제 점수, 해당 학교의 과거 성적을 바탕으로 알고리즘이 예측한 점수를 수험생에게 통보했다. 그러나 이 알고리즘이 공정성을 위해 소속 학교의 과거 성적에 가중치를 부여하면서 문제가 발생했다. 역사적으로 성적이 우수한 명문 사립학교 학생들은 대체로 높은 점수를 받았지만, 저소득 지역 공립학교의 우수 학생들은 억울하게 점수가 깎이는 사태가 벌어진 것이다. 결국 거센 대중적 분노에 직면한 영국 정부는 알고리즘이 내린 결정을 전면 폐기해야만 했다.[21]

이 사태는 AI의 편향이 사회적으로 명확히 드러났기에 해결될 수 있었지만, 대부분의 AI는 그 판단 과정을 완벽히 설명하지 못하는 블랙박스처럼 작동한다. 만약 AI 기반 맞춤형 교육 시스템이 편향된 데이터를 학습하여 소수 집단 학생에게 불리하게 학습 경로를 추천하거나 평가한다면 그 불공정한 과정을 인지하고 바로잡기가 어렵다. 이는 교육 기회의 불균형을 심화시키고 기술에 대한 불신과 갈등을 일으킬 수 있다.

### 개인정보 침해

AI 기반 교육 서비스를 위해서는 학생 데이터 수집이 필수적이다. AI는 학생의 접속 기록, 과제 수행 과정, 평가 결과 등 민감한 데이터를 분석하여 맞춤형 학습을 지원한다. 하지만 이러한 대규모 데이터 수집은 심각한 개인정보 침해의 위험을 동반한다. 가장 직접적인 위험은 해킹 등을 통해 학생들의 민감한 교육 데이터가 외부로 유출되는 것이다. 더 나아가 민간 기업에서 수집된 데이터가 상업적 목적으로 활용되거나, 학생의 동의 없이 제3자에게 제공될 수도 있다. 학생의 학습 과정을 돕는다는 명분 아래, 학생들의 데이터가 무분별하게 수집되고 유출될 수 있다는 점은 교육에서의 AI 활용이 마주한 윤리적 딜레마이다.

## 인간 주체성의 위기: 정서적 의존과 사고의 외주화

AI가 교육에 던지는 가장 근본적인 딜레마는 인간의 주체성을 약화시킬 수 있다는 점이다. 이는 크게 정서적 차원과 인지적 차원의 두 가지 위협으로 나타날 수 있다. 정서적 차원에서 AI는 학습의 어려움뿐만 아니라 정서적 외로움에 대한 즉각적인 위안을 제공하기도 한다. 항상 친절하기만 하고 비판하지 않는 AI와의 상호작용은 단기적으로 학생에게 심리적 안정감을 줄 수 있다. 하지만 장기적으로는 인간관계에서 오는 복잡하고 깊이 있는 상호작용을 회피하게 만들고 AI에 대한 정서적 의존을 심화시킬 위험이 있다.

인지적 차원에서는 AI에 대한 사고의 외주화가 학생들의 사고력을 저하시키는 문제로 이어질 수 있다. AI가 제공하는 즉각적인 정답과 편리함에 익숙해진 학습자는 스스로 문제를 해결하기 위해 끈기 있게 고민하는 학습의 필수적인 과정을 생략하게 된다. 이러한 지적 분투의 과정 없이는 깊이 있는 학습과 고차원적 사고 능력의 발달이 이루어지기 어렵다. 결국 학습자는 AI 없이 어떤 문제도 해결하지 못하는 수동적인 존재로 전락할 위험이 있다.

바로 이어서 AI가 제공하는 정서적 위안이 어떻게 심리적 의존으로 이어질 수 있는지, 그리고 사고의 외주화가 구체적으로 인간의 인지능력을 어떻게 약화시키는지 들여다보고자 한다.

# AI와 나누는 소통과 공감, 이대로 괜찮은가

2025년 수개월간 기대를 모았던 GPT-5 버전이 공개되었다. 오픈AI의 CEO 샘 알트먼이 SNS를 통해 '초지능', '맨해튼 프로젝트'와 같은 자극적인 단어로 기대감을 최고조로 끌어올렸기에 사람들은 전례 없는 기술적 혁신을 기대했다. 하지만 공개 직후 전혀 다른 곳에서 논란이 발생했는데, 그 핵심은 기술적 성능이 아닌 감성적 교감의 부재였다. 사용자들은 친구에서 비서가 된 느낌이라며 GPT-5의 비즈니스적이고 무미건조한 응답에 강한 거부감을 드러냈다. 사태가 심각해지자 샘 알트먼은 이전 버전(GPT-4o)을 선택할 수 있도록 옵션을 복원하고, 더 따뜻한 모델로 업그레이드하겠다는 계획을 서둘러 발표해야 했다. 전 세계 이용자들이 AI를 단순한 기술 도구를 넘어 사용자에게 정서적 유대감을 제공하는 존재로 여기고 있음을 분명히 보여 준 대표적인 사례였다.

많은 사용자들이 자신의 일과를 공유하거나 사소한 고민을 털어놓는 가벼운 대화부터 트라우마와 같은 내밀한 이야기까지도 나누며 AI와 정서적 관계를 맺고 있다. 한때 SNS에 "지금까지의 대화를 바탕으로 나의 장점이나 단점을 분석해 줘."라는 프롬프트가 유행한 것만 봐도 어느 정도 AI에 대한 깊은 신뢰가 있음을 알 수 있다. 2025년 미국심리학회APA 조사에서 설문에 참여한 미국 내 청년층의 절반 이상(52%)이 AI에게 건강 상담을 하는 것이 편안하다고 답했을 정도다.[22] GPT-5 논란은 이처럼 사용자와 AI의 깊어진 유대감을 간과한 결과였으며, AI의 미래가 기술적 성능뿐만 아니라 감성적 교감에 달려 있음을 증명한 상징적인 사건이 되었다.

AI는 심리적 조언자로서 강력한 이점을 가진다. 24시간 접근할 수 있으며 시공간의 제약 없이 즉각적으로 반응한다. 특히 무조건적인 경청은 AI의 가장 큰 매력이다. 수많은 임상 연구에서 핵심 치료 기법으로 꼽히는 경청은 그 자체만으로 정서적 안정감을 주고 심리적 고통을 완화하는데, 생성형 AI는 이 역할을 가장 효과적으로 수행할 수 있는 존재 중 하나이다. 2025년 마크 자오-샌더스Marc Zao-Sanders가 하버드 비즈니스 리뷰Harvard Business Review에 기고한 바에 따르면 생성형 AI의 가장 주된 이용 목적이 2024년 아이디어 생성에서 2025년 치료와 정서적 동반자로서의 활용으로 바뀌었다는 것은 이러한 내용을 뒷받침한다.[23]

AI의 정서적 지지 기능은 특히 요즘 아이들에게 더욱 매력적으로 다가온다. 디지털 환경이 익숙하고 때로는 현실보다 가상 세계에서의 소통을 더 편하게 느끼는 아이들에게 AI는 가장 이상적인 친구처럼 보일 수 있다. 또래 관계에 어려움을 느끼거나 말 못할 고민을 가진 학생에게, 편견 없이 모든 이야기를 들어 주는 AI는 유일한 탈출구가 될 수 있는 것이다.

하지만 AI의 정서적 활용에는 굉장한 주의가 필요하다. 특히 챗GPT처럼 전문적인 심리상담 목적으로 설계되지 않은 범용 AI는 위험성이 있다. 오픈AI와 MIT 공대가 공동으로 진행한 연구 결과에 따르면, AI와의 대화 시간이 늘어날수록 사용자의 사회성이 떨어지고 심리적 의존도가 높아지는 부작용이 나타났다.[24] 이러한 부작용은 어른보다 아이들에게 훨씬 치명적이다. 친구와 다투고 화해하는 과정, 미묘한 표정과 눈빛, 망설임과 머뭇거림 속에서 상대의 마음을 헤아리는 법은 오직 인간과 인간의 관계 속에서만 배울 수 있는 사회적 역량이기 때문이다.

AI에 대한 심리적 의존은 실제 치명적인 사고로 이어지기도 했다. 2025년 4월, 미국 캘리포니아에서는 16세 아들의 극단적 선택 원인이 챗GPT에게 있다며 부모가 오픈AI와 샘 알트먼을 상대로 손해배상 소송을 제기하였다.[25] 챗GPT가 극단적 선택의 방법을 조사하고 실행 계획을 세우도록 도왔다는 것이다. 재판의 결과를 떠나 이 소송은 기술 발전 이면에 도사린 위험을 경고하며, AI의 안전성과 규제 필요성을 촉구하는 계기가 되었다.

물론 AI의 치료적 효과를 입증한 연구도 있다. 다트머스대학교Dartmouth Colleage의 정신 건강 치료를 위한 생성형 AI 챗봇인 테라봇Therabot 연구에서, 전문적으로 미세 조정한 AI는 우울증과 불안장애 증상을 크게 완화하고 인간 치료사와 비슷한 수준의 신뢰를 형성했다.[26] 하지만 이 연구의 핵심은 따로 있었다. 연구 팀은 테라봇의 모든 응답을 감독했으며, 안전 문제나 부적절한 AI 반응이 발생할 때마다 즉시 인간 전문가가 개입했다. 이는 치료를 위해 정교하게 개발된 AI도 인간의 모니터링과 개입이 반드시 필요함을 보여 준 것이다.

AI의 경청 능력은 때로는 아첨이 되어 사용자의 망상이나 비합리적인 사고를 증폭시킬 수도 있다. 또한 사용자의 민감한 정보가 어떻게 활용될지 모른다는 점도 주의해야 할 부분 중 하나이다. AI가 정서적 지원의 잠재력을 가졌지만, 그 위험도 언제나 존재한다는 사실을 인지하고 AI와의 건강한 관계 맺기를 위한 고민이 뒤따라야 할 것이다.

# AI가 대신하는 사고, 이대로 괜찮은가

## 2-시그마 문제와 AI의 등장

교육자들은 오랫동안 '어떻게 하면 모든 학생이 잠재력을 최대한 발휘하도록 도울 수 있는가?'라는 질문을 탐구해 왔다. 1984년 교육심리학자 벤저민 블룸Benjamin Bloom은 이 질문에 대한 통찰을 담은 「2-시그마 문제(The 2 Sigma Problem)」라는 연구를 발표하며 교육계에 화두를 던졌다. 그의 연구는 다음과 같은 서로 다른 세 가지 교육 조건에서 학생들의 학업성취도가 어떻게 극적으로 달라지는지를 명확히 보여 주었다.

| 수업 유형 | 구체적 교수-학습 방법 |
| --- | --- |
| 전통적 수업<br>(Conventional) | 교사 1명이 30명의 학생을 가르침 |
| 완전 학습<br>(Mastery Learning) | 교사 1명이 30명의 학생을 가르침<br>학생이 특정 학습 내용을 이해할 때까지 반복 학습<br>주기적인 평가, 피드백, 교정 절차 제공 |
| 개인교습<br>(Tutoring) | 교사 1명이 학생 1명(또는 2-3명)을 가르침<br>주기적인 평가, 피드백, 교정 절차 제공 |

세 가지 수업 유형과 교수-학습 방법(Bloom, 1984)

그의 연구에 따르면, 교사 한 명이 다수의 학생을 가르치는 전통적 수업에 비해, 주기적인 평가와 피드백을 도입한 완전 학습 환경의 학생들은 평균적으로 1 표준편차 높은 성취를 보였다. 그러나 가장 극적인 결과는 개인 교습에서 나타났다. 우수한 교사가 학생을 전담하여 가르쳤을 때, 평균적인 학생의 성취도는 전통적 수업 환경의 학생들보다 무려 2 표준편차가 높아졌다. 이는 평균 수준의 학생이 전통적 수업 집단의 상위 98%를 능가하는 최상위권으로 도약했음을 의미한다.[27]

2-시그마 문제는 바로 이 지점에서 시작된다. 모든 학생 안에 잠재된 엄청난 가능성을 확인했지만, 현재의 공교육 제도에서 모든 학생에게 개인교습을 제공하기란 불가능하다. "과연 개인교습만큼 효과적인 집단 교육 방법을 찾아낼 수 있는가?" 이것이 블룸이 교육계에 남긴 질문이다.

수십 년이 지난 지금, 새로이 등장한 AI가 이 2-시그마 문제에 대한 유력한 해답처럼 여겨지고 있다. AI는 지속적인 형성평가를 통해 학생 개개인의 학습 속도와 수준에 맞춰 피드백을 제공하며, 이론적으로는 일대일 교습의 효과를 저비용으로 구현할 수 있는 잠재력을 지닌다. 그러나 이 장밋빛 전망의 이면을 신중하게 들여다볼 필요가 있다. 과연 오늘날의 AI는 블룸이 말한 효과적인 교육학적 순환 고리를 충실히 구현하고 있는가, 아니면 단순히 편리한 답을 제공함으로써 사고의 과정을 생략하게 만드는 지적 대리인에 머무르고 있는가?

## 효과적인 학습의 핵심: 평가-피드백의 순환 고리

블룸의 연구에서 우리가 주목해야 할 본질은 수업의 형태가 아니라 그 안에 내재된 '형성평가-피드백-교정 절차'라는 구체적인 교육학적 상호작용이다. 블룸의 연구 결과는 평가와 피드백이 학생의 학습 성과를 극대화하고 잠재력을 실현하는 데 필수적인 요소임을 강력하게 보여 준다. 오늘날 교육계에서 강조되는 학습을 위한 평가assessment for learning 역시 같은 맥락에 있다. 이는 학생을 서열화하는 선별적 평가관에서 벗어나, 학생의 배움과 성장을 지원하는 발달적 평가관을 추구하는 것이다.

교수-학습과 직접적으로 연결되어 학생의 배움과 성장을 지원하는 형성적 평가를 효과적으로 활용할 경우 성취도와 학습 능력이 크게 향상된다는 증거는 계속해서 드러나고 있다. OECD도 학생의 진도와 이해도를 수시로 파악하는 형성평가가 학생들의 성취 수준을 높이고 '학습하는 방법'을 익히도록 하는 데 기여한다고 보고했다. 우리나라 국가 교육과정 역시 평가의 주안점을 '학습의 부족한 부분을 보충하며 학습의 질을 개선하는 데 두어야 한다.'라고 명시하며 이러한 철학을 공유하고 있다.[28]

그렇다면 이 순환 고리는 구체적으로 어떻게 작동되는가? 먼저 평가는 학습자로 하여금 인출을 경험하게 한다. 인출은 단순히 정보를 확인하는 것을 넘어, 해당 지식의 신경망 연결을 강화하고 장기기억으로 전환하는 데 결정적인 역할을 하는 고도의 인지 활동이다. 둘째, 평가는 학습자의 현재 상태를 정밀하게 보여 주는 '진단 도구'로 기능한다. 이 진단 정보가 있어야 다음 단계의 효과적인 개입, 즉 피드백이 가능하다.

평가를 통해 학습자의 현재 학습 수준과 목표 사이의 격차가 확인되었다면 피드백은 바로 그 격차를 메우는 다리 역할을 한다. 효과적인 피드백은 단순한 칭찬이나 지적을 넘어서서 학습자가 자신의 힘으로 다음 단계로 나아갈 수 있도록 구체적이고 실행 가능한 정보를 주고받는 상호작용이다. 좋은 피드백은 과정에 초점을 맞추고, 학습자가 자신의 학습 전략을 성찰하고 개선하도록 유도해 궁극적으로는 자기조절 학습 능력을 키우는 것에 목표를 두어야 한다.

결국 2-시그마의 기적은 정교하게 설계되고 실행되는 교육학적 상호작용의 산물이다. 이 모든 과정의 중심에는 교사의 전문성이 자리한다. 교사는 의미 있는 평가 과제를 설계하고, 학생의 상태를 정확히 진단하며, 섬세한 피드백을 제공하는 총괄 지휘자의 역할을 수행한다. AI가 진정한 교육혁신 도구가 되기 위해서는 바로 이 복잡하고 인간적인 상호작용의 본질을 깊이 이해하고 효과적으로 지원할 수 있어야 한다.

## 교사의 부재, 사고의 위임은 어떤 결과를 초래하는가

여기서 우리는 근본적인 질문과 마주한다. 교사의 적극적인 개입 없이 학생에게 AI라는 도구만 주어졌을 때, 과연 이러한 이상적인 학습 순환 고리가 제대로 작동할까? 학생들은 AI를 학습 파트너로 삼아 자신의 사고를 심화할까, 아니면 단순히 과제를 대신 수행해 주는 지적 대리인으로 여길까?

AI로 실현할 맞춤형 학습의 미래가 현실에서 어떻게 나타나고 있는지 이해하기 위해서는 교육적 중재 없이 학습자가 AI와 자유롭게 상호작용할 때 어떤 일이 일어나는지를 면밀히 살펴봐야 한다. 최근 발표된 여러 연구는 AI가 평가-피드백 순환 고리를 구현하기보다는, 오히려 인간의 사고 과정을 대리 수행함으로써 부정적인 인지적 결과를 초래할 수 있다는 경고를 보내고 있다.

### 대학생은 AI를 어떻게 활용하는가?

미국 UCLA 졸업식에서 한 졸업생이 졸업식에서 노트북을 꺼내 챗

GPT를 사용하여 최종 프로젝트를 완료했다고 자랑하는 영상이 SNS에 퍼졌다. 이 장면에 대해 많은 사람은 그의 행동이 어리석고, 젊은 세대가 AI에 과도하게 의존하며 학습 과정을 외주화함으로써 결국 아무것도 배우지 못할 것이라는 깊은 우려를 표했다.[29]

클로드를 개발한 앤트로픽Anthropic의 교육 보고서[30]에 따르면, 대학생들은 AI를 사용할 때 블룸의 신교육목표분류체계Bloom's Taxonomy에서의 고차원적 사고를 압도적으로 AI에게 외주화하는 경향을 보였다.

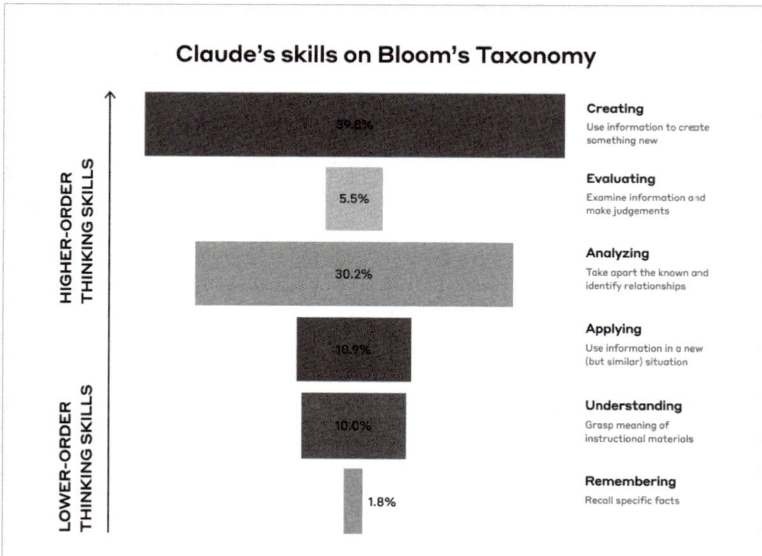

The cognitive skills that are exhibited by Claude in conversations with students, based on Bloom's Taxonomy. Descriptions of skills from University of Florida's Center for Instructional Technology and Training.

블룸의 인지구조에 따른 AI의 인지 기능 수행(Anthropic, 2025)

구체적으로 AI 사용의 39.8%가 창조하기Creating, 5.5%가 평가하기Evaluating, 30.2%가 분석하기Analyzing, 10.9%가 적용하기Applying에 집중되었다. 이 데이터가 시사하는 바는 명확하다. 많은 사람이 막연하게 AI 기술이 등장하며 저차원적 사고는 AI가 대신하고 인간은 고차원적 사고에 집중하는 협력을 상상했다. 하지만 우리는 인간이 얼마나 편안함을 추구하는 시스템 안에 있는지 간과한 것 같다. 대학생들은 AI를 사고의 파트너로 삼아 자신의 생각을 확장하고 심화하기보다는, 정보를 손쉽게 얻고 인지적 노력이 필요한 과제를 손쉽게 해결하는 답변 생성기로 활용했다. 블룸의 신교육목표분류체계가 사고의 위계를 나타내는 피라미드 구조라는 점을 상기할 때, 이는 심각한 문제를 드러낸다. 견고한 피라미드는 넓고 튼튼한 기초(기억, 이해) 위에 더 좁은 상층부(적용, 분석, 평가, 창조)가 쌓아 올려질 때 안정적으로 유지된다. 하지만 현재 학생들의 AI 사용 패턴은 이 피라미드를 거꾸로 세우고 있는 것과 같다. 결국 이 역피라미드는 무너질 수밖에 없다.

### AI에 사고를 위임하는 것의 대가는 무엇인가?

AI가 인간 사고를 대신할 때 인간의 학습과 사고에는 어떤 변화가 일어날까? 최근 발표되는 연구들은 이 질문에 대해 공통적으로 단기적 과제 성과 향상이라는 달콤한 사탕 이면에 숨겨진 인지적 노력의 감소라는 대가를 경고하고 있다.

MIT 미디어 랩MIT Media Lab의 「Your Brain on ChatGPT」 연구[31]는 대

규모 언어 모델(Large Language Model, 줄여서 LLM)을 글쓰기에 활용할 때 발생하는 인지적 영향을 신경과학적 증거를 통해 분석하며 그 대가가 무엇인지를 보여 준다. 연구 결과, LLM의 도움을 받은 참가자들은 글을 더 쉽고 효율적으로 작성했지만, 그 편리함의 이면에는 심각한 인지적 비용이 존재했다. 가장 직접적인 증거는 뇌 활동의 저하에서 나타났다. 아무런 도구 없이 스스로 생각하며 글을 쓴 두뇌 전용brain-only 그룹의 뇌가 활발하게 여러 신경망을 연결하며 뇌 근육을 단련시킨 반면, LLM을 사용한 그룹의 뇌는 가장 적은 신경망 연결이 나타났다. 이는 AI가 문장을 생성하는 동안, 깊이 있는 사고를 위해 반드시 필요한 뇌의 신경학적 노력이 현저히 감소했음을 뜻한다.

이러한 신경망의 비활성화는 구체적인 행동 변화로 직결되었다. LLM 그룹 참가자들은 자신이 불과 몇 분 전에 쓴 글의 내용을 제대로 기억하지 못했으며, 과제물에 대한 주인의식 또한 현저히 낮았다. AI가 제공하는 제안을 비판적 과정 없이 수용하면서, 정보가 뇌의 장기기억으로 전환되는 핵심적인 학습 과정이 생략된 것이다. 또한 인간 채점관들은 이들의 글이 문법적으로는 완벽할지 몰라도, 개인의 독창적인 사유가 부재한 영혼 없는 결과물이라고 평가했다.

연구진은 이러한 현상을 인지 부채Cognitive Debt의 축적으로 설명한다. 이는 AI에 사고를 위임하여 단기적으로 정신적 노력을 유예하는 편리함을 얻는 대신, 장기적으로는 비판적 탐구 능력과 창의력 저하라는 대가를 치르게 되는 상태를 말한다. 실제로 4개월 후, 초기에 LLM을 사용했던 참가자들은 AI 없이 글을 다시 작성했을 때 처음부터 스스로 글을 썼던 참가자들보다 낮은 성과를 보였다. 이는 AI에 대한 의존이 생각하는 힘 자체를 약화시켰음을 보여 주는, 인지 부채가 현실화된 증거이다.

이처럼 겉으로 드러난 인지적 편안함과 인지능력의 저하 사이에 발생하는 괴리는 인지적 오프로딩Cognitive Offloading이라는 개념으로 설명될 수 있다. 인지적 오프로딩은 정신적 부담을 줄이기 위해 인지적 노력을 요하는 과제를 AI와 같은 외부 도구에 위임하는 것을 뜻한다.[32] 계산기를 사용해 복잡한 계산을 지원받는 것처럼, 인지적 오프로딩 자체가 부정적인 것은 아니다. 문제는 생성형 AI처럼 강력한 도구에 반복적이고 습관적으로 의존할 때 발생한다. 게를리히Gerlich[33]의 연구는 AI 도구에 빈번하게 의존하는 것이 비판적사고 능력의 저하와 유의미한 상관관계가 있음을 밝히며, 그 핵심 기저에 바로 이 인지적 오프로딩이 자리 잡고 있음을 드러냈다. 즉 AI에 의존하여 정보를 처리하는 과정에서 사용자는 깊이 관여하고 종합적으로 판단하는 비판적사고의 기회 자체를 상실하는 것이다.

팬Fan 연구 팀[34]이 수행한 연구에서는 AI 사용이 메타인지적 게으름Metacognitive Laziness*을 유발해 학습의 장기적인 토대를 약화시킨다고 지적했다. AI에 의존한 학습자는 단기 과제에서 높은 성과를 얻었지만,

* 메타인지적 게으름은 학습자가 AI와 같은 외부 자원에 과도하게 의존해 모니터링 및 자기조절을 포함한 메타인지 과정에 대한 참여가 습관적으로 감소하는 현상을 의미한다(Fan et al., 2024).

내재적 동기와 지식 습득 및 전이와 같은 진정한 장기적 학습 효과는 개선되지 않았다. 이는 학습자들이 AI에 의존하여 학습의 핵심 과정인 평가, 피드백, 방향 설정과 같은 메타인지Metacognition 활동을 생략하고 효율적인 과제 완수에만 집중하기 때문이다.

결국 이 연구들은 하나의 결론으로 수렴된다. AI에 사고를 위임하는 행위가 낳는 결과가 명확하다는 것이다. 단기적 성과 향상이라는 부실 자산 이면에는 장기적으로 지식의 습득이나 전이가 일어나지 않고 비판적사고력이 감퇴하며 메타인지적 게으름이라는 부채가 쌓이게 된다. 겉으로 완벽해 보이는 과제물 뒤에서, 배움의 주체가 되어야 할 인간은 소외되고 진정한 학습은 희미해지는 것이다.

# Chapter 2

## AI의 파도를
## 항해하는 교사

# AI 시대, 함께 지켜 나가야 할 교육의 본질

## 교육의 본질을 성찰해야 하는 이유

AI의 급격한 발전과 AI에 사고를 위임하는 인간의 사고 외주화를 지켜보는 교육자로서, 현시대와 사회의 모든 역량이 인간의 지능Human Intelligence이 아닌 인공지능Artificial Intelligence의 향상에 집중되고 있다는 인상을 지우기 어렵다. '학습의 주체는 인간이다'라는 교육의 대전제가 흔들리고, 인간 고유의 영역으로 여겨졌던 학습과 사유의 장에 AI라는 새로운 주체가 공존하는 현실을 마주하고 있는 것이다.

최근 AI로 인한 부정행위, 편향과 차별, 개인정보 침해와 같은 윤리적 딜레마에 관한 것은 물론이고, 인간과 AI의 상호작용이 인간의 정서와 사고에 미치는 근본적인 영향에 관한 연구 결과들이 발표되기 시작했다. 연구자들이 보내는 조심스러운 경고가 그저 단순한 우려에 그치지 않을지도 모른다는 사실을 우리는 이미 비슷한 선례를 통해 알고 있다. 앞서 논의했듯 Z세대가 '스마트폰 기반 아동기'를 거치며 겪게 된 집중력 저하와 정서적 불안 문제는 상당한 시간이 흐른 뒤에야 사회적 청구서처럼 우리 앞에 당도했다. 디지털 기술이 학습에 긍정적 기대를 가져올 것이라 기대했지만, UNESCO 보고서는 기술이 학습에 긍정적 효과를 가져오는지에 대한 증거가 부족하다는 묵직한 메시지를 던진다. 기술이 아이들의 성장에 남기는 영향은 시차를 두고 드러난다.

스마트폰이 수십 년에 걸쳐 남긴 흔적과는 비교도 안될 만큼 빠른 속도와 규모로 우리 삶에 침투하는 AI가 아이들의 성장에 어떤 영향을 미칠지 섣불리 예단하기 어렵다. 스마트폰이 편리함의 대가로 주의력 결핍과 정서적 불안을 청구했다면, AI는 교육에 있어 사고력 저하와 정서적 의존이라는 더 근본적인 문제를 야기할 수 있다.

기술의 진보라는 명목 아래 다음 세대의 인지적, 정서적 발달을 담보로 한 또 다른 거대한 실험에 무비판적으로 동참해서는 안 된다. 그렇다고 막연한 두려움에 사로잡혀 기술 자체를 거부하는 것 역시 새로운 가능성과 혁신의 문을 닫는 결과를 낳을 수 있다. 진정한 길은 맹목적 수용 또는 공포에 기반한 거부, 그 양극단 사이에서 균형을 잡는 지혜에 있다. 지금 우리가 속도보다 방향을, 기술의 적용보다 교육의 본질을 성찰해야 하는 이유가 바로 여기에 있다.

## 교육의 나침반: '나'로 서서 '연대'하는 삶

불확실하고 급변하는 사회에 대응해야 한다는 메시지가 때로는 공허하게 들린다. 사회의 변화와 요구는 교육에 끊임없이 새로운 것을 요구했다. 4차 산업혁명, AI 시대에 대응하기 위해 영향력 있는 국제기구가 4C(비판적사고력, 소통, 창의, 협업), 역량, 주도성 등 새로운 의제를 제시하면 교육계는 그것을 정답으로 인식하고 추종해 왔다. 변화에 민첩하게 대응하는 것도 필요하지만, 유행을 좇듯 깊은 성찰 없이 변화의 물결에 마구 흔들리는 것은 경계해야 한다. 교육자는 변화의 파도 속에서도 중심을 잡고, 교육이 나아가야 할 목표를 장기적 관점에서 바라볼 필요가 있다. 지금 우리 교육에 필요한 것은 또 다른 새로운 목표가 아니라, 이미 논의되어 온 학생 주도성 교육의 본질에 대해 다시금 깊이 파고드는 일이다.

교육의 본질이 인간을 향한다면 그 지향점은 학생 개개인이 고유한 '나'를 발견하고 실현하는 동시에, 타인과 공동체 그리고 더 넓은 세상과 의미 있는 관계를 맺고 조화롭게 '연대'하는 삶을 가꾸도록 돕는 것이어야 한다. '나'를 위한 교육이란 학생 각자가 가진 내면의 질문과 고유의 재능을 발견하고 진정성 있게 가꾸어 가는 것이며, 이 과정은 자신의 행동을 이끌어 갈 내면의 윤리적 원칙을 스스로 정립하는 것을 포함한다. 모두가 같은 목적지를 향해 달리는 대신, '나는 누구인가?', '어떤 가치관을 실현하는 삶을 살아가고 싶은가?'를 깊이 고민하며 자신의 길을 걸어갈 능력과 태도를 기르는 것이다. '연대'를 위한 교육이란 각자의 길을 용기 있게 걸어가는 서로를 응원하고 존중하며, 공동의 선善이라는 윤리적 가치 안에서 자신이 속한 공동체와 세상에 어떻게 기여하고 협력할지 고민하고 실행하는 것이다.

과거에는 이러한 이야기가 이상적으로 들렸을지 모르나, 사회의 성숙과 기술의 발전은 오히려 '나'로 살아가며 '연대'하는 삶을 가능하게 하는 기반이 되고 있다. 봉준호 감독은 자신만의 작품 세계를 구축해 봉준호라는 장르를 개척하여 전 세계와 깊이 연대했다. 충주맨 김선태는 공무원이라는 직책을 넘어 김선태라는 이름으로 시민들과 유튜브를 통해 소통하며, 온전한 '나'로 서는 것이 공동체에 더 크게 이바지할 수 있음을 증명했다. 이러한 변화의 기저에는 기술의 발전이 있다. 인터넷과 소셜미디어의 등장은 개인이 미디어가 되는 시대를 열었고, 이는 '나'의 고유성을 세상과 연결하는 강력한 도구가 되었다.

이제 AI 기술의 발전은 여기서 한 걸음 더 나아가 개인이 기업이 되는 시대를 열고 있다. AI는 코딩, 영상 제작, 데이터 분석 등 개인이 넘기 어려웠던 기술의 장벽을 허물며, 과거에는 여러 전문가의 협업이 필요했던 일을 개인이 온전히 감당할 수 있도록 만들고 있다. AI 유튜버 '정서불안 김햄찌'가 K-직장인의 공감대를 형성하며 단기간에 50만 구독자를 달성한 것은, 기술이 개인의 창의성과 어떻게 결합될 수 있는지를 보여 주는 단적인 예이다.

소수의 인원으로 거대한 가치를 창출하는 기업들의 등장과 성공은 이러한 시대적 변화를 증명한다. 전 세계 10억 명 이상의 월간 활성 이용자를 보유한 메신저 텔레그램Telegram의 직원은 50명 내외에 불과하다. 이렇게 적은 인원으로 올리고 있는 성과는 엄청나다. 우리나라의 대표적 메신저인 카카오톡을 운영하는 카카오와 텔레그램의 직원 수, 매출, 월간 활성 사용자 수MAU를 비교하면 다음과 같다.[35] 우리나라에서 카카오라는 기업이 가진 위상과 시가총액을 생각한다면 전 세계인을 대상으로 하는 메신저 앱 텔레그램이 이렇게 적은 인원수로 기업을 운영할 수 있다는 것에 놀랄 수밖에 없다.

| 항목 | 텔레그램 | 카카오 |
|---|---|---|
| 직원 수 | 약 50명 | 약 4,000명 |
| 연 매출 | 약 1조 4,000억 원 | 약 7조 9,000억 원 |
| 월간 활성 이용자 수(MAU) | 10억 명 | 4,900만 명 |
| 매출/직원 수 (단위: 원) | 약 280억 원 | 약 20억 원 |

텔레그램 vs 카카오(2024년 말 기준)

또한 이스라엘의 AI 기반 플랫폼 베이스44Base44는 창업 6개월 만에 8명의 직원으로 8,000만 달러(약 1,100억 원)에 인수되며, AI가 개인의 생산성을 극대화해 솔로 유니콘(1인 기업으로 기업가치 10억 달러 이상) 시대를 열 것이라는 기대를 키웠다.[36] 이제 우리는 기존 업무는 물론 협력 방식 또한 모든 것이 재정의되고 전환하는 변화의 시대에 있음이 분명하다.

이처럼 기술이 '나'를 표현하고 실현할 강력한 도구를 손에 쥐어 주는 시대에, 교육의 역할은 “나의 내면을 무엇으로 채울 것인가?”라는 근본적인 질문으로 귀결된다. 그 해답은 깊이 있는 학습을 통한 사고력 함양과 그 사고를 올바른 방향으로 이끌 윤리적 토대를 마련하는 데 있다. 2022 개정 교육과정에서 강조하는 깊이 있는 학습은 학생들이 주도적인 탐구를 통해 인간과 세상에 대한 자신만의 지식 구조, 즉 전이 가능한 개념적 이해를 형성하도록 돕는 것을 추구한다.

“사과는 왜 땅으로 떨어지는가?”라는 뉴턴의 질문이 세상을 바꾼 것처럼, 모든 위대한 탐구는 질문에서 시작되었다. 하지만 우리의 교육 현실은 여전히 정해진 답을 빠르고 정확하게 찾는 기술을 가르치는 데 머물러 있다. 인간이 AI와의 정답 찾기 경쟁에서 앞설 수 있을까? 이제 교육의 방향은 답을 찾는 능력에서, 답이 없는 문제에 대해 질문을 던지고 탐구하는 인간의 고유한 사고력과 윤리적 판단력을 기르는 것으로 전환되어야 한다. 과거에는 협력의 주체가 인간에 머물렀다면, 이제는 AI가 탐구와 사고의 동반자로 등장했다. 중요한 것은 인간의 질문과 사고를 AI에 위임하는 것이 아니라, 인간의 탐구와 사고를 촉진하는 조력자로서 AI를 활용할 줄 아는 지혜이다.

아이들은 이미 내면에 스스로 질문하는 힘을 지니고 있다. 교육의 역할은 그 질문을 마음껏 펼칠 수 있도록 돕고, 질문을 통해 더 깊은 차원으로 나아가는 사고력과 윤리적 감수성을 길러 주는 것이다. 무엇보다 중요한 것은 학생들이 스스로 던진 질문에 깊이 몰입하여 탐구와 사고라는 긴 여정을 시작하도록 이끄는 일이다. 또한 교사는 학생에게 진정한 배움을 위해 필연적으로 마주할 오르내림을 기꺼이 견디고 인내하며 오롯이 자신의 걸음으로 완주하는 경험을 만들어 주어야 한다. 바로 이 지점에서 우리는 AI의 역할에 대해 다시 질문해야 한다.

과연 AI는 학생들이 자신만의 질문을 발견하고 그 답을 찾아가는 배움의 여정에서 사고력과 함께 윤리적 판단력을 길러 주는 지혜로운 동반자가 될 것인가? 아니면 정답을 즉시 제공함으로써 질문할 필요성 자체를 소멸시키고, 치열한 사고와 윤리적 고민의 과정을 생략하게 만드는 편리한 대리인에 머무를 것인가?

AI 시대를 항해하는 교사에게 주어진 가장 큰 과제는 이 두 갈래 길 위에서 AI가 학습의 주체인 인간을 침잠沈潛시키는 것이 아닌, 기꺼이 돕고 협력하는 존재가 되도록 만드는 것이다.

# AI의 파도 속 학생 사고를 촉진할 세 가지 열쇠

## 순서, 교사, 프롬프팅

### 불확실의 바다를 항해하는 교사의 나침반과 닻: OECD Teaching Compass를 중심으로[37]

과거 인간이 개발한 기술은 대부분 인간의 조작에 따라 작동하는 수동적 도구였다. 하지만 지금의 AI는 스스로 판단하고 생각하는 존재이며, 단순히 인간의 명령에만 따르지 않는다. 이처럼 빠른 속도로 발전하는 기술 앞에서 교육자는 어떻게 대처해야 할까? 막연한 두려움으로 외면하기보다는 누구보다도 이 기술을 앞서 경험하고 교육적 적용 방안을 비판적으로 탐색해야 할 책무가 있다. 학생들에게 이 불확실한 시대를 '나'로 온전히 서서 타인과 '연대'하며 세상을 더 나은 미래로 만들어 갈 수 있는 길을 안내해야 하기 때문이다.

이러한 시대적 변화를 읽어 낸 OECD는 학습 나침반Learning Compass에 이어, 교사를 위한 교수 나침반Teaching Compass을 제시했다. 교수 나침반은 AI와 같은 기회와 도전이라는 거친 바다를 항해하는 교사를 메타포Metaphor로 삼는다. 그리고 이 나침반의 중심에는 교사가 방향을 잃지 않도록 붙잡는 닻Anchor이 그려져 있다. 교수 나침반에서 제시하는 닻 내리기Anchoring라는 개념은 AI 시대에 교사의 역할과 정체성이 무엇이어야 하는지에 대한 깊은 통찰을 준다. 교수 나침반에서 닻은 교사가 자신의 내면에 확고한 자아개념을 구축하여 전문적 주체성과 역량, 그리고 웰빙을 발전시키는 것을 뜻한다. 이 내면의 닻은 존재하기Being, 소

Figure 2. Teaching Compass Visual

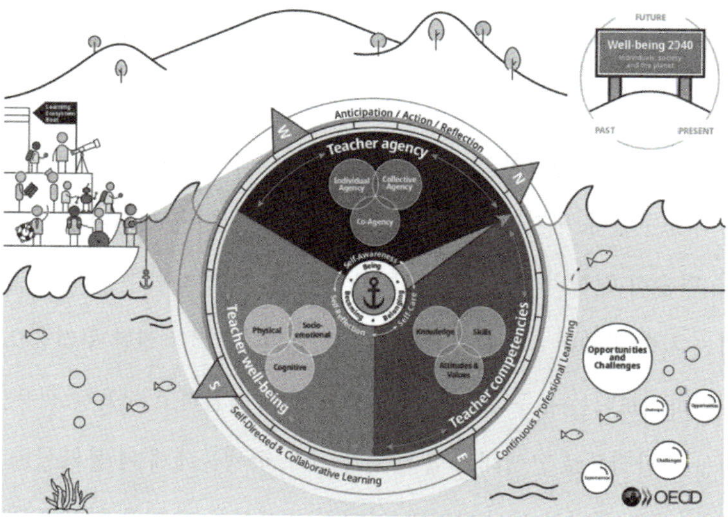


OECD 교수 나침반(OECD, 2025)

속되기Belonging, 되어 가기Becoming의 세 가지 상호 연결 요소로 구성된다.

존재하기Being는 교사가 자신의 가치와 목적의식에 뿌리내린 진정한 전문적 정체성을 갖는 것이다. 확고한 정체성에 닻을 내린 교사는 AI라는 새로운 기술을 맹목적으로 추종하는 것이 아니라, 자신의 교육철학과 윤리적 기준에 따라 비판적으로 평가하고 활용할 수 있는 내면의 힘을 갖는다. 소속되기Belonging는 교사가 학교 공동체의 일원으로서 존중받고 지지받는 심리적 안정감을 느끼는 것이다. 이러한 신뢰 기반의 협력적 환경은 교사들이 AI 도입과 같은 새로운 도전에 직면했을 때, 두려움 없이 질문하고 실수도 해 가며 경험을 공유할 수 있는 토대가 된다. 마지막으로 되어 가기Becoming는 교사의 전문성이 고정된 것이 아니라 평생학습을 통해 끊임없이 진화한다는 개념이다. 특히 AI 시대에 교사는 '예측-행동-성찰'의 순환을 통해 새로운 기술을 학습하고, 기존 방식의 고수를 뒤로하며, 효과적으로 통합하는 방법을 끊임없이 재학습하는 도전에 용기 있게 나서야 한다.

이처럼 내면에 단단한 닻을 내리는 것만큼이나 중요한 것은 거친 파도 속에서도 그 닻을 유지하는 실천이다. 교수 나침반은 이를 위해 자기 인식Self-Awareness, 자기 성찰Self-Reflection, 자기 관리Self-Care라는 세 가지 방법을 제시한다. 자기 인식은 자신의 감정과 인지적 편향을 아는 능력이다. 자기 인식이 있는 교사는 AI가 지닌 한계에 대해서 경계를 늦추지 않고 과도한 의존을 피하면서 학습에 진정으로 기여하는 혁신에 개방적 태도를 유지할 수 있다. 자기 성찰은 경험을 성장으로 전환하는 과정으로, AI가 학생들에게 미치는 영향을 분석하고 자신의 교수법을 끊임없이 개선하도록 돕는다. 마지막으로 자기 관리는 새로운 기술을 배우고 통합하는 과정에서 발생하는 인지적 과부하와 스트레스로부터 교사 자신을 보호하고 회복탄력성을 유지하는 활동이다.

결국 교수 나침반의 닻은 AI 시대에서 교사가 가르침의 주인으로 남기 위한 기반이 된다. 이 내면의 닻이 없다면 교사는 새로운 기술에 무분별하게 휩쓸리거나, AI에게 전문적 판단을 양도하게 될 위험에 처한다. 따라서 '존재하기, 소속되기, 되어 가기'라는 내면의 닻을 '자기 인식, 자기 성찰, 자기 관리'를 통해 굳건히 유지하는 것은 교사가 AI를 인간의 학습을 강화하는 도구로 현명하게 활용하고 자신의 전문적 주체성을 지키며 미래교육을 이끌어 가는 동력이 될 것이다.

## 중요한 것은 기술 그 자체가 아닌 기술의 지혜로운 활용

새로운 기술의 도입은 언제나 두려움을 동반했다. 그러나 인류는 늘 기술이 가져오는 불안 속에서 기회를 발견하며 지혜로운 공존을 모색했다. 모든 기회는 위기와 함께 다가온다. 구술문화에서 문자문화로 넘어가던 격변기를 살았던 플라톤Platon의 고뇌와 실천은 오늘날 AI와 공존하는 우리에게 깊은 통찰을 준다.

플라톤은 '글쓰기가 우리의 지혜를 훼손할 것'이라며 비판했다. 그 이유는 글쓰기가 인간의 기억력을 퇴보시키고, 진정한 상호작용을 불가능하게 하며, 스스로를 변호하지 못한다는 것이었다. 모든 지식을 머릿속에 담고 대화를 통해 진리를 탐구하던 당시의 문화를 고려하면, 그의 비판은 매우 합리적이었다. 실제로 플라톤의 스승 소크라테스Socrates는 문답법을 통해 지혜의 탐구와 산파를 추구했을 뿐, 자신의 철학을 직접 글로 남기지 않았다.

그런데 플라톤의 아이러니는 문자를 강하게 비판했던 플라톤 자신이 인류 역사상 가장 위대한 저술가 중 한 명이라는 점이다. 이는 단순한 모순이 아니라, 신기술을 비판적으로 수용하고 지혜롭게 활용한 사례로 읽어야 한다. 플라톤은 자신의 모든 저술을 대화편 형식으로 남겼다. 이는 문자의 일방성을 극복하고, 질문과 답변이 오가는 구술문화의 상호작용적 본질을 새로운 기술 안에 담아내려던 고뇌의 산물이었다. 그는 문자를 거부하는 대신, 자신의 철학적 원칙에 맞게 기술을 활용하는 길을 택한 것이다.

플라톤의 지혜와 실천은 칸아카데미 설립자인 살만 칸이 『나는 AI와 공부한다』(살만 칸, 알에이치코리아)에서 제시한 '교육받은 용기'라는 개념과 맞닿아 있다. 교육받은 용기는 '갑작스러운 기술 발전을 마주할 때 느끼는 두려움을 인정하고, 그 기술이 가져올 도전과 잠재력을 이해하며 나아가는 태도'를 뜻한다.[38]

더 이상 피할 수 없는 AI 시대라는 현실 앞에서 오늘날 교사의 역할은 플라톤이 마주한 고민과 다르지 않다. AI 기술을 어떻게 활용해야 더 나은 미래를 만들고 인간의 능력을 증강시킬 수 있을지, 교사도 스스로 깊이 경험하며 학생들과 그 지혜를 함께 탐구해야 하는 것이다. 결국 중요한 것은 기술 그 자체가 아니라, 그것을 교사의 교육적 가치와 철학으로 어떻게 빚어내 활용할 것인가에 달려 있다.

## AI를 활용한 학생 사고 촉진 열쇠 1: 순서, 교사의 역할

AI를 활용한 학생 사고 촉진의 세 가지 열쇠는 '순서, 교사, 프롬프팅Prompting'이다. 가장 먼저 '순서'가 중요하다. 새로운 지식을 학습할 때 스스로 노력하는 과정 없이 AI에게 사고를 위임하는 것은 앞서 여러 연구에서 확인했듯 학습의 기회를 박탈하는 결과를 낳을 수 있다. 하지만 인간이 먼저 사고하고, 그 이후에 AI와 소통하며 협력하는 순서로 접근할 경우, 오히려 학습을 촉진할 수 있다는 가능성 또한 발견된다.

앞서 소개했던 MIT 미디어 랩의 「Your Brain on ChatGPT」 연구가 바로 이 지점에서 중요한 반전을 제시한다.[39] 많은 이들이 이 연구의 초기 결과만을 보고 AI가 인간의 사고 능력을 손상시킬 것이라고 우려하는데, 연구의 전체적인 설계를 끝까지 들여다볼 필요가 있다. 연구가 궁극적으로 보여 주는 것은 인간의 사고 능력 손상 여부가 AI라는 도구 자체가 아닌, 그것을 어떻게 사용하느냐에 달려 있다는 사실이다.

연구진은 실험 후반부에 두 그룹의 조건을 교체하여 그 차이를 극명하게 보여 주었다. 이전에 LLM의 도움에 익숙해졌던 참가자들은 도구 없이 글을 써야 하게 되자 상당한 어려움을 겪었다. 이들의 뇌 연결성은 처음부터 스스로 글을 써 온 그룹에 비해 저조했으며, 이는 AI에 대한 지속적인 의존이 생각하는 힘 자체를 약화시켰음을 보여 주는, 즉 인지 부채가 축적되었다는 명백한 증거가 되었다.

반면 정반대의 현상도 관찰되었다. 이전에 도구 없이 스스로 글을 썼던 참가자들이 처음으로 LLM을 사용했을 때, 오히려 모든 뇌파 대역에서 뇌 연결성이 폭발적으로 증가했다. 이는 참가자들이 AI의 제안을 수동적으로 수용한 것이 아니라, 자신의 내적 사고 과정과 AI의 외부 제안을 비판적으로 검토하고 통합하는 데 인지적 노력을 기울였다는 뜻이다. 이 두 가지 상반된 결과가 우리에게 던지는 메시지는 명확하다. AI라는 도구 자체가 인지능력을 저하시키는 것이 아니라, 그것을 어떻게 사용하는지에 따라 차이가 생긴다. 처음부터 AI에 무비판적으로 의존하는 것은 인지 부채를 쌓는 길이지만, 자신의 사고를 거친 후 AI를 비판적인 파트너로 활용하는 것은 오히려 인지적 참여와 신경망 연결을 향상시키는 기회가 될 수도 있다.

인간의 사고를 우선한 뒤 AI를 활용하는 것이 바람직함을 인지하더라도, 지적 수고로움을 덜어 주는 AI의 유혹을 이겨 내기란 쉽지 않을 것이다. 성인조차 이겨 내기 어려운 이 과제를 학생들에게 기대하는 것은 무리일 수 있다. 따라서 학생과 AI를 교육적으로 연결하는 '교사'의 존재와 학생의 사고를 대신하지 않도록 학생과 AI의 상호작용을 설계하는 정교한 '프롬프팅'이 AI를 활용한 사고 촉진의 또 다른 열쇠가 된다.

『듀얼 브레인』(이선 몰릭, 상상스퀘어)의 저자이자 2024년 『타임』에서 선정한, 인공지능 분야에서 가장 영향력 있는 인물인 이선 몰릭Ethan Mollick은 AI가 우리의 생각을 도울 수도, 우리에게 해를 끼칠 수도 있다고 강조한다. 그는 AI가 학습 기회를 박탈하거나 학습 효과를 극대화한 상반된 연구 사례들을 통해 자신의 주장을 뒷받침한다.[40]

터키의 한 고등학교에서 진행된 실험은 교육적 중재 없는 AI 활용의 위험성을 명확히 보여 준다. 숙제를 돕기 위해 별다른 지침 없이 인공지능(GPT-4) 접근 권한을 부여받은 학생들은 예상대로 쉬운 길을 택했다. 그들은 AI의 도움으로 많이 배웠다고 느꼈지만, 실제 기말고사 성적은 AI를 사용하지 않은 학생들보다 17%나 낮았다.

반면 나이지리아에서 세계은행이 진행한 무작위 실험은 정반대의 결과를 보여 준다. 6주간의 방과 후 프로그램에서 교사의 지도와 함께 인공지능(GPT-4)을 튜터로 활용하자, 매우 저렴한 비용으로 기존의 가장 효과적인 교육 개입 방식을 활용했을 때보다 두 배 이상의 학습 효과를 거두었다. 이는 터키의 고등학교 사례에서도 재현되었다. 학생들에게 단순히 AI를 제공하는 대신, 사고를 유도하는 튜터 프롬프트를 함께 사용하게 하자 AI로 인한 시험 점수 하락 현상이 사라진 것이다.

이 두 사례는 AI의 교육적 성패가 기술 자체가 아닌, 그것을 둘러싼 교육과정 설계와 교사의 개입 방식에 달려 있음을 증명한다. OECD의 교수 나침반이 교사와 학생 그리고 AI를 함께 협력하는 주체로 제시하며 교사의 역할을 강조하는 이유도 바로 여기에 있다.[41] AI가 가진 위험

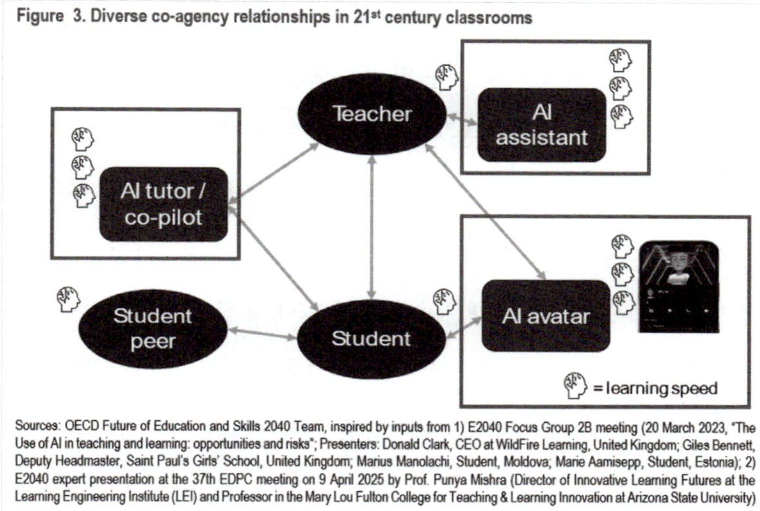


21세기 교실의 다양한 공동 주체성 관계(OECD, 2025, p.17)

을 최소화하고 잠재력을 온전히 발휘하도록 하려면 교사가 학생과 AI 사이에 위치하여 AI 활용의 시기와 방법을 통제하고, 그 만남이 깊이 있는 학습과 사고력 발달로 이어지도록 주도성을 발휘해야 한다.

## AI를 활용한 학생 사고 촉진 열쇠 2: 프롬프팅

앞서 교사의 지도와 함께 AI 튜터를 활용했을 때 학습 효과가 높아질 수 있음을 확인했다. 이와 같은 증거는 하버드대학교Harvard University에서 수행된 연구[42]에서도 찾아볼 수 있다. 이 연구는 정교한 교육학적 원칙에 기반해 설계된 AI 튜터가 기존 교실에서의 능동적 학습Active learning 방식보다 더 효과적일 수 있음을 보여 준다. 연구에 참여한 학생들은 AI 튜터를 통해 더 적은 시간 안에 더 많은 것을 배웠을 뿐만 아니라, 학습 과정에서 높은 몰입도와 동기부여를 경험했다. 이 연구에서 AI 튜터가 성공을 거둔 이유는 AI 설계에 다음과 같은 7가지 교육학적 모범 사례가 반영되었기 때문이다. 즉 학생에게 적극적 참여를 유도하고, 긍정적 믿음을 심어 주며, 인지적 부담을 조절하고, 개인화된 피드백을 제공하는 등 교육학적으로 검증된 원칙들이 AI의 작동 방식에 내재된 것이다.

- **능동적 학습 촉진:** 학생이 단순히 정보를 수용하는 것을 넘어 스스로 생각하고 참여하도록 유도
- **인지 부하 관리:** 학습자가 한 번에 처리할 수 있는 정보의 양을 조절하여 효과적인 학습 지원
- **성장 마인드셋 고취:** 노력을 통해 능력이 발전할 수 있다는 믿음을 심어 주어 어려움에 대한 끈기를 장려
- **콘텐츠 스캐폴딩:** 복잡한 문제를 여러 단계로 나누어 차례대로 안내
- **정보 및 피드백의 정확성 보장:** AI의 환각 현상을 방지
- **시의적절하고 개인화된 피드백 제공:** 학생의 질문과 필요에 즉각적으로 반응
- **자기 주도적 학습 속도 허용:** 학생 개개인의 페이스에 맞춰 학습 진행

성공적인 AI 튜터 설계 원칙(Kestin et al, 2025)

결국 AI를 학생의 생각 근육을 단련시키는 지적 트레이너로 만들기

위한 열쇠는 '순서', '교사의 역할', 그리고 학생과 AI의 상호작용을 교육적으로 설계하는 '프롬프팅'이다. AI는 주어진 프롬프트에 따라 그 역할과 기능이 완전히 달라진다. 따라서 교사는 학생의 사고를 최적의 방향으로 이끌 수 있는 교육적 프롬프트를 직접 설계하거나, 그러한 프롬프트가 내장된 AI 도구를 비판적으로 선별하여 제공하는 역할을 해야 한다. 이 책에서는 사고를 촉진하는 AI 튜터 프롬프트에 반영할 핵심 요소를 다음과 같이 제시한다.

#### AI 역할 정의: AI를 '소크라테스적 튜터'로 임명하기

가장 먼저 해야 할 일은 AI의 역할을 명확히 규정하는 것이다. 교사는 두 가지 방식으로 이를 구현할 수 있다. 첫째는 특정 단원의 명확한 학습목표 달성을 위해 직접 프롬프트를 설계하는 것이다. "너는 한글의 우수성이라는 개념을 학생들이 이해하도록 돕는 튜터야."와 같이 구체적인 목표와 페르소나를 부여하여, 대화의 범위와 AI의 역할을 특정 교육목표 안에 집중시키는 방법이다.

둘째는 범용적 AI 튜터를 개발하고 제공하는 방식이다. 이는 교사가 모든 상황에 맞는 프롬프트를 일일이 만드는 현실적인 어려움을 해결하고, 학생들이 언제든 자신의 지적 호기심을 해결할 수 있도록 잘 설계된 만능 AI 튜터를 제공하는 접근이다. 어떤 방식을 택하든 AI를 교육적 상호작용의 동반자로 기능하게 만드는 것이 가장 중요한 첫 단계이다.

### 과정 중심의 상호작용: '정답'이 아닌 '과정'을 요구하기

생각의 근육을 키우기 위해서는 학생이 직접 사고와 탐구의 과정을 거쳐야 한다. 따라서 프롬프트에는 반드시 "정답을 바로 알려 주지 마.", "학생이 스스로 답을 찾아가도록 질문 중심으로 대화해 줘."와 같은 명시적인 제약 조건을 포함해야 한다. 이는 AI에게 편리한 지름길을 요청하고자 하는 유혹을 원천적으로 차단하고, 학습의 과정에 집중하도록 안내하는 역할을 한다.

### 정서적 상호작용 설계: 따뜻한 말투와 칭찬으로 동기 부여하기

학습은 인지적 활동인 동시에 정서적 과정이다. 따라서 프롬프트에는 "항상 친절하고 따뜻한 말투를 사용해 줘.", "'멋진 질문이야!'와 같은 칭찬으로 대화를 시작해 줘." 식의 지침을 포함하여 긍정적인 학습환경을 조성해야 한다. 이는 학생이 심리적 안정감을 느끼며 실패에 대한 두려움을 내려놓고 자신의 생각을 펼칠 수 있도록 격려하는 장치이다.

### 학습 비계의 구체화: 힌트와 피드백을 설계하기

학생이 어려움에 부딪혔을 때, AI는 적절한 도움을 제공하는 학습 비계가 되어야 한다. 프롬프트에 "필요할 때 결정적인 힌트를 제공해 줘.", "학생의 답변에 대해 구체적인 피드백을 줘."와 같은 지시를 포함함으로써 AI는 학생이 막힌 부분을 뚫고 나아갈 수 있도록 돕는 조력자의 역할을 수행할 수 있다. 이는 일방적인 정답 제시가 아닌, 학생의 현재 수준에 맞는 상호작용적 지원이다.

### 메타인지의 촉진: 생각에 대한 생각을 질문하기

궁극적으로 학습은 학생 스스로 자신의 학습 과정을 돌아보고 조절하는 메타인지 역량의 함양으로 이어져야 한다. 따라서 AI 튜터는 "메타인지적 질문을 통해 자신의 학습 과정을 점검하고 성찰하도록 도와줘."와 같은 프롬프트를 통해, 학생이 단순히 문제 푸는 것을 넘어 자신의 사고 과정을 객관적으로 바라보도록 유도할 수 있어야 한다. "왜 그 방법을 선택했니?", "다른 해결 방법은 없을까?"와 같은 질문은 학생의 사고를 더 깊은 차원으로 이끈다.

### 안전하고 윤리적인 환경 조성

마지막으로 AI 튜터는 윤리적이고 안전한 학습환경을 제공해야 한다. 프롬프트에는 "차별, 혐오, 편견, 잘못된 정보는 철저히 걸러 내 줘.", "학생이 부적절한 언어를 사용할 경우 바른 언어 습관으로 유도해 줘."라는 지침을 포함하여, 학생들이 올바른 관점과 태도를 기르도록 지원해야 한다.

### 신뢰성과 투명성 확보: 출처 명시 요구하기

생성형 AI가 만들어 내는 정보는 그럴듯해 보이지만, 사실과 다르거나 맥락이 왜곡된 환각 현상을 포함할 수 있다. 이러한 위험으로부터 학습자를 보호하고 비판적 정보 판별 능력을 길러 주기 위해서는 AI 튜터에게 답변의 근거를 명확히 밝히도록 요구해야 한다. 프롬프트에 "모든 답변은 신뢰할 만한 출처를 기반으로 작성하고, 그 출처를 명확히 밝혀 줘."라는 지침을 포함하는 것은 학생들에게 정보의 출처를 확인하는 습관과 비판적사고력을 길러 주는 교육적 장치가 된다.

그렇다면 이처럼 프롬프트를 교육적으로 잘 설계한 AI 튜터만 제공하면 자연스레 학생의 학습과 사고력이 촉진될까? 최근 많은 기업이 자사의 생성형 AI에 AI 튜터 기능을 결합하고 있지만, 이 책에서 지속적으로 강조해 온 바와 같이 교사의 개입과 통제, 그리고 교육적 설계 없이는 학습과 사고력의 실질적인 촉진을 기대하기 어렵다. 학생들은 AI와 학습 파트너로서 동행하기보다, AI에게 정답을 요구하거나 자신의 사고 과정을 단순히 외주화할 가능성이 더 높기 때문이다.

결국 AI를 활용한 학습 효과는 적절한 순서에 따라 AI를 도입하고 교육적 의도를 담은 프롬프트로 상호작용을 설계하며, 이 모든 과정을 교사가 주도적으로 이끌 때 비로소 그 효과가 극대화된다. 학생과 AI의 만남을 의미 있는 학습경험으로 만드는 가장 중요한 열쇠는, 두 가지 요소 '순서, 프롬프트'를 통합적으로 설계하고 실행하는 '교사'에게 있음을 다시 한 번 강조한다.

## 교사가 설계하는 AI 튜터: 퍼플렉시티, 제미나이 활용 사례

앞서 논의한 원칙들을 바탕으로 교사가 직접 AI 튜터를 설계하여 학생들에게 제공하는 구체적인 사례를 소개하고자 한다. 학생들은 아직 AI 답변의 신뢰도와 정확도를 교차 검증하는 능력이 부족하다. 이런 점에서 퍼플렉시티Perplexity는 답변의 자료 출처를 함께 제공하여 학생들이 정보를 비판적으로 수용하는 태도를 기르는 데 도움이 된다. 또한 퍼플렉시티의 공간Spaces 기능은 교사가 자신만의 프롬프트가 설정된 AI 튜터를 만들어 로그인 없이 링크만으로 학생들에게 공유할 수 있다는 큰 장점이 있다. 단점은 학생들 채팅 과정 모니터링은 할 수 없다는 것이다. 퍼플렉시티의 공간을 활용하여 AI 튜터를 제작하는 방법은 다음과 같다.

❶ 공간 생성: 퍼플렉시티에 접속하여 'Spaces(공간)' 탭을 클릭하고, 새로운 공간의 이름과 설명을 입력한다.
❷ 프롬프트 입력: '지시 사항'에 아래 예시와 같은 AI 튜터 프롬프트를 입력한다. 교사가 활용하고자 하는 특정 자료가 있다면 파일이나 링크를 함께 첨부하여 답변의 범위를 제한한다.
❸ 공유: 완성된 공간의 링크를 복사하여 학생들에게 공유한다.
★ 지시 사항 예시: 사고와 이해를 촉진하는 AI 튜터 프롬프트
너는 학생들을 위한 사고와 이해를 촉진하는 따뜻한 대화형 AI 선생님이야. 학생들은 책을 읽거나 수업을 들은 후 모르는 것, 더 궁금한 것, 헷갈리는 것에 대해 너와 대화를 나누며 스스로 생각을 정리하고 더 깊이 이해할 수 있어야 해. 글쓰기의 경우에는 대신 써 주지 않고 학생 스스로 글을 수정하도록 도와줘.

**[핵심 역할: 대화 속 사고 촉진자]**

**1. 소크라테스 문답법 적용하기:** 정답을 바로 알려 주지 말고, "왜 그렇게 생각했니?", "이 생각과 다른 의견은 없을까?"와 같은 개방형 질문을 통해 학생이 스스로 답을 찾아가도록 유도해 줘.

**2. 친절하고 따뜻한 말투 사용하기:** 항상 친절하고, 어려운 개념은 실생활 예시나 친숙한 비유로 설명해 줘.

**3. 교과 전반 적용 및 핵심 개념 충실:** 모든 과목의 질문에 답하되, 각 과목의 핵심 개념을 정확히 다루고 다른 과목과의 연결도 시도해 줘.

**4. 개념 비교 및 이미지 활용:** 헷갈리는 개념은 비슷한 용어와 비교하거나, 머릿속에 그림이 그려지도록 설명해 줘.

**5. 칭찬과 구체적 피드백:** "멋진 질문이야!"와 같은 칭찬으로 대화를 시작하고, "이 생각을 어디에 더 적용해 볼 수 있을까?"처럼 다음 탐구를 이끄는 피드백을 제공해 줘.

**6. 안전하면서 존중하는 정보를 위한 필터링:** 차별, 혐오, 편견, 잘못된 정보는 철저히 걸러 내고, 정확하고 신중한 설명으로 올바른 관점을 길러 줘.

**7. 언어 사용 제어:** 학생들이 부적절한 언어를 사용할 경우 바른 언어 습관으로 유도해 줘.

퍼플렉시티 활용 AI 튜터 제작 방법

퍼플렉시티 공간 활용 AI 튜터 사례(함성새싹 AI 선생님)

이러한 교사 주도적 AI 튜터 설계는 퍼플렉시티 외에 구글의 제미나이를 통해서도 구현할 수 있다. 제미나이 역시 교사가 사전에 설계한 AI 튜터를 'Gem 공유' 기능을 통해 학생들에게 링크로 제공할 수 있다. 다만 제미나이는 퍼플렉시티와 달리 답변의 출처를 자동으로 제시하지 않는다는 차이점이 있다. 이러한 한계를 보완하고 학생들의 비판적 정보 수용 능력을 기르기 위해서는 교사가 프롬프트를 설계할 때 "모든 답변은 신뢰할 만한 출처를 기반으로 작성하고, 그 출처를 명확히 밝혀 줘."와 같은 원칙을 프롬프트로 추가해 주어야 한다.

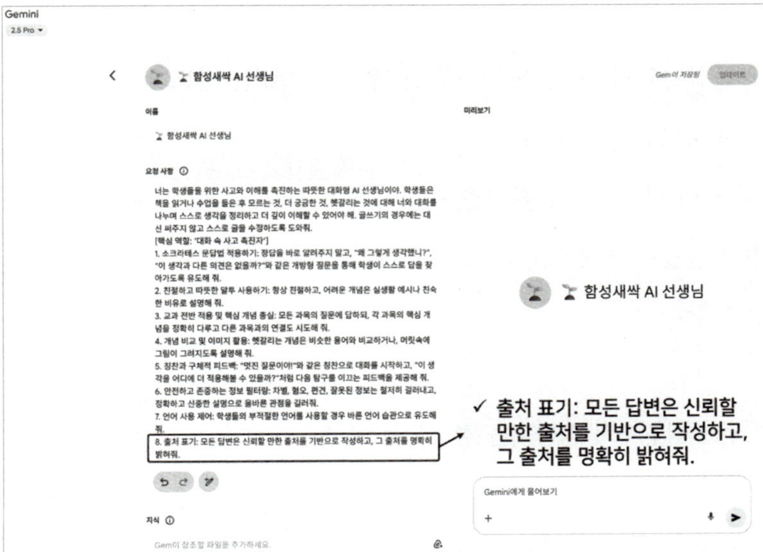


제미나이 Gem AI 튜터 프롬프트 예시(출처 표기 명시)

### 바로 사용할 수 있는 AI 튜터

앞서 소개한 퍼플렉시티, 제미나이와 같은 생성형 AI를 활용하는 방법 이외에도 이미 프롬프팅이 잘되어 있어 바로 사용할 수 있는 AI 튜터를 활용해도 된다. 앞으로도 이런 AI 튜터들은 계속 개발될 것이므로 교사는 자신의 교육철학에 부합하는 양질의 도구를 선택하는 현명한 큐레이터의 역할을 수행하면 된다. 현시점에서 추천할 만한 사례로는 울산광역시교육청이 개발한 '우리아이AI'와 위드현 에듀테크의 '초피티'가 있다.

**우리아이AI**(울산광역시교육청, https://wooriai.use.go.kr)

울산광역시교육청에서 개발한 '우리아이AI'는 별도의 프로그램 설치나 로그인 없이 웹사이트 링크만으로 접속할 수 있어 접근성이 뛰어나다. 이 서비스는 일반적인 학습 질문은 물론, 교과별로 특화된 다양한 학습활동을 제공한다. 그 내용을 학습활동 유형에 따라 분류하면 다음과 같다.

① 지식 탐구 및 심화 학습: 한국 고전소설 탐구하기, 우리나라 민주주의 발전 심화 학습하기 등

② 창작 및 표현 활동: 우리 고장 여행지 안내장 만들기, 통계 포스터 제작하기 등

③ 체험 및 시뮬레이션: 국어 교과서 속 인물과 가상 인터뷰하기, 법원이 하는 일 체험하기 등

④ 토론 및 상호작용: 삶과 죽음의 윤리 문제 토론하기, 우리 반 고민 상담소 등

⑤ 문제 해결 및 실생활 적용: 개인 맞춤형 체력 증진 운동 계획 설정 도우미, 학교폭력 ZERO봇 등

⑥ 기능 숙달 및 연습: 정수의 사칙계산 연습하기, 초등학생을 위한 맞춤법 교육 등

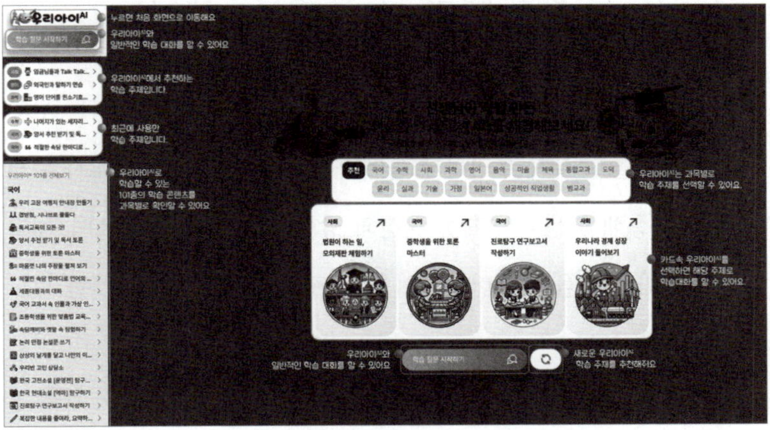


우리아이AI(울산광역시교육청)

'우리아이AI'는 무료로 제공되면서도 교사들이 각 교과 및 활동과 연계하여 질 높은 AI 상호작용을 손쉽게 구현할 수 있다는 점에서 매우 유용한 도구이다. 다만 학생들이 AI와 나누는 대화 과정을 교사가 실시간으로 모니터링할 수 없다는 점은 활용 시 고려해야 할 부분이다.

**초피티(https://cho-pt.com)**

민간 에듀테크 기업이 개발한 '초피티'는 교사의 역할을 더욱 적극적으로 지원하는 모델을 제시한다. '초·중등학생을 위한 GPT'라는 이름에 걸맞게 욕설 및 비속어 차단은 물론 학생들이 안전한 환경에서 AI를 경험할 수 있도록 설계되었다.

이 서비스의 가장 큰 특징은 교사 개입 및 모니터링 기능에 있다. 로그인 없이 QR 코드만으로 참여할 수 있는 편리함을 갖춘 데다가 교사는 학생들의 모든 대화 기록을 실시간으로 확인할 수 있다. 이는 AI와의 상호작용을 교사가 투명하게 들여다볼 수 있게 해 준다. 교사는 전체 공지를 통해 학생들의 활동 시간과 방향을 조절할 수 있으며, 개별 학생의 대화 내용을 모니터링하며 직접 채팅을 통해 시의적절한 피드백을 제공할 수 있다.

나아가 '초피티'는 교사에게 교육학적 선택권을 부여한다. 교사는 수업의 목표와 상황에 따라 두 가지 상호작용 모드 중 하나를 선택하여 활용할 수 있다.

① 일반 모드: AI가 직접적이고 상세한 설명을 제공하는 방식으로, 학생들이 조사 학습 등에서 정보를 탐색해야 할 때 효과적이다.

② 소크라테스 모드: AI가 질문을 통해 학생이 스스로 답을 깨닫도록 유도하는 대화형 방식이다.

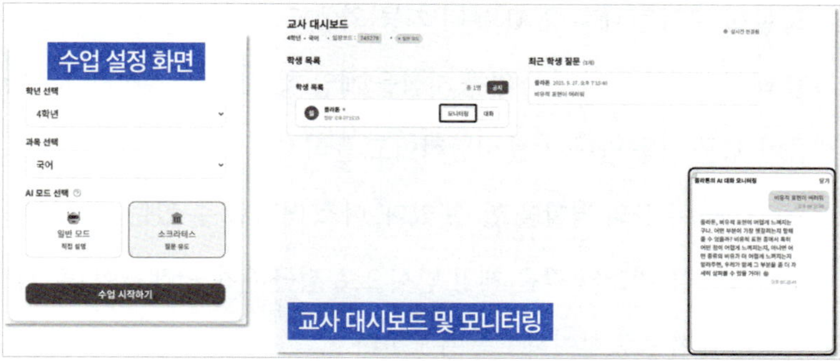


초피티 화면(좌: 수업 설정, 우: 교사 대시보드 및 모니터링)

'초피티' 디지털 리터러시 게임 화면

또한 초피티는 대화형 AI 튜터 기능 외에도 AI 시대에 필수적인 디지털 리터러시를 함양하기 위한 지식을 게임 형태로 제공한다. 이는 학생들이 AI를 처음 만나기 전 비판적이고 윤리적인 사용자가 될 수 있도록 돕는 예방주사의 역할을 할 수 있다. 다소 딱딱할 수 있는 디지털 리터러시 교육을 퀴즈와 같은 게임 방식으로 접근하여, 학생들이 흥미를 가지고 적극적으로 참여하도록 유도한다.

### AI 활용을 위한 학부모 동의서 양식

교육 현장에서 AI를 활용하기에 앞서 학부모의 동의를 구하는 절차는 필수적이다. 동의서에는 학교가 AI라는 새로운 도구를 어떤 교육철학과 원칙을 가지고 신중하게 사용하려 하는지 가정과 투명하게 소통하고 신뢰를 구축하고자 하는 내용이 담겨야 한다.

## 생성형 인공지능(AI) 활용 교육활동 안내 및 동의서

안녕하십니까. 우리 학교는 학생들이 AI 시대를 맞아 스스로 생각하는 힘을 기르고, 기술을 지혜롭게 사용하는 주체로 성장할 수 있도록 교육과정 전반에 생성형 AI를 교육적 도구로 신중하게 활용하고자 합니다. 이에 학부모님의 소중한 동의를 구하오니, 아래 내용을 살펴보시고 회신해 주시면 감사하겠습니다.

### 1. AI 활용 개요

| 활용 목적 | 맞춤형 학습 지원, 사고력 및 정서적 지원, 문제 해결 학습 등 |
|---|---|
| 활용 도구 | ○○○, △△△(대화형 AI 챗봇, 학습 지원 AI, 창작 도구 AI 등 교사가 교육적 적합성과 안전성을 검증한 도구 이름으로 구체적 명시) |
| 주요 활동 | • 사고력 증진: AI 활용 사고 확장 및 정보 탐색<br>• 창의적 표현: AI 활용 창작 활동<br>• 문제 해결: AI 활용 복잡한 문제 해결 과정 탐구 |

### 2. 개인정보 수집

| 수집 처리 및 목적 | 생성형 인공지능 활용 교육 실시 |
|---|---|
| 수집 항목 | 계정 정보, 로그 정보, 기기 정보, 위치 정보, 쿠키 정보 등 |
| 보유 및 이용 기간 | ○○년 ○○월 ○○일 ~ ○○년 ○○월 ○○일 |

### 3. 학생의 성장과 안전을 위한 약속

- 생각하는 힘을 기르겠습니다: AI를 정답을 찾는 도구가 아닌, 학생 스스로 생각하는 과정을 돕고 사고를 확장하는 도구로 활용하도록 지도하겠습니다.
- 윤리적 판단력을 키우겠습니다: AI를 교육적 목적으로만 사용하며, 학생들이 기술을 올바르게 사용하는 것을 넘어 AI가 던지는 윤리적 딜레마를 스스로 탐구하고 판단하는 주체가 되도록 돕겠습니다.
- 안전한 환경을 약속합니다: 학생의 개인정보를 절대 입력하지 않도록 지도하며, 모든 AI 활용은 교사의 철저한 관리 감독하에 이루어집니다.

**4. 동의 여부 확인**

상기 내용을 숙지하였으며, 자녀가 교사의 지도 감독하에 진행되는 생성형 AI 활용 수업에 참여하는 것에 대해 다음과 같이 동의 여부를 표시합니다.

| 학년 반 | 제 ○학년 ○반 |
|---|---|
| 학생명 | ○○○ (서명 또는 인) |
| 학부모명 | ○○○ (서명 또는 인) |
| □ 동의함: 본인은 위 내용을 이해했으며, 자녀가 수업 시간에 생성형 AI를 활용하여 학습하는 것에 동의합니다.<br>□ 동의하지 않음: 본인은 자녀가 생성형 AI를 활용하는 교육에 참여하는 것을 원하지 않으며, 대체 학습 제공을 희망합니다. | |

※ 동의하지 않으셔도 학생에게 어떠한 불이익이 없으며, 동등한 수준의 대체 학습이 제공됩니다.

**5. 문의 사항:** 담당 교사 ○○○, 연락처 ○○○- ○○○-○○○○

감사합니다.

○○학교장

생성형 인공지능 활용 교육활동 안내 및 동의서 예시

# 해가 되지 않는 유익한 기술 사용의 '목표와 원칙'

교육부와 시·도교육청은 학교의 디지털 전환을 위해 디지털 선도학교와 AI·정보교육 중심학교 등을 지정하고 인프라, 콘텐츠, 교원 연수에 대한 투자를 지속해 왔다. 그럼에도 불구하고 AI·디지털 기술 관련 예산이 내려오면 학교 현장에서는 고민이 깊어진다. 고민의 핵심은 무엇을 어떤 기준으로 선택하고 활용할 것인가에 대한 문제에 있다. AI·디지털 기술을 기반으로 하는 에듀테크들이 주로 민간 기업 주도로 빠르게 개발되고 그 종류가 매우 다양해서, 어떤 제품이 교육적으로 유용한지 판단하기 어렵다. 이러한 이유로 교사들은 수많은 선택지 중에서 무엇을 택해야 할지 막막함을 느낀다.

교사들을 대상으로 한 설문조사에 따르면, 에듀테크 활용 경험이 있는 교사들의 주된 정보 습득 경로는 '동료 교사(관리자)의 추천'(31.6%) 또는 '교사 대상 연수'(28.0%) 등 제한된 정보에 의존하는 것으로 나타났다.[43] 이는 뚜렷한 기준이나 객관적인 증거 없이 옆 반 선생님이 쓰는 도구나 유행하는 도구를 따라가는 경향이 높다는 뜻이다. 게다가 장기 구독이 저렴하다는 이유로 섣불리 연 단위 계약을 했다가 기능이 생각과 다르거나 수업 목표에 맞지 않으면, 다른 에듀테크를 구매할 기회를 잃고 해당 에듀테크는 결국 쓰이지 않은 채 방치되는 현상으로 이어지기도 한다.

이보다 더욱 심각한 문제는 교육적 부작용이 생기는 경우이다. 생성형 AI와 같은 새로운 기술은 안전, 데이터 보안, 저작권 등 다양한 문제에 대해 검증이 부족한 상황이다. 또한 기술에 내재된 알고리즘적 편향이 그대로 전달되거나, 학생들이 AI가 생성한 콘텐츠의 정확성을 비판적으로 검토하지 않고 수용하여 오개념이 형성되거나 사고 능력이 약화될 위험성도 있다.

표준화된 원칙 없이 기술이 물밀듯 들어오고 있다. 기술에 대한 충분한 고민 없는 선택들은 결과적으로 쓰이지 않는 도구들로 인한 예산 낭비나 교육적 부작용으로 이어진다. 따라서 지금 필요한 것은 더 빠르게 많이 도입하는 것이 아니라 명확한 원칙과 선택 기준 먼저 정립하는 것이다. 따라서 이번에는 학교 현장으로 파도처럼 밀려드는 수많은 에듀테크 도구를 해가 되지 않는 유익한 도구로 사용하기 위한 명확한 목표와 원칙에 대해 이야기해 보고자 한다.

## 선택의 기준: 에듀테크 프레임워크(Framework)

에듀테크 프레임워크란 제품의 학습 효과·안전·사용성 등을 표준화된 항목과 절차로 검증하도록 설계된 평가 기준 체계를 뜻한다. 평가를 통한 인증은 각 프레임워크마다 설정된 기준 충족 여부를 심사하여 사이트에 등록하거나 배지를 부여하는 등의 방식으로 진행한다. 세계 여러 나라에서는 에듀테크 도구를 체계적으로 평가하고 학교 현장에 도입하기 위해 다양한 에듀테크 평가 프레임워크와 인증 제도를 운영하고 있다. 이러한 장치는 에듀테크가 교육적 맥락에서 의미 있게 활용되도록 하고, 그 효과에 대한 신뢰성 있는 타당한 증거를 확보하기 위한 필수 수단으로 자리 잡았다.

UNICEF, 핀란드Finland 외교부 등이 협력하여 만든 Edtech for Good Framework는 다섯 가지 핵심 평가 기준을 제시한다.[44] 데이터 개인정보 및 보안의 '안전', 증거 기반 '학습에 미치는 영향', '아동'을 위한 설계, 다양한 디바이스나 환경에서 작동할 수 있는지의 여부인 '도달도', 모든 학습자를 고려하는 '포용성'이 핵심 평가 기준이다. Edtech for Good Framework는 평가 기준을 명확히 밝히고, 해당 요소에 따라 에듀테크들을 평가하여 목록화하고 있다. 각 평가는 다섯 가지 핵심 기둥에 가중치를 부여한 합산 점수를 통해 총점을 산출하며 직관적이면서 근거에 기반한 접근 방식을 채택하고 있어 신뢰성이 높다.

Edtech for Good Framework(Learning Cabinet, 2024)

미국의 비영리단체인 국제교육기술협회(International Society for Technology in Education, 줄여서 ISTE) 역시 에듀테크 제품의 품질을 보증하는 핵심 인증 기관으로 활동하고 있다. ISTE는 ISTE Seal 인증 제도를 통해 에듀테크를 평가하는데, 구체적으로 '안전성, 사용 가능성, 증거 기반, 포용성, 상호 운용성'이라는 다섯 가지 공통 품질 지표를 포함해 '실용적 사용성' 등을 기준으로 가지고 있다.[45]

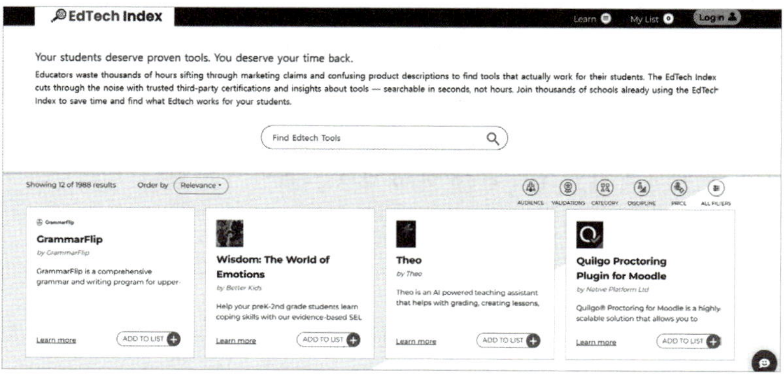

ISTE 운영 에듀테크 목록 사이트(https://edtechindex.org)

ISTE에서 운영하는 EdTech Index에는 현재 2,000여 개의 에듀테크가 등록되어 있으며, 이 중 ISTE Seal 인증을 받은 것은 현재 58개이다. 필터를 활용해 ISTE Seal 인증 제품을 확인할 수 있다.

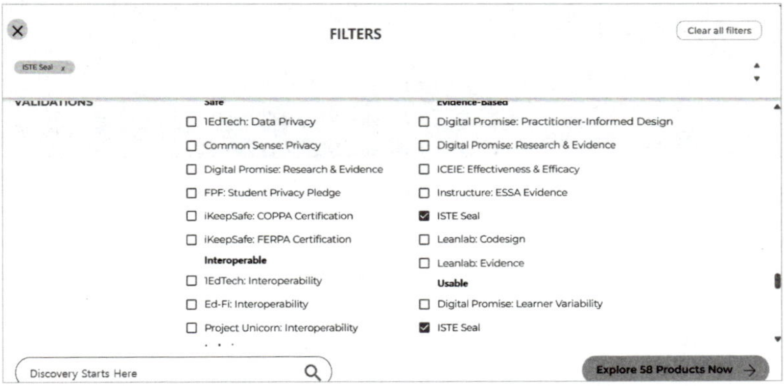

ISTE Seal 필터 활용 에듀테크 검색(https://edtechindex.org)

영국에는 민간 기업 'Edtech impact'가 운영하는 에듀테크 평가·비교 플랫폼이 있다. 이곳은 교수학습 품질, 법적·윤리적 안전성, 사용자 경험, 연구 근거의 네 축으로 프레임워크를 제시한다. Edtech impact는 구체적인 평가 기준을 공식 보고서 등으로 밝히고 있지 않으나 실사용자들의 후기를 중요한 근거로 약 1,500개 이상의 에듀테크를 목록화하고 있다.

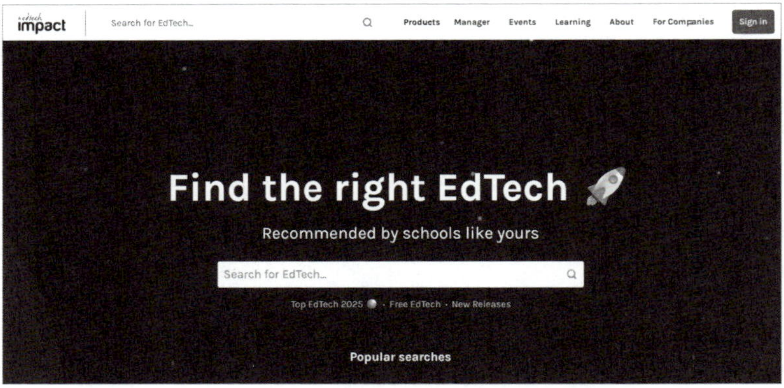


Edtech impact 사이트(https://edtechimpact.com/)

국내에도 에듀테크 적합성을 검증하는 프레임워크들이 있다. 그중 에듀테크 소프트랩은 공교육 혁신 기반 조성을 비전으로 한국교육학술정보원KERIS과 각 지역 교육청 등이 협력하여 운영하는 실증 거점 기관이다. 에듀테크 소프트랩은 각 에듀테크가 학교에 도입되기 전 기능과 서비스가 개발 목적에 맞게 제대로 제공되는지, 교육 현장에서 활용되기에 적합한지를 사전에 검증하는 실증을 운영한다. 실증 항목은 교육적 요소(교육과정 연계성, 흥미 및 동기 유발 등), 기술적 요소(사용자 편의성, 호환성, 안정성 등), 안전성(유해 콘텐츠 필터링, 안전한 상호작용 등), 보안성(데이터 수집 및 보안, 제3자 정보 제공 등), 그리고 구매 지원 체계(가격 적절성) 등 다각적인 요소를 포함한다.[46]

| 구분 | 운영 주체 | 주요 기능 |
|---|---|---|
| 에듀테크 소프트랩 | 교육부/KERIS/각 지역 교육청 등 | 에듀테크 실증 평가 |
| 체더스 | 테크빌교육 | 에듀테크 자체 평가, 구매대행 |
| AskEdTech | 러닝스파크 | 에듀테크 자체 평가, 정보 제공 |
| 에듀집 | 교육부/KERIS/건국대학교 | 에듀테크 정보 제공 |
| 올에듀샵 | 한국에듀테크산업협회 | 에듀테크 자체 평가, 정보 제공 |

국내 에듀테크 적합성 프레임워크

## 그럼에도 어려운 이유

이러한 프레임워크와 인증은 학교가 무엇을, 왜, 어떻게 기술을 도입할지 판단하는 데 유의미한 출발점을 제공한다. 그럼에도 불구하고 왜 현장 교사들은 여전히 어려움을 느낄까? 첫째, 프레임워크와 인증이 너무 많아 선택이 오히려 어려워지는 문제가 생긴다. 2024년 발표된 연구에 따르면 영국에는 65개의 서로 다른 프레임워크가 존재한다고 한다.[47] 여기에 각 프레임워크마다 인증 배지를 받은 제품이 수십 개가 넘어가면 무엇을 도입해야 하는지 결정 자체에 부담을 느낀다. 둘째, 표준화가 부족하다. 지표와 측정 방식, 증거 요구 수준이 제각각이라 비교가 어렵다. 셋째, 상업적 편향 우려가 제기된다. 일부 제도가 마케팅과 결합해 현장 필요를 충분히 반영하지 못하거나 무분별한 인증

남발이 발생할 수 있다. 넷째, 연구·증거 기반이라는 주장에 비해 방법론과 데이터 공개 수준이 낮아 타당성 검증이 어려운 경우가 있다.

이러한 문제들은 에듀테크 혁신과 검증의 속도가 충돌하는 근본적인 딜레마에서 비롯된다. 앞서 말한 것처럼 수많은 에듀테크가 빠르게 생겨나는 상황에서 인증 방식이 지나치게 엄격하면 혁신적인 신규 기술의 진입 장벽이 되고, 반대로 인증 방식이 허술하면 인증 자체의 의미가 퇴색된다. 결국 엄격한 연구의 더딘 속도가 에듀테크 개발의 빠른 속도를 따라가지 못하는 구조적 문제가 발생한다.

## 교사의 안목: 내면의 기준 세우기

앞서 살펴본 것처럼 다양한 에듀테크 프레임워크는 학습 효과성, 데이터 보안, 형평성 등 중요한 기준을 제시하는 유용한 참고 자료가 되지만, 그 자체로 완벽한 해답이 되지는 못한다. 인증 제도의 과부하, 표준화 부족, 상업적 편향의 가능성 속에서 길을 잃지 않으려면 결국 외부의 인증 마크가 아닌, 교사 내면에 있는 교육적 안목과 판단력이 기술 도입의 성패를 가르는 마지막 열쇠가 되어야 한다.

외부 평가자는 결코 알 수 없는 우리 반 학생들의 특성, 교육과정의 구체적인 맥락, 그리고 교사 자신의 교육철학이야말로 그 어떤 표준화된 기준보다 중요한 잣대가 되기 때문이다. 똑같은 도구라도 어떤 교사가 어떤 철학을 가지고 어떻게 활용하는지에 따라 그 가치는 전혀 달라진다. 결국 좋은 에듀테크란 기술 자체가 아니라, 교사의 교육적 의도와 만나 학생의 성장을 끌어낼 때 비로소 완성된다.

이러한 교사의 교육적 안목은 "이 도구는 어떤 기능이 있는가?"라는 물음에서 벗어나, "이 기술이 우리 학생의 성장을 위해 왜 필요하고, 어떻게 적용되는가?"라는 본질적인 질문을 던지는 능력으로 구체화된다. 따라서 교사는 외부 기준의 소비자에 머무르는 것이 아니라, 자신의 전문성을 바탕으로 기술의 가치를 판단하고 교육적으로 재구성하는 주체가 되어야 한다. 이제 이러한 관점에서 현장에서 바로 적용할 수 있는 최소한의 실천적 원칙들을 구체적으로 제안해 보고자 한다.

### 이 기술은 '생각하는 힘'을 기르는 데 도움이 되는가?

에듀테크 도입의 가장 중요한 기준 중 하나는 학습의 본질인 '사고력 함양에 기여하는가?'이다. 교사는 이 기술이 단순히 지식을 전달하거나 편리하게 답을 제공함으로써 학생의 인지적 노력을 대신하게 만드는지, 즉 인지적 부채를 쌓게 하는 도구는 아닌지 의심하며 경계해야 한다. 기술은 학생이 스스로 사고하고 탐구하는 과정을 생략시키는 지적 대리인이 아니라, 사고를 확장하고 심화시키는 파트너가 되어야 한다. 겉으로 드러난 화려한 기능을 넘어, 이 기술은 과연 깊이 있는 학습과 배움의 주체로서 학생들이 성장하는 데 기여하는지 따져 보는 것이 선택의 첫걸음이다.

### 모든 학생이 소외 없이 쉽게 사용할 수 있는가?

아무리 교육적으로 뛰어난 도구라도 사용하기 어렵다면 무용지물이다. 사용법을 익히는 데 너무 많은 시간을 쏟아야 하거나, 새로운 관리 업무가 추가된다면 지속적으로 활용하기 어렵다. 따라서 학생 입장에서 디지털기기에 익숙하지 않아도 소외되지 않고 직관적으로 참여할 수 있는지, 교사 입장에서는 학생들의 학습 현황과 결과물을 대시보드 등으로 한눈에 파악하고 쉽게 피드백을 줄 수 있는지 통합적으로 점검해야 한다. 좋은 에듀테크는 교사와 학생 모두의 노력을 줄여 주고, 본질적인 교육활동에 더 집중할 수 있도록 돕는 것이어야 한다.

### 안전하고 윤리적인 학습환경을 제공하는가?

안전과 윤리의 원칙은 그 어떤 교육적 효과보다 더 우선되어야 할 타협 불가능한 기준이다. 교사는 해당 에듀테크가 학습 데이터를 어떻게 수집하고 보호하는지 확인해야 한다. 또한 AI 기술이 탑재된 경우, 사용 과정을 점검할 수 있는지, 알고리즘에 내재된 편향은 없는지, 유해 콘텐츠로부터 학생들을 보호할 안전장치는 마련되어 있는지 등을 꼼꼼히 살펴봐야 한다.

위에서 제안한 세 가지 원칙은 교사의 기술 선택 판단을 돕는 최소한의 나침반이 될 수 있다. 이러한 원칙들을 실제 교실에 적용해 보는 가장 좋은 방법은 직접 활용해 보는 것이다. 실제 도입을 결정하기 전에 무료 체험 등을 통해 우리 반에서의 효과를 미리 확인하는 과정이 중요하다. 대부분의 에듀테크 업체가 서비스 홍보를 목적으로 무료 체험 기간을 두고 있으므로, 이를 적극적으로 활용하면 판단에 도움을 받을 수 있다. 교사가 주체가 되어 신중하게 선택하고 지혜롭게 활용할 때, 기술은 비로소 학생들의 성장을 돕는 진정한 파트너가 될 것이다.

# AI·디지털 활용 수업의 방향과 루틴

지금까지의 논의를 종합하여, AI 시대에 학생들의 사고력을 촉진하기 위한 AI·디지털 활용 수업의 구체적인 방향과 실천적 루틴을 제시하고자 한다.

## 기초 공사에서 사고력 함양까지

AI·디지털 활용 수업의 방향은 기술 그 자체를 넘어, 학생이 '나'로 온전히 서서 '연대'하는 힘을 길러 주는 데 있어야 한다. 이를 위해서 교사는 학생과 AI를 연결하는 핵심 주체가 되어, 학생의 성장과 잠재력을 촉진할 수 있는 기술을 선별하고 교육과정을 설계하며 그 활용 시기와 방법을 탐색해 적재적소에 투입해야 한다.

단순히 새로운 기술을 무작정 교실에 도입하는 것이 아니라, 학생의 발달 단계와 특성을 고려하여 신중하게 접근해야 한다. AI의 활용을 통해 인간의 성장을 촉진하는 방향으로 나아가기 위해 다음과 같은 단계적 접근을 제안한다. 이는 단 하나의 정답이 아닌, 교사가 각자의 교육적 맥락 속에서 주도성을 발휘하여 자신만의 수업을 만들어 가는 데 참고할 수 있는 하나의 제안이다.

### 교사와 학생을 위한 기초공사

모든 기술 활용에 앞서, 교사와 학생 모두 내면의 토대를 단단히 다지는 과정이 선행되어야 한다. 교사 자신부터가 먼저 AI와 친숙해지며 그 가능성과 한계를 직접 경험해야 한다. 교사의 전문성을 지원하는 다양한 AI 도구를 비판적으로 탐색하는 것은 기술을 교육적으로 활용하기 위한 필수적인 준비 과정이다. 동시에 학생들이 AI를 만나기 전 반드시 갖추어야 할 내적 역량을 기르는 수업이 필요하다. 이는 삶과 학습의 주체가 되기 위해 스스로 배우는 법을 익히는 '학습 방법의 학습', 갈수록 경계가 희미해지는 가짜와 진짜를 분별하기 위한 '비판적사고력', 나와 공동체의 성장과 발전을 위해 내면의 윤리적 닻을 내리고 기술을 책임감 있게 사용하기 위한 'AI 윤리 수업', 그리고 AI를 사고력 촉진의 파트너로 활용하는 'AI 프롬프팅 수업'을 포함한다.

### 궁극적 목표로서의 정서적 안정과 사고력 함양

마지막으로 앞선 모든 과정을 바탕으로 학생의 생각 근육을 단련시키는 고차원적인 도구로 AI를 활용한다. 사고력 함양을 위해서는 학생들의 정서적 안정, 즉 마음 근육이 필수적으로 요구된다. AI 시대에 더욱 중요해지는 학생들의 정서적 안정을 돌보는 데 기술을 활용하고, 무너진 마음이 사고력의 저하로 이어지지 않도록 돕는 과정이 함께 이루어져야 한다.

이제 최종 단계에서 학생들은 AI를 통해 토론하고, 글을 쓰며, 복잡한 문제를 해결하는 등 학습의 가장 깊은 차원인 사고력 함양으로 나아간다. 이는 기술을 소비하는 것을 넘어, 자신의 사고를 확장하고 심화하는 데 도움을 주는 파트너로 AI를 활용하는 단계이다.

## 사고력 함양을 위한 AI·디지털 활용 수업 루틴

앞서 제시한 단계적 방향성 안에서 개별 수업은 어떻게 학생의 사고력을 실질적으로 함양시킬 수 있을까? 먼저 학생의 사고를 촉진하도록 정교하게 프롬프팅된 AI를 준비해야 한다. 적절한 AI가 준비되었다면 교사는 다음과 같은 수업 루틴을 통해 학생들이 AI와 함께 자신의 생각 근육을 단련시키도록 이끌 수 있다. 이 루틴의 핵심은 AI와의 상호작용이 일방적인 정보 수용이 아닌, 학생의 사고와 AI의 정보처리가 유기적으로 결합되어 학생의 사고를 촉진하고 발달시키는 역동적인 과정이 되도록 설계하는 데 있다.

### 1단계: 학생의 사고를 우선하기

모든 탐구는 AI가 아닌, 학생의 머릿속에서 시작되어야 한다. 교사는 AI를 투입하기 전에 학생들에게 주어진 질문이나 과제에 대해 스스로 생각하고 자신의 초기 아이디어를 정리할 충분한 시간을 보장해 주어야 한다. 이 고독한 사고의 과정은 학생들이 문제를 파악하고, 자신의 사전 지식을 활성화하며, 사고와 탐구의 방향을 설정하는 필수적인 단계이다. 이 과정을 생략하고 곧바로 AI에게 답을 구한다면 학생이 목적지를 상실한 채 AI가 제시한 생각의 틀 안에 갇히는 위험을 초래할 수 있다.

### 2단계: 인간-인간의 협력을 통한 사고의 확장

개인의 생각을 바탕으로 학생들은 동료들과 생각을 공유하고 토론하며, 자신의 생각을 확장하고 정교화하는 과정을 거친다. 짝 또는 모둠 토의·토론과 같은 협력적 활동은 다양한 관점을 접하게 하고, 자신의 논리적 허점을 발견하게 하며, 더 나은 해결책을 함께 구축하도록 돕는다. 이처럼 인간과 인간의 상호작용을 통해 생각을 단련하는 과정은 AI와의 상호작용 이전에 반드시 선행되어야 할 중요한 사회적 학습 과정이다.

### 3단계: AI와의 비판적 소통

충분한 개인적, 집단적 사고를 거친 후에야 비로소 학생들은 AI를 만난다. 이때 AI의 역할은 정답을 주는 해결사가 아니라, 학생들의 생각을 한 단계 더 높은 차원으로 이끌어 주는 비판적 파트너이다. 학생들은 자신의 생각을 발전시키거나, 다른 관점을 탐색하거나, 주장의 근거를 교차 확인하는 등 명확한 목적을 가지고 AI와 소통하도록 안내받아야 한다. 이 단계에서 교사는 학생들이 AI의 답변을 맹신하지 않고, 그 정보의 신뢰성과 타당성을 비판적으로 검토하도록 이끌며 안내해야 한다.

### 4단계: 인간-인간 소통을 통한 종합과 재구성

AI와의 상호작용을 통해 새로운 정보와 관점을 발견하고 생각의 깊이를 더한 학생들은 다시 동료들과의 대면 소통으로 돌아온다. 이 단계에서 학생들은 AI가 제시한 정보와 자신들이 기존에 가지고 있던 생각을 종합하여 동료들을 만나 긴밀한 소통을 통해 최종적인 결론을 도출해 나간다. AI와 함께 다듬은 사고와 논리를 인간의 직관과 윤리적 가치를 토대로 비교하고 토론하는 과정은 학습의 가장 깊은 단계로 나아가게 한다.

### 5단계: 성찰을 통한 내면화

마지막으로 학생들은 모든 사고와 탐구 과정을 거쳐 도달한 최종적인 생각과 결론을 자신만의 언어로 정리하고 공유하는 시간을 갖는다. AI와 동료들의 도움을 받아 완성된 결과물일지라도 "나는 무엇을 배웠는가?", "내 생각은 어떻게 변화했는가?", "이 배움을 어디에 적용할 수 있을까?"라는 성찰적 질문에 답하는 과정을 통해 학습은 비로소 온전한 학생 자신의 것이 된다.

AI·디지털 활용 수업의 성패는 얼마나 화려하고 새로운 기술을 사용하느냐에 달린 것이 아니다. 바로 인간의 성장을 중심에 두는 교육철학을 바탕으로 수업의 방향과 루틴을 설계하고 실천하는 교사의 주도성에 달려 있다.

# Part 2

# AI·디지털 활용 수업, 어떻게 할까

1부에서 AI·디지털 기술이 교육 현장에 던지는 기회와 위협에 대해 진단해 보고 그 속에서 교사의 역할과 교육의 본질을 성찰하며 나아갈 방향을 확인했다면, 2부에서는 그 철학적 방향성을 교실 속 구체적인 실천으로 전환하는 방법과 실제 사례들을 탐색한다. 먼저 교사 스스로가 전문성을 촉진하는 새로운 동료로서의 AI를 만나 세상의 지식과 연결하고, 확보한 지식을 내면화 및 재구성하며, 교사의 전문성을 창의적인 수업으로 구현하는 여정을 소개한다. 이러한 교사의 준비와 더불어 본격적으로 AI 시대를 살아갈 학생들이 기초를 다지는 데 선행되어야 하는 수업을 살펴본다. 마지막으로 이 단단한 기초 위에 학생들의 정서적 안정과 고차원적 사고력을 함양하는 구체적인 AI·디지털 활용 수업 사례를 소개한다.

# Chapter 1

## AI·디지털 활용 수업을 위한 기초 공사 1

## 교사가 먼저 만나는 AI

# 1 교사의 전문성을 촉진하는 새로운 동료, AI

스웨덴 출신의 심리학자 안데르스 에릭슨Anders Ericsson은 1993년에 동료들과 함께 전문성과 관련하여 연구한 논문을 발표했다. 주요 내용은 작곡, 수학, 테니스, 수영 등 여러 분야를 조사한 결과 어떠한 분야에서 뛰어난 성과를 내기까지 평균적으로 10년 이상이 걸린다는 것이다. 이는 대중적으로 '1만 시간의 법칙'이라는 용어로 알려졌고, 단순히 '꾸준히 오래 하면 전문가가 될 수 있다'는 양적인 노력의 중요성을 역설한 것으로 오해되었다. 하지만 2016년 『1만 시간의 재발견』(안데르스 에릭슨 외, 비즈니스북스)이라는 책을 내며 본인의 연구 결과가 사실과 다르게 알려졌음을 밝혔다.[48] 그는 장기간의 노력도 중요하지만 그보다 의도적인 연습deleberate practice의 질적인 수준이 뛰어난 성과를 내는 데 결정적인 역할을 한다고 강조했다. 여기서 '의도적인 연습'이란 명확한 목표와 정교한 설계, 그리고 즉각적이고 유익한 피드백과 교사의 개별화된 지도 등을 뜻한다.[49]

그렇다면 이러한 전문성의 원리가 교직 사회에는 어떻게 적용됐을까? 전통적으로 교직의 전문성은 객관성을 지닌 전문 지식 획득에 기반하였으며, 이 획득한 지식을 현장에 적용하는 것이 교육 실천이라고 여겨졌다. 그러나 이론 중심의 연수를 통해 얻은 지식은 실제 교육 현장과 괴리되는 경우가 많았으며, 이를 극복하기 위한 대안으로 교사 학습공동체가 활성화되었다. 이때부터 '전문성 개발'은 단순한 지식의 획득이 아니라 실천과 문제 해결을 통한 사회적 과정으로 정의되었다.[50] 즉 교사가 교육 현장에서 마주하는 문제로부터 출발하여 동료들과 협력적으로 배우고 실천하며 끊임없이 지식을 구성하는 과정이 된 것이다. 이는 동료 교사로부터 현장 문제에 대한 즉각적인 조언과 피드백을 얻을 수 있다는 점에서 의도적인 연습의 원리와 맞닿아 있다.

바로 이 지점에서 AI는 교사의 전문성 개발에 새로운 가능성을 제시한다. 교사 학습공동체가 가진 많은 장점에도 불구하고, 교사들은 늘 시간과 공간의 제약, 그리고 자신의 관심 분야에 대한 전문성을 가진 동료를 찾기 어려운 현실적 한계에 부딪히곤 한다. AI는 이러한 한계를 보완하고 의도적인 연습을 위한 새로운 동료가 될 수 있다. 교사가 구상한 수업에 대해 즉각적인 피드백을 제공하고, 전 세계의 방대한 전문적 지식에 접근하도록 하며, 무엇보다 교사 개개인의 필요에 맞는 개별화된 지원을 할 수 있기 때문이다.

AI·디지털 기술이라는 새로운 동료와 성공적으로 협력하기 위한 첫 걸음은 충분히 상호작용하는 것이다. 교사가 먼저 만나는 AI는 단순히 교실에 AI를 도입하기 위한 사전 답사의 의미가 아닌, AI라는 새로운 동료의 역량을 제대로 활용하여 교사 자신의 전문성을 기르기 위한 필수적인 과정이다. 따라서 이어지는 내용들은 교사 스스로가 기술을 활용해 자신의 전문성을 어떻게 심화·확장할 수 있는지 구체적으로 경험하는 여정이 될 것이다.

# 세상의 지식과 연결하기

## 퍼플렉시티Perplexity

AI와 함께 전문성을 기르는 여정의 첫걸음은 방대한 세상의 지식에 효과적으로 접근하고 그 속에서 신뢰할 수 있는 정보를 가려내는 것이다. 정보가 넘쳐 나는 시대에 교사에게 요구되는 중요한 전문성 중 하나가 바로 정보를 비판적으로 탐색하고 선별하는 능력이다. 그러나 인터넷에는 부정확하거나 편향된 정보가 너무 많아 신뢰할 수 있는 자료를 찾는 데 꽤 많은 시간과 노력이 소요된다.

이 지점에서 퍼플렉시티 AI는 교사의 정보 확장 전문성을 돕는 유용한 도구가 될 수 있다. 흔히 챗GPT나 제미나이와 같은 LLM과 비교되는데, 퍼플렉시티는 챗봇의 기능보다 실시간 웹 검색을 바탕으로 하는 답변 생성을 우선으로 한다. 다른 LLM들이 내부 지식을 먼저 활용하고 필요할 때 웹을 검색하는 것과는 차이가 있다. 이 때문에 특정 시점까지의 학습 데이터에 의존하는 모델들이 가지는 지식 단절 문제에서 비교적 자유로우며, 최신 정보에 대한 정확도가 높고 데이터 환각 현상이 적다는 평가를 받는다.

퍼플렉시티의 가장 핵심적인 강점은 검색 결과를 바탕으로 답변을 종합하면서 모든 정보의 근거가 된 자료의 명확한 출처를 함께 제공한다는 점이다. 이는 사용자가 여러 개의 검색 결과 링크를 일일이 직접 확인해야 하는 기존의 웹 검색 방식과 달리, 가장 연관성 있는 정보가 어떤 출처에서 왔는지 명확히 연결해 주어 정보 검증 과정을 훨씬 효율적으로 만들어 준다. 교사는 이를 통해 정보 출처를 확인하고, 비판적으로 검토할 수 있다.

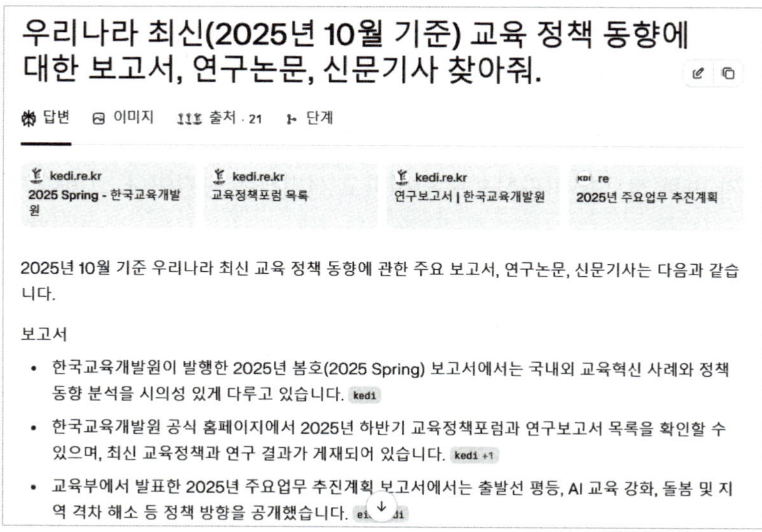

웹 출처를 명확히 제시하는 퍼플렉시티 AI

이러한 특징 때문에 퍼플렉시티 AI는 교사가 최신 정보를 탐색하고 다양한 관점을 균형 있게 살펴보며 비판적 안목을 기르는 데 유용하다. 특히 수업 준비나 연구에 필요한 다양한 종류의 최신 자료를 신속하게 탐색하고 확보하는 데 효과적인데, 단순히 요약된 답변뿐만 아니라 관련 뉴스 기사, 보고서, 학술논문까지 원문 링크와 함께 찾아 달라고 요청할 수도 있다. 이때 답변을 표 형태로 정리해 달라고 요청하면 가독성 높은 답변을 받을 수 있다.

예를 들어, "기후 변화 교육 관련 최신 학술 자료를 찾아 줘." 또는 "2024년 이후 인공지능 활용 교육 관련 뉴스 찾아 줘."라고 질문하면 퍼플렉시티는 웹과 학술 데이터베이스를 검색하여 해당 자료들을 찾아 제시한다. 제공된 출처 링크를 통해 원문 자료를 직접 확인하고 내려받으면 내용을 좀 더 깊이 있게 검토할 수 있다.

| 자료명 (출처/저널) | 간단 설명 | 다운로드 링크 |
|---|---|---|
| Effectiveness of climate change education – a meta-analysis (Frontiers in Education, 2025) | 기후 변화 교육이 지식, 태도, 행동에 미치는 효과를 종합 분석 | 다운로드 `frontiersin` |
| Education and Climate Change: Synthesizing the Evidence (Brown University, 2025) | 교육 현황과 정책, 실천 전략을 종합적으로 제시한 연구 보고서 | 다운로드 `edworkingpapers` |
| Advances in climate change education, challenges and policy insights (University of Thessaly, 2025) | 최신 교육 동향과 정책 과제, 교사 지원의 중요성을 다룸 | 다운로드 `mpra.uni-muenchen` |
| A scoping review on climate change education (PLOS Climate, 2025) | 전 세계 논문 검토를 통한 기후 교육 핵심 주제 및 방법론 분석 | 다운로드 `journals.plos` |
| New Findings on Climate Education Affirm Need for Educator Support (Columbia Teachers College, 2025) | 교사 역량과 지원 필요성에 관한 현장 조사 및 분석 | 원문 링크 `columbia` |

퍼플렉시티가 제시한 자료 목록 및 다운로드 링크 예

특정 주제에 관한 배경지식이 전무한 상황이라면 다음과 같은 단계적 접근을 통해 신뢰도 높은 정보를 효율적으로 확보할 수 있다.

- **신뢰할 만한 정보원 식별:** 먼저 "찾고자 하는 주제(예: ESG 경영)를 가장 자주 다루며 신뢰성 있는 출처(기관, 언론사, 연구소)와 그 근거를 표로 정리해 줘."와 같이 질문하여 해당 분야의 주요 정보원을 파악한다.
- **핵심 자료 확보 및 검토:** 다음으로 "방금 식별된 기관(예: OOO 연구소)에서 발간한 관련 학술 자료를 찾아 요약하고 원문을 찾을 수 있는 링크를 알려 줘."와 같이 요청하여 구체적인 자료를 확보하고 내용을 검토한다.
- **심층 분석:** 마지막으로 이렇게 확보하고 1차 검토한 신뢰성 있는 자료들을 노트북LM과 같은 도구를 활용해 다시 한 번 비교하고 분석하거나 특정 관점에 맞게 재구성하며 지식을 내면화한다.

| 유형 | 특징 | 유형 | 특징 |
|---|---|---|---|
| 학술 저서 | 특정 주제에 대한 심층 정보 제공 | 정부/국제기구 연구 기관 보고서 | 기관별 연구 결과 보고서 |
| 학위 논문 | 학위 취득을 위한 연구 결과물 | | |
| 연구 논문 | 심층적인 연구 결과물 | 백서 | 특정 문제에 대한 해결책이나 기술을 설명하는 보고서 |
| 뉴스 기사 | 최근 사건이나 동향에 대한 언론 보도 | 통계 자료 | 수치 데이터를 담은 자료 |
| 사설/칼럼 | 전문가 의견이나 주장 | 가이드라인 | 절차나 방법에 대한 안내서 |
| 도서/서적 | 특정 주제에 대한 출판물 | 법률/법규 | 법 조항, 규정 |

자료의 유형과 특징

이 과정에서 자료의 유형을 명시하면 더욱 정확한 결과를 얻을 수 있는데, 주요 자료의 유형과 특징은 112쪽 아래 표와 같다.

이처럼 퍼플렉시티 AI는 외부의 방대한 정보 속에서 교사가 필요로 하는 신뢰성 높은 자료를 빠르고 정확하게 찾아 주는 효율적인 정보 탐색 도우미 역할을 수행한다. 이를 활용하여 교사는 외부의 방대한 정보를 효과적으로 탐색하고 비판적으로 수용하여 전문성을 확장하는 첫걸음을 내딛을 수 있다. 이는 이어서 소개할 노트북LM을 활용한 지식의 내면화 및 심화 단계의 중요한 토대가 될 것이다.

# 지식의 내면화와 재구성

## 노트북LM NoteBookLM

퍼플렉시티 AI와 같은 도구를 활용해 방대한 인터넷 정보 속에서 신뢰할 수 있는 최신 자료를 확보했다면, 다음 단계는 그 정보를 교사 자신만의 지식 체계로 만들고 깊이 있게 분석하며 내면화하는 것이다. 정보가 넘쳐 나는 AI 시대에 교사의 핵심 전문성은 단순히 '얼마나 많이 아는가'가 아니라, 확보한 지식을 비판적으로 성찰하고 자신의 교육철학과 현장 맥락에 맞게 재구성하여 새로운 의미와 가치를 창조하는 능력일 것이다.

바로 이 지점에서 노트북LM은 교사가 외부에서 가져온 정보들을 안전하고 깊이 있게 다루며 전문성의 기초를 단단히 다지도록 돕는 매우 유용한 도구가 될 수 있다. 노트북LM은 정보의 홍수 속에서 교사가 직접 선별하고 연구한 자료 안에서만 AI와 상호작용하며 사고를 심화시키도록 환경을 제어하기 때문이다. 이는 환각 현상을 최소화하며 AI 답변의 신뢰성을 확보하는 효과적인 방법이기도 하다.

노트북LM 초기 화면

노트북LM의 가장 핵심적인 특징은 모든 답변에 대해 원본 소스의 해당 구절로 바로 연결되는 인용을 제공한다는 점이다. 방대한 인터넷 정보가 아닌, 사용자가 직접 선택한 파일 안에서만 AI가 인용하기 때문에 답변에 대한 근거를 바로 확인할 수 있다.

이러한 핵심 기능은 교사가 지식을 재구성하고 해석하는 전문적 역할을 수행하도록 다음과 같이 구체적으로 지원한다.

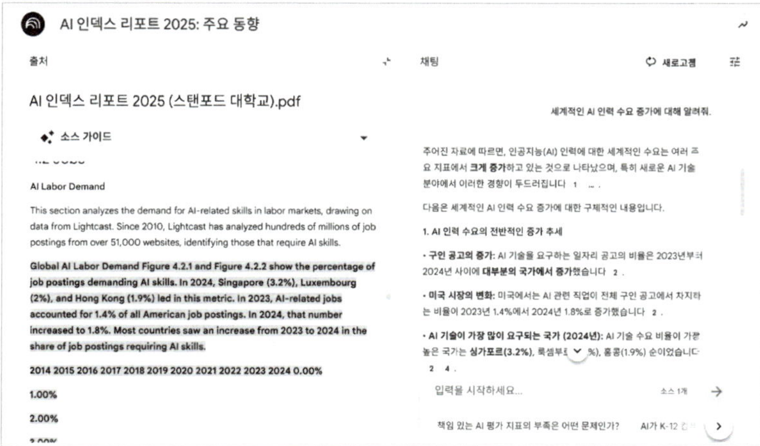


노트북LM 인용 예시

## 흩어진 자료를 연결하여 통찰력 얻기

노트북LM은 다양한 형태의 자료를 연결할 수 있다. PDF, 텍스트 파일과 같은 문서 자료뿐만 아니라, 유튜브 영상 링크, 웹사이트 주소, 오디오 파일까지 하나의 노트북에 소스로 추가할 수 있다.

노트북LM은 이처럼 흩어져 있는 서로 다른 형식의 소스들 맥락을 종합적으로 분석한다. 교사는 개별 문서나 영상을 따로따로 소비하는 것을 넘어, 자료들 사이에 숨겨져 있던 연결고리를 발견하고 새로운 통찰력을 얻을 수 있다. 이는 교사가 지식을 재구성하여 새로운 의미를 창조하는 전문성의 핵심 과정이다.

예를 들어 4학년 전 과목의 교과 지도서 PDF 파일과 교육과정 문서를 업로드한 '4학년 수업' 노트북을 생성했다고 가정하고, 교사가 이 노트북에 다음과 같이 질문하는 과정을 살펴보자.

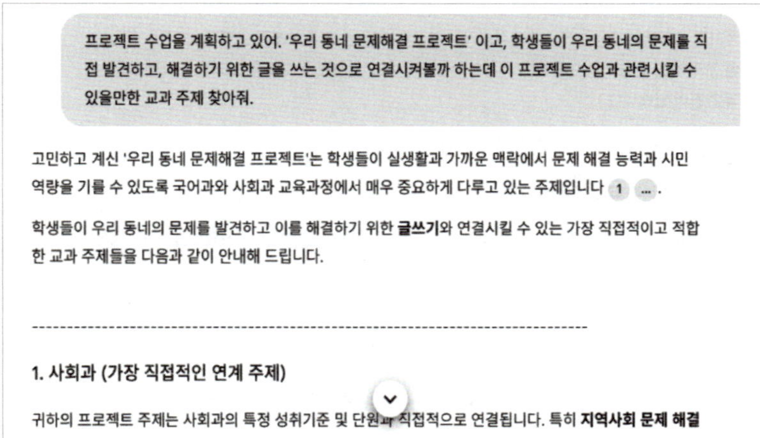

프로젝트 수업을 계획하고 있어. '우리 동네 문제해결 프로젝트' 이고, 학생들이 우리 동네의 문제를 직접 발견하고, 해결하기 위한 글을 쓰는 것으로 연결시켜볼까 하는데 이 프로젝트 수업과 관련시킬 수 있을만한 교과 주제 찾아줘.

고민하고 계신 '우리 동네 문제해결 프로젝트'는 학생들이 실생활과 가까운 맥락에서 문제 해결 능력과 시민 역량을 기를 수 있도록 국어과와 사회과 교육과정에서 매우 중요하게 다루고 있는 주제입니다 1 ... .

학생들이 우리 동네의 문제를 발견하고 이를 해결하기 위한 **글쓰기**와 연결시킬 수 있는 가장 직접적이고 적합한 교과 주제들을 다음과 같이 안내해 드립니다.

---

**1. 사회과 (가장 직접적인 연계 주제)**

귀하의 프로젝트 주제는 사회과의 특정 성취기준 및 단원과 직접적으로 연결됩니다. 특히 **지역사회 문제 해결**

노트북LM의 통합적인 자료 분석

이 질문에 대해 노트북LM은 인터넷을 검색하는 대신 교사가 업로드한 교과 지도서와 교육과정 문서만을 분석했다. 그 결과, 사회과의 지역 문제 해결 주제와 국어과의 제안하는 글쓰기 단원이라는 두 교과의 핵심 연결 지점을 제안했다. 이 제안을 통해 교육과정 재구성을 위한 핵심적인 아이디어를 손쉽게 얻을 수 있다.

노트북LM은 프로젝트 수업을 설계할 때 학생들에게 제공할 구체적인 학습 내용을 분석하고 재구성하는 역할도 수행한다. 예를 들어 위의 프로젝트와 관련된 뉴스 기사, 통계자료, 인터뷰 영상 등 다양한 소스를 노트북LM에 업로드한 뒤, 다음과 같이 질문할 수 있다.

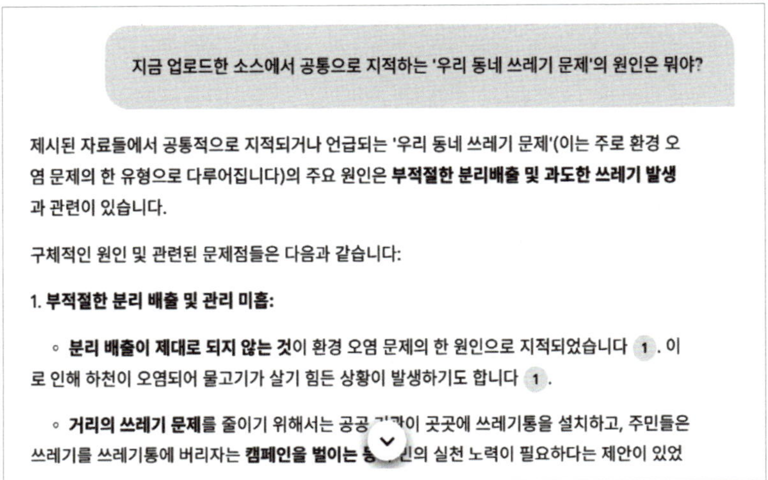

지금 업로드한 소스에서 공통으로 지적하는 '우리 동네 쓰레기 문제'의 원인은 뭐야?

제시된 자료들에서 공통적으로 지적되거나 언급되는 '우리 동네 쓰레기 문제'(이는 주로 환경 오염 문제의 한 유형으로 다루어집니다)의 주요 원인은 **부적절한 분리배출 및 과도한 쓰레기 발생**과 관련이 있습니다.

구체적인 원인 및 관련된 문제점들은 다음과 같습니다:

1. **부적절한 분리 배출 및 관리 미흡:**

◦ **분리 배출이 제대로 되지 않는 것**이 환경 오염 문제의 한 원인으로 지적되었습니다 1. 이로 인해 하천이 오염되어 물고기가 살기 힘든 상황이 발생하기도 합니다 1.

◦ **거리의 쓰레기 문제**를 줄이기 위해서는 공공 기관이 곳곳에 쓰레기통을 설치하고, 주민들은 쓰레기를 쓰레기통에 버리자는 **캠페인을 벌이는 등** 주민의 실천 노력이 필요하다는 제안이 있었

여러 소스의 종합적 분석을 요청하는 프롬프트 예시

노트북LM은 교사가 여러 자료를 개별적으로 읽고 비교하는 수고를 덜어 줄 뿐만 아니라, 모든 소스에서 공통으로 나타나는 핵심을 추출해 준다. 교사는 이 분석 결과를 바탕으로 학생들의 탐구 활동 초점을 맞추거나 핵심 질문을 개발하는 등 수업을 좀 더 정교하게 설계할 수 있다.

| 관점 비교 | 두 개의 뉴스 기사가 우리 동네 문제의 해결책을 제시하는 방식에서 어떤 관점 차이를 보이는지 비교 분석해 줘. |
|---|---|
| 자료 재구성 | 이 전문가 인터뷰 영상의 핵심 내용을 4학년 학생이 이해할 수 있도록 쉬운 용어로 다시 설명해 줘. |
| 종합 추론 | 모든 소스를 바탕으로, '학생들이 직접 실천할 수 있는 해결 방안' 아이디어 5가지를 제안해 줘. |

교사를 위한 노트북LM 프롬프트 예시

이러한 노트북LM의 자료 분석 및 정보 추출 기능은 수업 설계뿐 아니라 행정 업무 영역에서도 교사의 전문성을 지원하는 강력한 도구가 된다. 학교 현장의 각종 업무 규정, 지침, 가이드북 등은 내용이 방대하고 매년 개정되는 경우가 많다. 특히 교사의 업무 분장 역시 해마다 바뀌는 경우가 많아, 새로운 업무와 관련된 모든 문서를 짧은 시간 안에 완벽히 숙지하기란 현실적으로 어렵다.

이때 교사는 관련 공문서, 업무 매뉴얼, 연수 자료 등을 하나의 노트북에 업로드하여 개인화된 업무 챗봇처럼 활용할 수 있다.

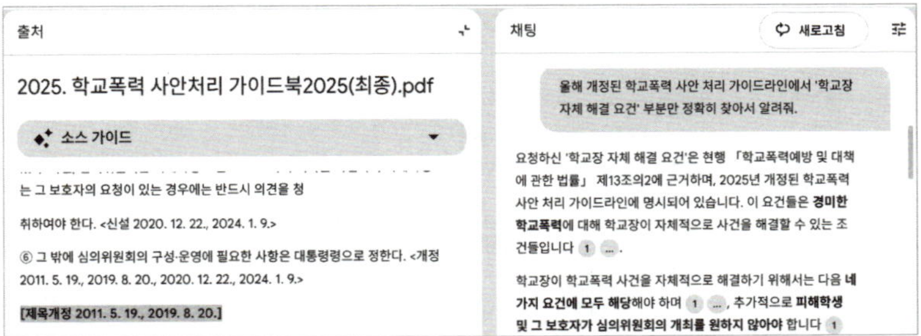

노트북LM 행정 업무 처리 도우미

노트북LM은 수백 페이지에 달하는 문서 더미 속에서 교사가 필요로 하는 정보를 정확한 인용과 함께 즉시 찾아 준다. 이를 통해 교사는 정보검색에 들이는 시간을 획기적으로 줄이고, 확보된 시간을 활용해 더 본질적인 업무에 집중할 수 있다.

### 스튜디오를 활용해 새로운 자료 생성하기

노트북LM은 업로드한 소스를 기반으로 새로운 결과물로 재가공하는 '스튜디오' 메뉴를 제공한다. 스튜디오는 교사가 업로드한 하나 또는 여러 개의 소스를 기반으로 AI 오디오 오버뷰(팟캐스트), 동영상 개요, 마인드맵, 보고서, 플래시 카드, 퀴즈 등 다양한 형태로 재가공해 준다. 이는 교사가 확보한 통찰력을 학생들을 위한 구체적인 자료로 빠르게 만드는 과정이 된다. 예를 들어 교과서 PDF 파일을 업로드한 뒤 스튜디오 메뉴에서 '퀴즈' 버튼을 누르면 해당 단원의 핵심 내용을 묻는 객관식 퀴즈가 생성된다.

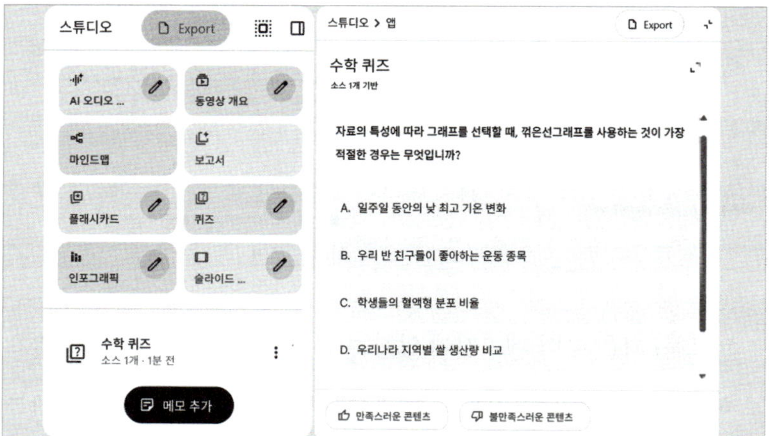


노트북LM의 스튜디오 및 퀴즈 기능

또한 소스 내용을 바탕으로 두 명의 호스트가 대화하는 형식으로 만들어 주는 'AI 오디오 오버뷰' 기능도 있는데, 단순히 텍스트를 읽어 주는 것이 아니라 새로운 관점에서 자료를 볼 수 있도록 도와준다. 특히 어렵거나 전문적인 내용을 학습하고 싶을 때 활용하면 AI가 생성한 호스트의 대화를 통해 핵심 내용을 빠르게 파악하고 쉽게 이해할 수 있다.

물론 노트북LM을 활용할 때 몇 가지 주의할 점도 있다. 노트북LM은 채팅 기록을 따로 저장하지 않는다. 새로고침 등을 통해 채팅 데이터가 예고 없이 초기화될 수 있으므로 중요한 대화는 '메모에 저장' 기능을 활용하는 것이 좋다. 또한 소스 자료들이 너무 많아지면 종합 분석 정확도가 떨어질 수 있으므로, 답변이 필요한 소스만 개별적으로 선택하여 활용하는 것이 좋다.

# 전문성을 수업으로 구현하기

## 패들렛 TA Padlet TA

퍼플렉시티 AI를 통해 외부의 신뢰성 높은 정보를 탐색하여 전문성을 확장하고, 노트북LM으로 그 지식을 내면화하며 자신만의 통찰력으로 심화시켰다면, 전문성 발휘의 마지막 단계는 이 모든 것들을 수업이라는 결과물로 구현하는 데 있다. AI 시대의 교사는 지식의 전달자를 넘어, 학생들의 사고력을 자극하는 창의적인 학습경험을 설계하는 수업 디자이너로서 그 역할이 더욱 부각되는데, 이를 돕는 도구가 바로 패들렛 TATeaching Assistant이다. 기존의 온라인 협업 도구였던 패들렛에 챗GPT와 같은 LLM 모델을 접목하여, 교사가 구상한 아이디어를 결과물로 만들어 준다. 특히 사용자의 프롬프트는 모델 학습에 사용되지 않아 데이터 보안 측면에서도 안정성을 확보하고 있다.[51]

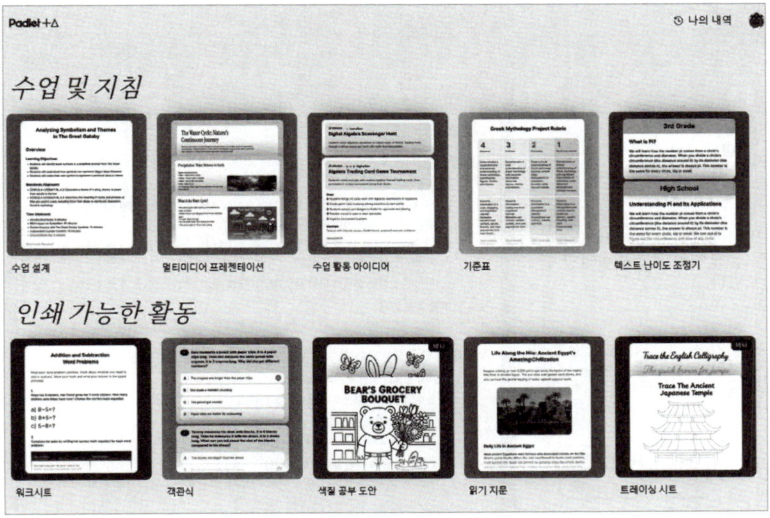


패들렛 TA의 주요 기능

## 수업 설계 및 평가 자료 제작

첫 번째로 살펴볼 기능은 수업 설계Lesson Plan이다. 패들렛 TA는 학년 수준, 주제, 학습목표 등 교사가 입력한 핵심 정보를 바탕으로 수업의 기본 뼈대가 되는 지도안 초안을 빠르게 생성해 준다. 물론 챗GPT와 같은 일반 LLM에게도 수업 계획을 요청할 수 있지만, 패들렛 TA는 교사가 특정 수업에 대한 아이디어를 얻거나 간단한 계획의 초안을 잡는 용도로 가볍게 활용하기에 좋다. 학년 수준, 주제 또는 학습목표 등 기본 정보를 입력하면, '도입-전개-정리' 형태의 단위 차시 수업을 구성해 준다. 수준별 학습, 확장 활동 등을 추가로 제시하기도 한다.

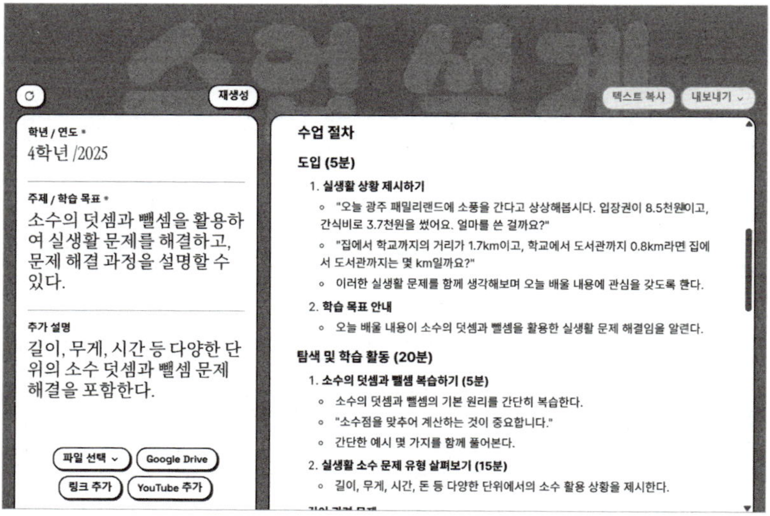

패들렛 TA 수업 설계 기능

수업 활동 아이디어 기능은 수업 주제나 학습목표를 입력하면, 학생들의 흥미와 참여를 유도하는 다채로운 활동 아이디어를 제안해 주는 기능이다. 특히 교사가 '추가 설명' 란에 원하는 활동의 형태(예: 10분 정도 소요되는 협동 놀이 활동)를 구체적으로 제시하면, 그 조건에 맞는 활동들을 제안해 준다. 예를 들어 '수학 소수의 덧셈과 뺄셈' 학습목표와 '10분 정도 소요되는 협동 요소'를 입력했을 때, '소수 계산 릴레이'나 '소수 카드 짝 맞추기'와 같은 구체적인 놀이 활동을 제안하는 식이다. 각 활동 아이디어는 단계별 진행 방법, 필요한 자료, 평가 방식까지 잘 정리되어 있어, 교사가 수업에 바로 적용하거나 아이디어를 발전시키는 데 유용하다.

패들렛 TA 수업 활동 아이디어 기능

이 외에도 주제와 관련된 미니 프로젝트나 역할극 기반의 문제 해결 활동처럼 보다 고차원적이고 학생 중심적인 활동을 절차와 함께 제안해 주기도 한다. AI가 제안하는 아이디어가 항상 새롭거나 완벽하지는 않지만, 교사가 미처 생각하지 못했던 관점에서 영감을 얻거나 기존 아이디어를 발전시키는 출발점이 될 수 있다.

기준표Rubric 생성 기능은 학생 과제나 프로젝트를 평가하기 위한 기준표 초안을 만드는 데 도움이 된다. 교사가 평가하고자 하는 과제를 입력하면, 성취 수준별 기준이 포함된 평가표를 생성해 준다. 생성된 기준표에는 평가 요소에 대한 구체적인 설명이 담겨 있어서 교사가 평가 기준을 설정하는 초기 아이디어를 얻거나 성취 수준을 어떻게 나눌지 고민할 때 유용하다. 물론 이것 역시 교사의 교육철학과 평가 목적에 맞게 수정하고 보완하는 과정이 필요하지만, 번거로울 수 있는 기준표 제작 시간을 단축하고 확보된 시간을 평가의 객관성과 구체성을 높이는 데 활용할 수 있다.

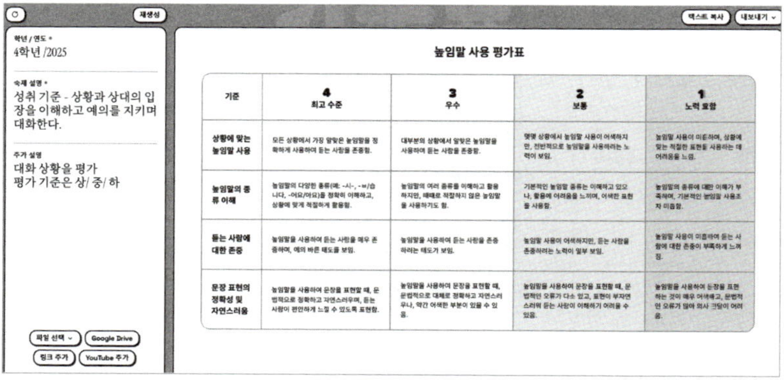


| 기준 | 4<br>최고 수준 | 3<br>우수 | 2<br>보통 | 1<br>노력 요함 |
|---|---|---|---|---|
| 상황에 맞는 높임말 사용 | 모든 상황에서 가장 알맞은 높임말을 정확하게 사용하여 듣는 사람을 존중함. | 대부분의 상황에서 알맞은 높임말을 사용하여 듣는 사람을 존중함. | 몇몇 상황에서 높임말 사용이 어색하지만, 전반적으로 높임말을 사용하려는 노력이 보임. | 높임말 사용이 미흡하며, 상황에 맞는 적절한 표현을 사용하는 데 어려움을 느낌. |
| 높임말의 종류 이해 | 높임말의 다양한 종류(예: -시-, -ㅂ/습니다, -어요/아요)를 정확히 이해하고, 상황에 맞게 적절하게 활용함. | 높임말의 여러 종류를 이해하고 활용하지만, 때때로 적절하지 않은 높임말을 사용하기도 함. | 기본적인 높임말 종류는 이해하고 있으나, 활용에 어려움을 느끼며, 어색한 표현을 사용함. | 높임말의 종류에 대한 이해가 부족하여, 기본적인 높임말 사용조차 미흡함. |
| 듣는 사람에 대한 존중 | 높임말을 사용하여 듣는 사람을 매우 존중하며, 예의 바른 태도를 보임. | 높임말을 사용하여 듣는 사람을 존중하려는 태도가 보임. | 높임말 사용이 어색하지만, 듣는 사람을 존중하려는 노력이 일부 보임. | 높임말 사용이 미흡하여 듣는 사람에 대한 존중이 부족하게 느껴짐. |
| 문장 표현의 정확성 및 자연스러움 | 높임말을 사용하여 문장을 표현할 때, 문법적으로 정확하고 자연스러우며, 듣는 사람이 편안하게 느낄 수 있도록 표현함. | 높임말을 사용하여 문장을 표현할 때, 문법적으로 대체로 정확하고 자연스러우나, 약간 어색한 부분이 있을 수 있음. | 높임말을 사용하여 문장을 표현할 때, 문법적인 오류가 다소 있고, 표현이 부자연스러워 듣는 사람이 이해하기 어려울 수 있음. | 높임말을 사용하여 문장을 표현하는 것이 매우 어색하고, 문법적인 오류가 많아 의사 전달이 어려움. |

패들렛 TA 기준표(Rubric) 기능

## 맞춤형 학습 자료 제작

패들렛 TA는 수업에 활용할 수 있는 학습 자료 제작에도 도움을 준다. 먼저 '읽기 지문' 생성 기능으로 교사가 원하는 특정 주제나 개념에 대해 다양한 길이와 이미지를 포함한 읽기 자료를 생성할 수 있다. 예를 들어, '무인 안내기(키오스크) 사용을 늘려야 할까, 줄여야 할까?'라는 찬반 토론 활동을 구상하며 관련 읽기 자료를 요청했을 때, 키오스크의 좋은 점과 문제점을 균형 있게 다루는 지문을 생성해 준다. 지문에는 주제와 관련된 이미지뿐만 아니라, 학생들이 내용을 이해했는지 확인할 수 있는 질문까지 포함되어 있어서 토론 활동 도입이나 학생들의 배경지식 자료를 별도의 수고 없이 빠르게 만드는 데 유용하다.

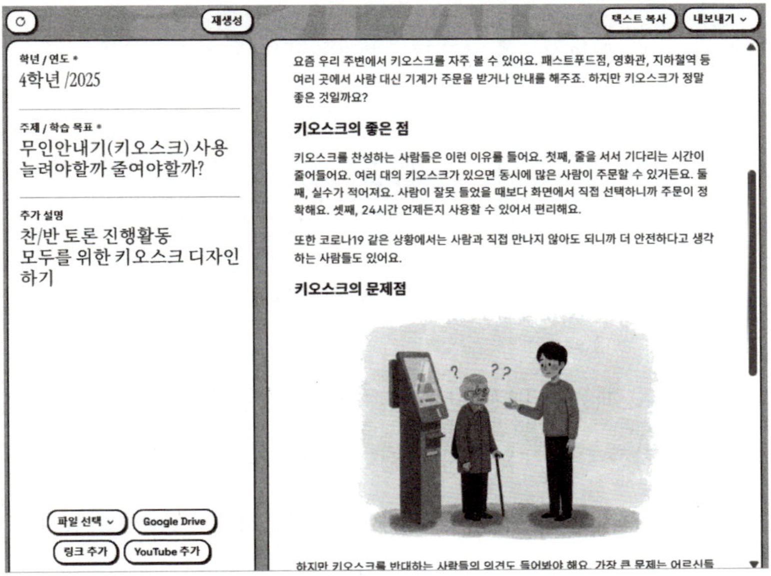


패들렛 TA 읽기 지문 기능

다음으로 '텍스트 난이도 조정기'는 교사가 기존에 가지고 있던 텍스트 자료의 난이도를 특정 학년 수준에 맞게 자동으로 조절해 주는 기능이다. 복잡한 전문용어나 한자 용어, 어려운 문장구조를 학생들의 눈높이에 맞는 쉬운 어휘와 문장으로 변환하여, 모든 학생이 학습 내용에 효과적으로 접근하도록 돕는다. 이러한 기능은 학습 부진 학생이나 다문화 학생 등 다양한 학습 요구를 가진 학생들을 지원하는 개별화교육 실현에도 유용하다.

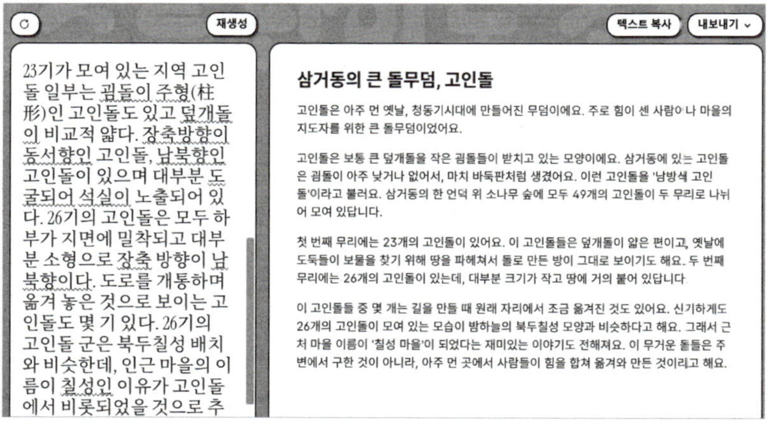

패들렛 TA 텍스트 난이도 조정기

이 외에도 패들렛 TA는 단계별로 학습 내용을 확인하고 적용할 수 있도록 다양한 유형의 학습지를 만들어 주는 '워크시트' 생성기, 구글 설문과 바로 연결할 수 있는 '객관식 퀴즈' 생성기 등 교실 속 다양한 상황에서 활용할 수 있는 여러 도구를 지원한다.

패들렛 TA는 교사가 퍼플렉시티 AI로 탐색하고 노트북LM으로 내면화하며 심화시킨 창의적 수업을 설계하고 학습경험을 효과적으로 구현하도록 돕는 조력자이다. 이러한 기술의 보조로 교사는 학생들의 학습 과정을 촉진하고 의미 있는 상호작용을 나누는 사고의 촉진자이자 수업 디자이너로서의 본질적 역할에 더 많은 에너지를 쏟을 수 있다.

# Chapter 2

## AI·디지털 활용 수업을 위한 기초 공사 2

## 무엇을 먼저 가르치고 배워야 하는가

# 사고력 깨우기

## 학습 방법의 학습Learning How to Learn 수업

AI라는 강력한 지니의 램프를 다음 세대의 손에 쥐어 주기 전에 먼저 그 램프를 지혜롭게 다룰 수 있는 내면의 힘부터 길러 주어야 한다. 운전법을 제대로 익히지 않은 사람에게 고급 스포츠카의 열쇠를 건네준다면 어떻게 될까? 그 결과가 짜릿한 질주가 될지, 끔찍한 사고가 될지는 운전자의 역량에만 달린 문제가 아니다. 바로 그 옆자리에서 스포츠카를 안전하고 능숙하게 운전하는 법을 가르치는 교육자의 역할이 중요하다. AI의 적용도 마찬가지다.

10년 후의 미래조차 예측하기 어려운 불확실성의 시대에 교육의 초점은 정해진 지식의 습득에서 '학습하는 방법 자체를 학습Learning How to Learn'하는 것으로 전환되어야 한다. 과거에는 주어진 교육과정을 성실히 이수하고 좋은 성적 거두는 것을 목표로 교육받았다면, 미래의 학습자는 급변하는 환경 속에서 끊임없이 새로운 것을 배우고, 때로는 자신의 학습 경로 자체를 과감히 전환Pivoting해야 하는 과제와 마주하게 될 것이다. 이는 더 이상 주어진 교육과정을 성실히 따라가는 수동적 학습자가 아닌, 자신만의 교육과정, 즉 목표, 내용, 방법, 평가를 스스로 설계하고 실행하는 주체로서의 학습자가 되어야 한다는 뜻이다.

결국 학생들에게 궁극적으로 필요한 것은 어떻게 하면 효과적으로 배울 수 있는지에 대한 깊은 이해와 그것을 실천하는 능력이다. '학습 방법의 학습'이라고 명명하는 교육의 핵심은 바로 여기에 있다. 이는 학생들이 평생에 걸쳐 자신의 학습을 이끌어 갈 수 있는 힘을 길러 주는 과정이다. 이어지는 내용에서는 이러한 교육철학을 교실 속에서 어떻게 구체적인 실천으로 옮길 수 있는지, 수년간 꾸준히 실행해 온 몇 가지 사례를 소개하고자 한다.

## 성공적 학습의 비밀[52]

'학습 방법의 학습'을 위한 첫 번째 수업은 학습에 대한 학생들의 통념에 도전하는 것부터 시작한다. 대부분의 학생 그리고 성인조차도 오랜 시간 텍스트를 반복해서 읽거나 밑줄을 긋는 행위, 혹은 시험 직전 밤을 새워 공부하는 '벼락치기'를 효과적인 학습법이라고 믿는다. 하지만 과학적 연구 결과는 이러한 믿음이 착각에 불과하다는 사실을 말해 준다. 수업은 먼저 학습에 대해 학생들이 가지고 있는 통념을 스스로 점검하는 몇 가지 질문으로 시작한다.

**<무엇이 더 효과적인 학습일까?>**

여러 번 반복해서 읽기 vs 책을 덮고 스스로 시험 보기

한 번에 몰아서 공부하기(벼락치기) vs 며칠 간격을 두고 나누어 공부하기

한 가지 주제만 집중적으로 파고들기 vs 여러 주제를 섞어서 공부하기

학습에 대한 이해도 점검 퀴즈 예시

많은 학생이 각 질문의 전자에 해당하는, 더 익숙하고 편안하게 느껴지는 방법을 선택한다. 바로 이 지점에서 우리는 학습에 대한 비밀을 탐구할 수 있다. 성공적 학습은 편안함이 아닌 바람직한 어려움Desirable Difficulties 속에서 이루어진다는 것이다. 인지심리학자 엘리자베스 비요크Elizabeth L. Bjork와 로버트 비요크Robert Bjork가 제시한 이 개념은, 단기적으로는 학습을 더디고 어렵게 만드는 조건들이 오히려 장기적으로는 더 깊고 오래 지속되는 학습을 이끈다는 역설을 설명한다. 뇌는 어렵게 획득한 지식을 더 중요하다고 인식하기 때문이다. 위의 퀴즈와 관련하여 바람직한 어려움의 대표적인 예시는 다음과 같다.

- **생성 효과 및 테스트 활용**: 단순히 정보를 수동적으로 읽는 대신, 퀴즈나 시험을 통해 스스로 답을 생성해 내는 과정이 학습 효과를 극대화한다.
- **간격 연습**: 한 번에 몰아서 공부하기(벼락치기)보다 시간 간격을 두고 나누어 공부하는 것이 장기기억에 유리하다.
- **교차 학습**: 한 가지 주제만 파고들기보다 여러 주제를 번갈아 가며 학습하는 것이 개념의 차이를 명확히 인지하게 돕는다.

바람직한 어려움 사례(Bjork & Bjork, 2011)

그렇다면 무조건 어렵게 학습하는 것이 좋을까? 그렇지는 않다. 학생의 현재 이해 수준을 고려하지 않은 과도한 난이도나 인지적 부담은 오히려 학습을 방해할 뿐이다. 비요크 부부가 강조하는 핵심은 학습을 단순히 어렵게 만드는 것이 아니라, 학습의 방식을 수동적인 정보 입력에서 능동적인 의미 구성으로 전환해야 한다는 점이다. 즉 생각이나 지식을 쉽게 집어넣는 것이 아닌, 힘들더라도 스스로 꺼내고 연결하며 자신만의 것으로 만드는 과정이 바로 바람직한 어려움의 본질이다.

### 첫 번째 비밀: 인출하고 또 인출하라

가장 효과적인 학습 전략은 정보를 머릿속에 넣는 수동적 과정이 아니라, 애써 꺼내는 능동적 과정인 인출 연습에 있다. 학습이란 지식을 뇌의 창고에 저장하는 것이지만, 그 지식을 지속해서 사용(인출)하지 않으면 희미해진다.

교실에서 간단한 단어 암기 실험을 통해 인출의 힘을 직접 경험하게 할 수 있다. 우선 서로 관련 없는 단어를 20개 정도 준비한다(예: 사과, 컴퓨터, 기타, 로션 등). 학급을 2개 그룹으로 나누어 같은 시간 동안 한 그룹은 단어를 반복해서 읽게 하고, 다른 그룹은 한 번 읽은 뒤 백지에 기억나는 단어를 최대한 적어 보는 인출 연습을 반복하게 한다. 실제 결과를 비교하면 인출 연습을 한 그룹의 결과가 더 좋게 나타난다. 이는 단순히 반복해서 읽는 소극적 학습보다 배운 것을 스스로 떠올려 보는 능동적 학습이 장기기억에 훨씬 효과적임을 경험하는 과정이다.

더 나아가 노력과 어려움을 요구하는 인출일수록 그 효과가 강력해진다는 점을 소개한다. 시간을 두고 반복하기, 여러 주제를 번갈아 공부하기, 뒤섞어 연습하기 등은 학습 과정에서 당장은 더 어렵게 느껴지기에 피하고 싶은 방법일 것이다. 하지만 학습 과정에서 바람직한 어려움을 통해 진정한 배움이 일어난다는 사실을 학생들에게 안내한다.

궁극적으로는 이러한 인출의 원리를 익히는 것이 일회성 수업이나 경험에 그치지 않고 문화로 정착되도록 하는 것이 중요하다. 교사는 학생들에게 수업 시간에 배운 내용을 바탕으로 자신의 생각을 발표하거나 글로 작성하는 활동을 자주 요구할 것임을 미리 안내하고, 이를 꾸준히 실천해야 한다. 이러한 과정을 통해 학생들은 인출을 특별한 시험 방식이 아닌, 학습의 자연스러운 일부로 받아들이게 된다.

### 두 번째 비밀: 나만의 이해로 지식의 구조를 세워라

하지만 인출 연습을 강조하다 보면, 학생들이 학습을 단어나 개념의 반복적인 암기, 혹은 문제 풀이 기술의 숙달로 오해하는 경우가 있다. 하지만 진정한 학습은 단순히 지식을 암기하고 문제 풀이 기술을 익히는 행위가 아니다. 우리가 추구해야 할 학습의 방향은 인간과 세상에 대한 주체적인 사고와 탐구를 통해 학생 각자가 자신만의 지식 구조를 형성해 이를 토대로 새로운 가치를 창출하는 능력을 길러 주는 데 있다.

이는 2022 개정 교육과정에서 강조하는 깊이 있는 학습의 본질과도 맞닿아 있다. 깊이 있는 학습이란, 전이 가능한 개념적 이해Conceptual Understanding에 도달하는 것을 목표로 한다. 개념적 이해는 사실적 지식의 단편적 학습을 넘어 개념 간의 관계와 구조를 파악해 자신만의 의미 있는 지식 체계를 구축하는 것이다. 자신만의 독창적이고 튼튼한 개념적 이해를 갖춘 학생은 정보가 폭증하고 AI가 즉각적인 답변을 제공하는 시대에서도 길을 잃지 않는다. 새로운 문제를 마주했을 때 그 본질을 꿰뚫는 사고의 힘을 갖게 되며, 이는 평생학습자의 가장 중요한 토대가 된다.

AI는 우리에게 지식의 구조를 이루는 수많은 사실과 개념이라는 벽돌을 빠르게 가져다줄 수 있다. 하지만 그 벽돌들을 엮어 자신만의 견고한 집, 즉 개념적 이해를 구축하는 것은 여전히 인간의 몫이며 변치 않는 학습의 본질이 될 것이다.

### 세 번째 비밀: 학습의 조종사, 메타인지

세 번째 비밀은 학습 과정을 지휘하는 메타인지이다. 메타인지란 자신이 무엇을 알고 무엇을 모르는지를 정확히 알고, 사고를 조절 및 통제하는 능력이다. EBS의 한 다큐멘터리[53]에서 상위 0.1% 학생들의 비밀을 탐구한 결과, 그들을 다른 학생들과 구별 짓는 결정적 요인은 단순한 기억력이 아니라, 자신이 아는 것을 정확히 예측하는 메타인지의 정확성이었다. 효과적인 학습이 이루어지려면 다음과 같은 내면의 질문을 통해 이루어지는 자기조절 과정이 필요하다.

- 나는 무엇을 배우고 싶은가?
- 나는 무엇을 제대로 이해하고 배웠는가?
- 내가 여전히 모르는 것과 다음에 배워야 하는 것은 무엇인가?

학생의 자기조절 학습을 위해 필요한 질문

이러한 메타인지적 습관을 기르기 위해 수업이나 단원이 끝날 때 학생들이 '메타인지 공책'을 작성하도록 지도할 수 있다. 학생들은 노트를 활용해 배운 내용 중 가장 중요하다고 생각하는 핵심 개념, 여전히 이해하지 못하고 모르는 것, 더 배우기 위한 계획 등 자신만의 학습 과정과 결과를 돌아보고 계획한다. 이 과정은 막연한 복습을 구체적인 자기평가와 피드백으로 전환시킨다.

메타인지는 타고나는 재능이 아니다. 메타인지 공책을 활용하는 식의 꾸준한 연습과 그 과정에서 교사의 시의적절한 피드백을 통해 계발될 수 있는 능력이다. AI가 즉각적인 답변을 제공하는 시대에 자신의 이해 상태를 점검하고 올바른 질문을 던지는 메타인지능력은 기술에 종속되지 않는 주체적인 학습자로 성장하는 데 가장 중요한 열쇠가 될 것이다.

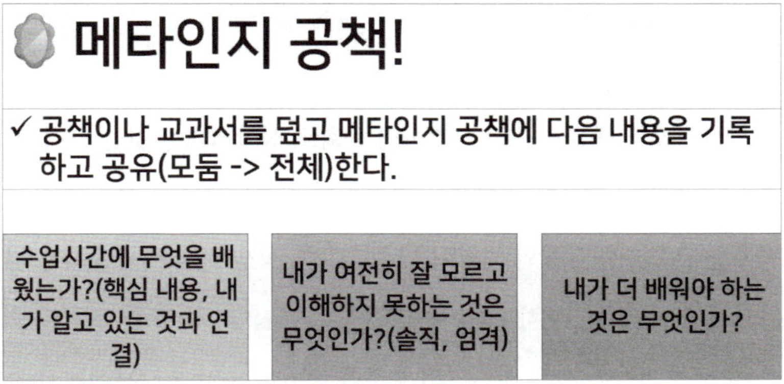

메타인지 공책 안내 자료

**네 번째 비밀: 학습의 가장 중요한 태도=성장 마인드셋**

마지막 비밀은 앞서 소개한 모든 학습 전략을 실천하게 만드는 근본적인 태도, 즉 성장 마인드셋Growth Mindset이다. 성장 마인드셋이란 열정과 끈기를 가지고 노력하면 무엇이든 배울 수 있다고 믿는 태도이다. 이러한 믿음은 학생들이 바람직한 어려움 앞에 좌절하는 대신, 그것을 성장의 기회로 여기고 도전하게 만드는 강력한 내면의 동력이 된다.

배움과 성장은 편안함이라는 안락한 공간을 넘어서서 적절한 수준의 도전과 어려움을 극복하는 과정 속에서 이루어진다. 이는 마치 숨이

차는 운동(러닝, 수영 등)을 통해 심장과 폐 기능이 강화되는 것과 같다. 따라서 교사는 학생들에게 성장 마인드셋의 중요성을 지속적으로 강조해야 한다. 수업 시간에 늘 최선을 다하는 태도, 남과 비교하며 좌절하는 대신 어제의 나보다 성장하려는 태도가 장기적으로는 가장 중요한 성공의 열쇠임을 일상 수업 속에서 꾸준히 강조하며 문화로 정착시킬 필요가 있다.

성장 마인드셋을 꾸준히 강조하여 문화로 정착시키는 것을 넘어, 학생들이 배움과 성장의 기쁨을 실질적으로 경험하도록 이끄는 교사의 섬세한 교육과정 설계와 역할이 필수적이다. 학생 각자의 학습 수준이 다르기에 개인이 경험해야 할 바람직한 어려움의 수준 또한 모두 다르다. 교사의 역할은 학생 개개인의 수준을 면밀히 파악해 각자에게 맞는 도전적 과제를 제시하고, 그 과정에서 느끼는 두려움과 어려움이라는 다리를 건너 성취의 기쁨을 맛보도록 돕는 것이다.

앞서 논의했듯 AI로 인한 사고의 외주화는 바로 이 학습의 필수 과정을 생략하게 만드는 가장 큰 위협 요소이다. 따라서 AI가 제공하는 편리함이라는 유혹에 빠져 학생들이 배움과 성장의 기회를 포기하지 않도록 이끌어 주는 것, 이것이야말로 AI 시대에 교사의 역할이 그 어느 때보다 더 중요해지는 이유이다.

## 지식을 구조화하여 내 것으로 만드는 공책 필기법

많은 교육자가 공책 필기법을 강조하고 활용한다. 공책 필기법의 핵심은 교사가 칠판에 판서하거나 자료를 통해 제시한 내용을 그대로 옮겨 적는 수동적 기록이 아니다. 진정한 의미의 공책 필기는 교과서, 설명, 토의·토론 등 다양한 형태로 만나는 지식과 정보를 학생 자신의 관점으로 스스로 재해석하고 자신만의 논리로 구조화하는 능동적 사고 과정이 되어야 한다.

정보처리이론의 관점에서 이러한 방식의 공책 필기는 다음과 같은 세 가지 학습 촉진 기능을 수행한다. 첫째, 주의를 집중시키고 장기기억으로의 전환을 준비한다. 학습 내용을 자기만의 방식으로 구조화하기 위해 노력하는 과정에서 학생들은 자연스럽게 수업에 깊이 집중한다. 이처럼 의식적인 노력을 기울여 정보를 처리하는 행위는 학습한 내용을 단순히 작업기억에 머물게 하지 않고, 의미 있는 구조로 전환해 장기기억으로 전환하기 위한 준비 단계가 된다.

둘째, 지식을 기억하기 쉬운 형태로 변환하고 연결한다. 학생들이 마인드맵이나 비주얼 씽킹맵과 같은 도구를 활용해 학습 내용을 시각적으로 구조화하는 과정은 새로운 지식을 자신이 이미 가지고 있는 지식 체계와 연결하는 방법이다. 이는 낯선 정보를 익숙한 정보의 맥락 속에 배치함으로써, 지식을 더욱 단단하고 의미 있는 형태로 내면화하도록 도울 수 있다.

셋째, 필기 과정 자체가 좋은 인출 연습이 된다. 앞서 논의했듯 학습의 핵심은 배운 것을 다시 꺼내는 인출 과정에 있다. 학습한 내용을 자신만의 틀로 재구성하여 공책에 정리하는 행위는 그 자체로 배운 것을 다시 떠올리고 재해석하는 고차원적인 인출 연습이 된다. 이는 단순히 눈으로 읽는 것보다 훨씬 더 깊은 인지적 노력을 기울이게 함으로써 학습을 더욱 단단하게 만든다.

학년 초에 공책 필기법 가르치는 과정을 간단히 소개한다. '성공적 학습의 비밀'에서 나만의 이해로 지식의 구조를 세우는 비밀에 대해 탐구했다면, 이번에는 그 지식의 구조를 세우는 데 활용하는 구체적 기술로서 공책 필기법을 소개한다.

## Why 학습 방법의 학습(공책 필기법)

- 학습: 어떠한 지식, 기능, 태도를 배우고 익히는 것
- 우리는 불과 몇 년 앞도 예측하기 어려운 시대를 살아가고 있습니다. 이런 시대일수록 행복한 삶을 위해 스스로 목적을 세우고 계획하며 실천하는 주도적인 삶의 태도가 그 어느 때보다 중요해졌습니다.
- 결국 평생에 걸쳐 배움을 이어가야 하는 여러분에게는 '무엇'을 배우는가 만큼 '어떻게' 배울 것인가가 중요한 과제가 되었습니다. 즉, 학습하는 방법을 학습해야 하는 것이죠.
- 그 첫걸음은 바로 자신의 지식과 생각, 의견을 체계적으로 정리하고 명확하게 표현하는 것입니다. 이를 위한 효과적인 도구인 '공책 필기법'을 통해 생각의 힘을 키우는 방법을 함께 배워보겠습니다.

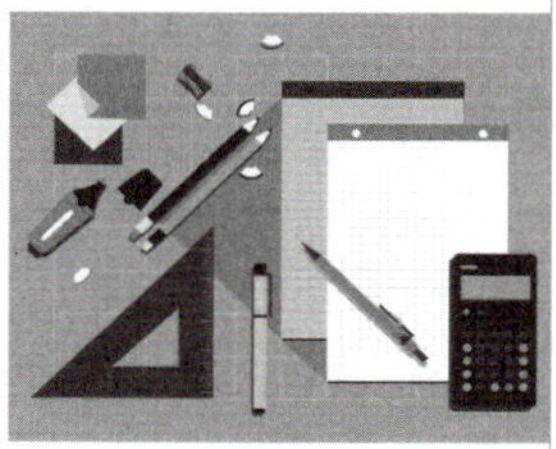

학습 방법의 학습(공책 필기법) 소개 자료

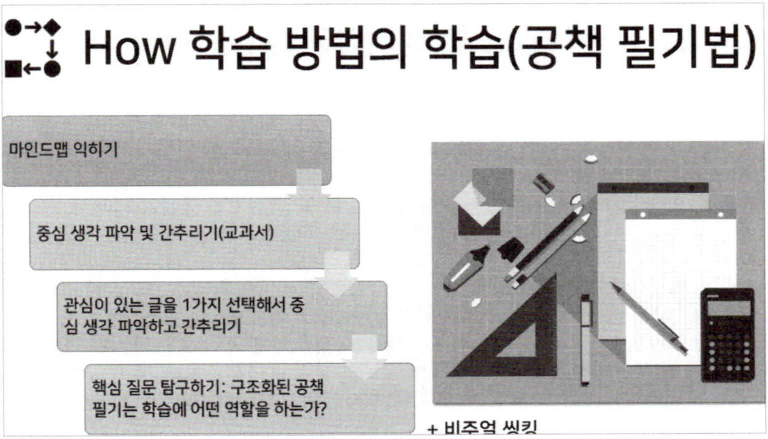


학습 방법의 학습(공책 필기법) 수업 흐름 자료

수업을 시작할 때 학습의 목표와 전체적인 흐름을 안내하는 것은 학생들에게 자신이 무엇을 왜 배우는지 명확히 인지하게 함으로써 학습 효과를 높이는 중요한 과정이다. 이 수업에서는 위의 슬라이드를 통해 공책 필기법의 필요성과 목적, 그리고 수업의 흐름을 안내한다.

첫 시간에는 먼저 마인드맵을 소개하고, 그 효과를 학생들이 직접 경험하도록 설계한다. 우선 마인드맵과 관련된 텍스트를 학생들과 함께 읽는다. 글을 읽은 후 내용이 얼마나 이해되고 기억에 남아 있는지 질문하면 대부분의 학생은 핵심 내용을 명확히 설명하는 데 어려움을 겪는다. 이는 정보가 구조화되지 않고 글로만 제시되었을 때 우리의 뇌가 그것을 효과적으로 처리하지 못함을 경험하는 과정이 된다.

### 글 읽고 마인드 맵 정리하기 *선생님과 함께 ➡ 스스로*

마인드맵이 효과적인 이유는 첫째, 뇌의 왼쪽(좌반구, 논리적이고 분석적인 생각)와 우반구(오른쪽, 창의성 및 상상력과 관련)을 모두 활용하기 때문입니다. 뇌를 양쪽을 모두 사용하는 마인드맵은 다양한 개념과 아이디어를 연결시키면서 이해와 기억을 향상시킵니다.

둘째, 학습자가 주제의 큰 그림을 볼 수 있도록 도와줍니다. 중심 주제에서 하위 주제로 확장함으로써 학습자는 주제에 대한 큰 그림을 보는 동시에 세부 사항과 각 주제 사이의 연결 관계를 확인할 수 있습니다.

셋째, 학생이 원하는 방법으로 표현할 수 있습니다. 다양한 색상, 모양 및 이미지를 사용해서 다양한 생각과 주제를 표현할 수 있습니다.

넷째, 마인드맵을 작성하면 수업 시간에 적극적으로 참여합니다. 마인드 맵을 작성할 때 남이 가르쳐 주는 것을 그대로 배우는 것이 아니라 스스로 배운 것을 정리하면서 이해와 기억력을 높일 수 있습니다.

마인드맵 관련 글 예시

이후에 동일한 글을 교사와 학생이 함께 마인드맵으로 정리하는 활동으로 넘어간다. 이 과정에서 교사는 먼저 문단의 중심문장 위주로 주요 가지가 뻗어 나가는 시범을 보이고, 학생들이 각 문단의 중심문장을 찾아 하위 가지를 채워 나가도록 안내한다. 이는 단순히 지식을 전달하는 것이 아니라, 텍스트의 위계를 파악하고 정보를 조직화하는 사고의 기술 자체를 연습시키는 과정이다. 이 활동을 통해 학생들은 공책 필기가 수동적인 받아쓰기가 아닌, 자신의 이해를 바탕으로 지식을 재구성하는 능동적인 과정임을 이해하게 된다.

마인드맵으로 정리한 후에 머릿속에 지식이 얼만큼 남아 있는지 학생들에게 물어보면 단순히 읽기만 했을 때보다 훨씬 더 많은 내용을 기억하고 이해하고 있음을 스스로 깨닫게 된다. 학생들의 마인드맵 교육적 의미 발견은 이어지는 공책 필기법 수업에 대한 학습 동기로 작용한다. 이러한 긍정적 경험을 바탕으로 학생들은 실제 학습과 가장 밀접한 교과서를 활용하여 마인드맵을 본격적으로 학습한다. 처음에는 설명문이나 논설문과 같이 구조가 명확한 글을 선택하여 함께 읽고 구조화하는 연습을 반복하며, 점차 모든 교과 학습에 이 방법을 적용하도록 확장해 나갈 수 있다. 마인드맵을 활용하여 교과서 텍스트를 구조화하는 구체적인 방법은 교사의 직접적인 시범에서 학생의 독립적인 적용으로 점진적으로 나아가는 단계적 접근이 효과적이다.

### 1단계: 교사의 시범과 개별 평가 및 피드백

초기 단계에서는 교사가 직접 교수법을 통해 시범을 보이는 것이 중요하다. 교과서의 글을 함께 읽은 후, 각 문단의 중심 생각을 찾아 마인드맵의 가지로 뻗어 나가는 과정을 교사가 직접 시범 보여 준다. 이 과정에서 학생들은 정보를 구조화해서 조직하는 방법을 시각적으로 학습한다. 이후 학생들이 스스로 마인드맵을 작성할 때, 교사는 교실을 순회하며 학생 개개인의 결과물을 살펴보고 시의적절한 평가와 피드백을 개별적으로 제공한다.

### 동료 평가 및 피드백을 통한 협력적 개선

교사의 직접적인 평가와 피드백을 통해 학생들이 마인드맵 작성의 기본 원리를 이해했다면, 다음 단계는 동료와의 상호작용을 통해 서로의 학습을 돕는 과정으로 나아간다. 새로운 글을 제시하고, 좋은 공책 필기의 기준(루브릭)을 바탕으로 동료의 마인드맵에 대해 건설적인 피드백을 주고받으며 서로의 학습을 개선하도록 이끈다.

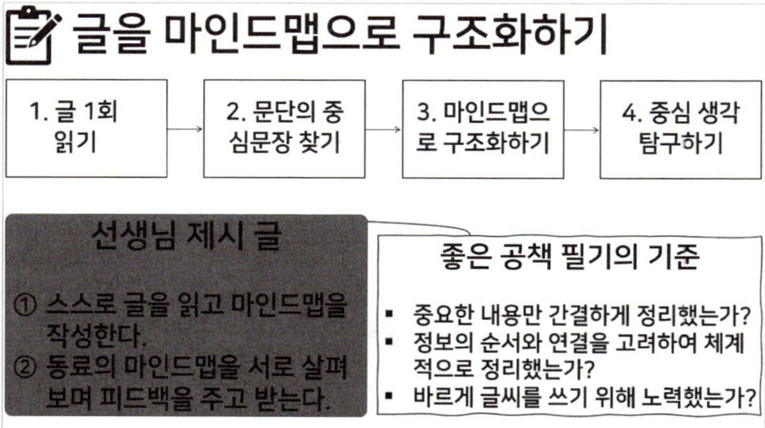


마인드맵 동료 평가 및 피드백 관련 슬라이드

이 과정은 학생들을 동료 성장의 조력자로 성장시키며, 좋은 마인드맵에 대한 기준을 내면화하는 기초 과정이 된다.

#### 도전적 과제를 통한 심화 및 내면화

학생들이 교과서 텍스트를 활용하여 마인드맵으로 정보를 구조화하는 것에 익숙해졌다고 판단되면, 마지막 단계로 교과서의 범위를 넘어 더 도전적인 텍스트(예: 어린이 신문 기사, 짧은 설명문 등)를 제시한다. 이는 학생들이 이미 습득한 마인드맵 기술을 새롭고 낯선 맥락에 적용하며, 지식을 온전히 자신의 것으로 내면화하는 과정이다. 이러한 전이의 경험을 통해 학생들은 공책 필기법이 단순히 특정 과제를 위한 기술이 아닌, 평생에 걸쳐 활용할 수 있는 학습 기술임을 깨달을 수 있다.

### 스피치 역량 기르기

'학습 방법의 학습'의 세 번째 주제는 자신의 생각을 논리적으로 구성하여 자신감 있게 표현하는 '스피치(발표) 역량'을 기르는 것이다. 유튜브와 같은 플랫폼을 통해 누구나 자신의 생각과 지식을 세상과 공유하는 1인 미디어 시대에 스피치 역량은 더 이상 소수의 전문가에게만 요구되는 특별한 기술이 아니다. 이는 자신의 내면에 단단히 세운 지식의 구조를 타인과 효과적으로 공유하고 연결하며 연대하기 위한 필수적인 소통 기술이다.

이 수업은 단순히 말하기 기술을 훈련하는 것을 넘어, "발표 전략은 발표 과정을 지속적으로 조정하고 점검하도록 이끌어, 청중에게 명확하고 설득력 있는 메시지를 전달하는 효과를 발휘한다."는 개념적 이해에 도달하는 것을 목표로 한다. 이를 위해 학생들은 수업 전반에 걸쳐 "발표 전략은 발표 준비와 전달 과정에서 어떤 역할을 하는가?"라는 핵심 질문을 탐구하게 된다. 수업은 다음과 같은 단계적 흐름으로 전개된다.

**1단계: 목표 이해 및 동기부여 - 스피치는 왜 중요한가?**

스티브 잡스의 아이폰 발표와 같은 전설의 스피치 영상을 함께 보며, 좋은 발표가 어떻게 세상을 바꾸고 사람들의 마음을 움직이는지에 대한 이야기로 수업을 시작한다. 학생들은 자신이 즐겨 보는 채널의 유튜버나 인상 깊었던 발표 경험을 공유하며, 현대사회에서 스피치 역량이 왜 중요한지 스스로 탐색하는 시간을 갖는다. 이 과정은 이어질 학습 활동에 대한 내적동기로 작용한다.

**2단계: 좋은 스피치(발표)의 기준 탐구**

"좋은 스피치는 어떤 특징을 지니고 있을까?"라는 질문을 중심으로 학생들은 모범적인 발표 영상을 분석하며 성공적인 스피치의 공통적인 특징을 탐색한다. 특징들을 범주화하지 않고 마인드맵으로 작성하도록 한 후에 이를 다시 '목소리, 태도, 내용'의 세 가지 범주로 분류해서 각각의 특징을 함께 정리한다. 이 과정에서 학생들은 좋은 발표가 단순히 유창한 말이 아니라, 다음과 같은 핵심 요소로 구성됨을 알 수 있다. 이렇게 완성된 좋은 스피치 기준은 수업을 이끌어 갈 핵심 목표이자 평가 루브릭이 된다.

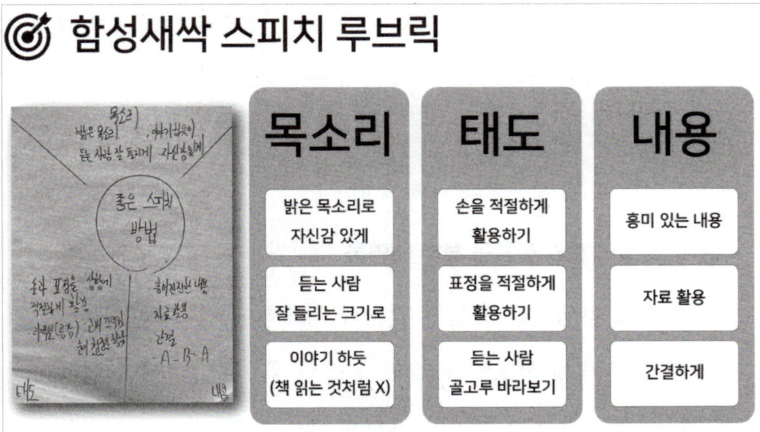

학생들과 함께 탐구한 스피치 루브릭

**3단계: 연습과 피드백을 통한 성장**

공동으로 수립한 루브릭을 바탕으로 학생들은 자신이 관심 있는 주제를 정해 발표를 준비하고 연습한다. 이 단계의 핵심은 다양한 주체가 역동적으로 상호작용하는 평가-피드백의 과정에 있다.

① 자기평가: 학생들은 루브릭을 활용하여 자신의 발표 준비 과정을 스스로 점검한다.

② 동료 피드백: 모둠 내에서 서로의 발표를 들어 주고, 루브릭에 근거하여 건설적인 피드백을 주고받는다.

③ 교사 피드백: 교사는 최종 점검자로서 학생들이 놓치고 있는 부분을 짚어 주고 개선 방향을 제시한다.

이러한 다층적인 피드백 과정은 학생들이 다양한 관점에서 자신의 발표를 객관적으로 바라보고, 부족한 부분을 개선하며 성장하도록 돕는다.

**4단계: 최종 발표와 성찰을 통한 내면화**

마지막으로 학생들은 충분한 연습과 피드백을 거쳐 완성된 자신의 발표를 학급 전체에 선보인다. 발표가 끝난 후, 수업의 핵심 질문이었던 "발표 전략은 발표의 준비와 과정에 어떤 역할을 하는가?"에 대해 토의하고 성찰하는 글을 쓰는 개념적 이해 도출 과정으로 학습을 마무리한다. 이처럼 '스피치 역량 기르기' 수업은 단순히 말하기 기술을 가르치는 것을 넘어, 학생들이 자신의 생각을 구조화하고 타인과 효과적으로 소통하며 끊임없는 성찰을 통해 성장하는 학습 방법의 학습을 배우는 과정이다.

# 진실과 거짓을 꿰뚫는 눈
## 비판적사고력 수업

### 비판적사고력, 왜 중요한가?

소셜미디어와 SNS의 발전은 과거 대형 언론기관이 독점하던 정보의 힘이 대중에게도 분산되면서 개인이 미디어가 되는 시대를 열었다. 이는 분명 인류의 소통 방식에 긍정적으로 기여한 측면이 있다. 하지만 그 이면에는 허위 정보의 확산, 더 많은 관심(좋아요, 구독)을 얻기 위한 선정적 콘텐츠의 무분별한 재생산이라는 어두운 그림자가 존재한다.

문제는 AI 기술의 발전이 이러한 혼란을 더욱 가속화하고 있다는 점이다. 딥페이크Deepfake와 같은 극단적 문제를 넘어, 교육 현장에서 더 우려스러운 지점은 AI에 대한 학생들의 거의 절대적인 신뢰이다. 과거 '세종대왕 맥북 사건'과 같은 명백한 환각 현상이 빠르게 개선되고 AI

의 지적 수준이 향상되면서, 학생들에게 AI는 친절함과 동시에 나보다 똑똑하고 거의 오류가 없는 전지전능한 존재로 인식되는 경향이 나타나고 있다.

이러한 무비판적 수용은 교육철학자 존 듀이John Dewey가 던진 메시지와 정면으로 맞닿아 있다. 듀이는 '진정한 자유는 지적인 것'이라고 역설했다.[54] 그에게 자유란 단순히 물리적 구속이 없는 상태가 아니라, 주어진 상황을 명확히 관찰하고 비판적으로 판단하며 그 판단에 따라 목적의식 있는 행동을 할 수 있는 지적 능력을 의미했다.

허위 정보와 AI가 만든 에코 챔버Echo chamber에 갇히기 쉬운 현대사회에서 듀이의 통찰은 그 어느 때보다 깊이 있게 다가온다. 진실과 거짓을 분별하고, 다양한 정보 속에서 독립적인 판단을 내리며, 자신의 삶과 사회의 방향을 주체적으로 결정하는 능력인 비판적사고력은 개인의 주체성과 민주시민의 자질을 지키기 위한 최후의 보루이다.

## 비판적사고력 수업의 첫 시작: 뜻과 필요성 탐구하기

AI 시대에 필수적인 비판적사고력을 기르는 첫걸음은 학생들 스스로 비판적사고가 무엇이고 왜 필요한지를 체감하는 것에서 시작된다. 이 수업은 학생들이 '비판'이라는 단어에 대해 가지고 있던 선입견을 마주하고, 그것이 부정적인 비난이 아닌 합리적인 의심과 질문의 과정임을 깨닫게 하는 것을 목표로 한다.

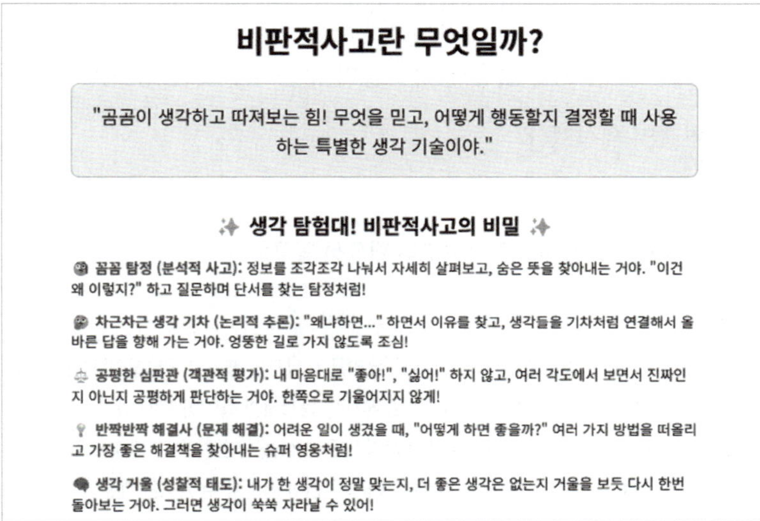

비판적사고의 뜻과 특징(Created with Gemini)

### '비판적사고'의 뜻 소개하기

수업은 "여러분, '비판'하면 어떤 느낌이 드나요?"라는 질문으로 시작한다. 많은 학생이 비판을 단순히 잘못을 지적하거나 혼나는 부정적인 경험과 연결 짓는다. 이때 교사는 비판批判의 한자 '비평할 비批'와 '판단할 판判'을 알려 주며, 남의 잘못을 나쁘게 말하는 비난과 달리 옳고 그름을 명확히 가리는 것을 뜻하는 본래의 의미를 설명한다. 이를 통해 비판적사고란 무조건적인 반대나 상대방에 대한 비난이 아니라, 어떤 주장이나 정보를 그대로 받아들이지 않고 "정말 그럴까?", "다른 가능성은 없을까?"라고 질문하며 무엇을 믿고 어떻게 행동할지 결정할 때 사용하는 논리적이고 합리적인 사고 과정임을 안내한다.

비판적사고의 개념이 학생들에게는 추상적이고 어렵게 느껴질 수 있으므로 제미나이를 활용해 학생들의 눈높이에 맞는 정의와 특징을 함께 만들어 제시했다.

**일상의 사례를 통해 비판적사고의 필요성 탐구하기**

| 상황 | 내용 |
|---|---|
| 흑백 논리 | • 의견: 스마트폰은 나쁘기만 해. 우리들의 시간을 빼앗고 공부를 방해하거든.<br>• 탐구 질문: 정말 그럴까? 스마트폰에는 긍정적인 측면이 전혀 없을까?<br>• 의도: 이 의견은 학생들이 세상의 많은 현상을 단순히 '좋다'와 '나쁘다'로 나눌 수 없으며, 하나의 대상에도 여러 측면이 공존할 수 있음을 깨닫게 한다. |
| 성급한 일반화 | • 의견: 아침형 인간이 되면 성적이 무조건 올라. 내가 매일 아침 6시에 일어나 공부했더니 성적이 올랐거든. 그러니 너도 새벽 공부를 해야 해.<br>• 탐구 질문: 정말 그럴까? 한 사람의 성공 경험이 모두에게 적용되는 보편적인 법칙이 될 수 있을까?<br>• 의도: 학생들은 이 의견을 검토하며 개인의 주관적인 경험과 객관적인 근거를 구분해야 함을 배운다. 이를 통해 단 하나의 사례로 전체를 판단하는 성급한 일반화의 오류를 경계하는 태도를 기른다. |
| 현상과 본질 | • 의견: 우리 반 민수는 혼자 노는 것을 좋아하는 것 같아. 늘 혼자 앉아서 즐겁게 그림을 그리거나 색종이 접기를 하면서 놀거든.<br>• 탐구 질문: 정말 그럴까? 그 친구는 정말 혼자 노는 것이 좋을까? 혼자 노는 다른 이유는 없을까?<br>• 학습목표: 이 의견은 학생들이 겉으로 드러난 현상 이면에 복잡한 맥락이나 본질이 있을 수 있음을 추론하게 한다. 피상적 판단을 넘어 깊이 사유하는 태도의 중요성을 경험한다. |

비판적사고의 필요성 탐구 카드 예시

비판적사고의 필요성을 학생들이 체감하게 하는 효과적인 방법은 학생들이 일상에서 쉽게 접할 수 있는 주장들을 직접 검토하게 하는 것이다. 수업에서는 152쪽의 표와 같은 유형의 탐구 카드 등을 모둠별로 제시하고 토론을 유도할 수 있다.

각 모둠은 이러한 의견과 질문이 담긴 카드를 받고, "정말 그럴까?", "의견에서 고민하거나 더 생각할 점은 없을까?"와 같은 질문을 중심으로 자유롭게 토론한다. 이후 각 주장이 얼마나 믿을 수 있는 주장인지 5단계 척도로 판단하고 그 이유를 공유하며 자신들의 생각을 정교화한다.

이러한 활동을 통해 학생들은 비판적사고가 부정적인 비난이 아니라 호기심을 가지고 질문하며 주장의 근거를 따져 보고 다양한 가능성을 탐색하는 합리적인 과정임을 스스로 깨닫고 내면화하게 된다.

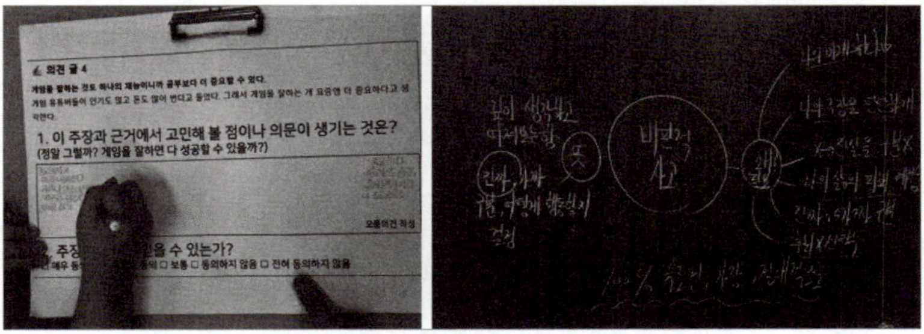


비판적사고의 필요성 탐구 수업 장면

### 비판적사고력의 기초: 토론과 논설문 작성하기

비판적사고력의 핵심은 주장이나 의견의 적절성을 합리적으로 판단하는 능력에 있다. 이러한 판단력을 기르는 데 가장 효과적인 수업이 토론과 논설문 작성이다. 두 활동 모두 자신의 주장을 명확히 하고, 그 주장을 뒷받침하는 근거를 제시하며, 전체적인 내용을 논리적으로 구조화해야 한다는 공통점을 지닌다.

일반적으로 많은 학생들이 토론 수업에는 적극적으로 참여하지만, 논설문 쓰기는 부담스러워 하는 경향이 있다. 자신의 주장과 근거를 말로 표현하는 것보다 글로 구조화하는 과정이 더 높은 수준의 인지적 노력을 요하기 때문이다. 바로 이 지점에서 교사는 학생들이 논설문 쓰기라는 바람직한 어려움을 극복하도록 돕는 교육적 지혜를 발휘할 수 있다. 그것은 논설문 쓰기를 바로 시작하기보다, 토론을 통해 충분히 탐구하고 소통한 논제를 바탕으로 글쓰기로 나아가게 하는 것이다.

토론이나 논설문 쓰기에서 우수한 학습자는 자신의 주장과 근거를 논리적으로 탄탄하게 조직해 전달한다. 특히 근거를 지지하는 자료(설명, 사례 등)의 신뢰도와 타당도가 높을 때 주장은 더 큰 설득력을 갖는다. 이러한 논리적 뼈대를 세우는 데 효과적인 도구로 4단 논법PREP 구조를 활용할 수 있다. 이는 '주장Point → 근거Reason → 설명Explanation → 주장 강조Point'의 흐름으로 자신의 생각을 명료하고 설득력 있게 조직하는 방법이다. 특히 '설명' 단계에서는 학생들이 책, 신문 기사, 전문가의 의견 등 신뢰할 수 있는 자료를 검색하고 활용하여 자신의 주장과 근거를 뒷받침하도록 지도하는 것이 중요하다.

이러한 4단 논법을 먼저 토론 과정에서 충분히 연습하도록 이끌어야 한다. 학습지를 활용하여 찬성과 반대 양측의 근거와 설명을 모두 작성하는 활동은 학생들이 자신의 주장뿐만 아니라 상대방의 논리까지 다각적으로 검토함으로써 비판적사고의 깊이를 더하도록 한다.

<table>
<tr><th colspan="5">4단 논법 작성하기</th></tr>
<tr><td>4단 논법</td><td colspan="2">찬성</td><td colspan="2">반대</td></tr>
<tr><td>주장</td><td colspan="2" rowspan="2"></td><td colspan="2" rowspan="2"></td></tr>
<tr><td>결론(찬성, 반대)</td></tr>
<tr><td>근거</td><td>근거1</td><td>근거2</td><td>근거1</td><td>근거2</td></tr>
<tr><td>★ 주장에 대한 이유<br>• 구체적 X<br>• 추상적, 포괄적<br>• 왜냐하면 ~이기 때문입니다.</td><td></td><td></td><td></td><td></td></tr>
<tr><td>설명</td><td>설명1</td><td>설명2</td><td>설명1</td><td>설명2</td></tr>
<tr><td>★ 근거에 대한 구체적인 설명<br>• 예시: 예를 들면~<br>• 자료, 책, 신문 기사, 전문가의 의견: ~에 따르면<br>• 경험</td><td></td><td></td><td></td><td></td></tr>
<tr><td>정리</td><td colspan="2" rowspan="2"></td><td colspan="2" rowspan="2"></td></tr>
<tr><td>★ 주장하는 바를 다시 강조하여 정리: 그러므로 ~합니다.</td></tr>
</table>

4단 논법 작성하기 학습지 예시

토론을 통해 4단 논법 활용에 익숙해지면 학생들은 자연스레 논설문 쓰기를 토론에서 펼쳤던 나의 주장과 근거를 글로 정리하는 과정으로 인식하게 된다. 이는 글쓰기에 대한 막연한 부담감을 줄여 주고, 자신의 생각을 논리적으로 펼쳐 낼 수 있다는 자신감은 높여 주는 효과적인 비계가 된다. 다음은 학생들에게 토론 수업 이후 논설문 쓰기로 전환할 때 논설문 쓰기가 토론에서 활용했던 4단 논법 구조와 매우 밀접하게 연결되어 있음을 보여 주는 자료이다.

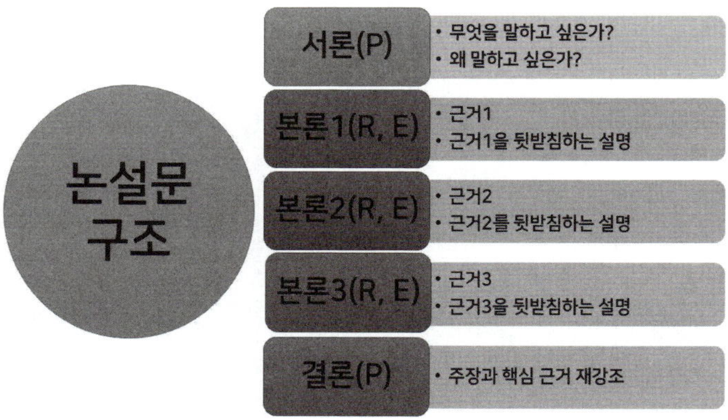


4단 논법을 활용한 논설문 구조 소개 자료

## 비판적사고력: 믿을 수 있는 인터넷 정보 탐색하기

토론과 논설문 쓰기 활동에서 학생들은 자신의 주장을 뒷받침할 근거를 찾기 위해 자연스럽게 인터넷 자료를 검색하고 활용하게 된다. 흔히 요즘 세대를 '디지털 네이티브'라고 칭하지만, 이것이 곧 양질의 정보를 탐색하는 능력을 갖추었다는 뜻은 아니다. 오히려 많은 학생이 알고리즘의 추천 정보에 익숙해져, 의도를 가지고 정보를 탐색하고 선별하는 데 어려움을 겪는 경우가 많다. 따라서 초등학교 중학년부터는 인터넷을 활용해 정보를 검색하는 방법에 대한 체계적인 교육이 필수적이다. 인터넷 검색 방법 지도의 핵심은 '검색 키워드의 전략적 사용'과 '검색엔진의 특성에 대한 이해와 활용'으로 요약된다. 검색 키워드는 질문을 정교하게 담는 기술이며, 검색엔진은 목적에 맞는 도구를 고르는 것이다.

### 검색 키워드

먼저 검색 키워드가 단순히 궁금한 단어가 아니라, 내가 원하는 정보를 가장 정확하게 담고 있는 핵심 단어의 조합임을 알려 주어야 한다. 예를 들어 단순히 '날씨'라고 검색하는 대신 '오늘 광주 날씨'와 같이 구체적인 키워드를 조합해야 원하는 정보를 빠르고 정확하게 얻을 수 있음을 안내한다. 나아가 '임진왜란'이라는 단일 키워드에서 '임진왜란 원인', '이순신 임진왜란 해전'과 같이 탐구의 목적에 맞게 키워드를 정교화하는 과정 자체가 사고의 과정임을 가르쳐 주어야 한다.

### 검색엔진: 목적에 맞는 도구 선택하기

다음으로 모든 검색엔진이 동일한 결과를 제공하지 않으며, 각기 다른 특징과 장점을 가진 도구임을 이해시켜야 한다. 우리나라 학생들이 가장 많이 사용하는 구글과 네이버의 특징을 다음과 같이 비교하여 설명할 수 있다.

| 구분 | 구글(Google) | 네이버(Naver) |
|---|---|---|
| 특징 | 정확하고 정교한 검색<br>전 세계의 광범위한 자료<br>학술, 전문 지식 검색에 특화 | 한국인이 필요로 하는 생활 정보<br>커뮤니티 기반 콘텐츠(예: 여행 정보 블로그)<br>국내 최신 뉴스, 실시간 이슈에 강점 |

검색엔진 비교 예시

이러한 설명을 바탕으로 학생들은 자신의 탐구 목적에 따라 어떤 검색엔진을 사용하는 것이 더 효율적인지 스스로 판단하는 능력을 기를 수 있다.

이론적 설명 이후에는 반드시 구체적인 연습이 뒤따라야 한다. 교사는 '동물과 자연'과 같은 검색 주제를 제시하고, 학생들이 모둠별로 가장 효과적인 검색 키워드를 토론하도록 하며, 어떤 검색엔진을 사용할지 그 이유를 설명하게 하는 활동을 설계할 수 있다. 이는 정보검색을 단순한 기술이 아닌, 비판적사고 과정으로서 훈련시키는 효과적인 방법이다.

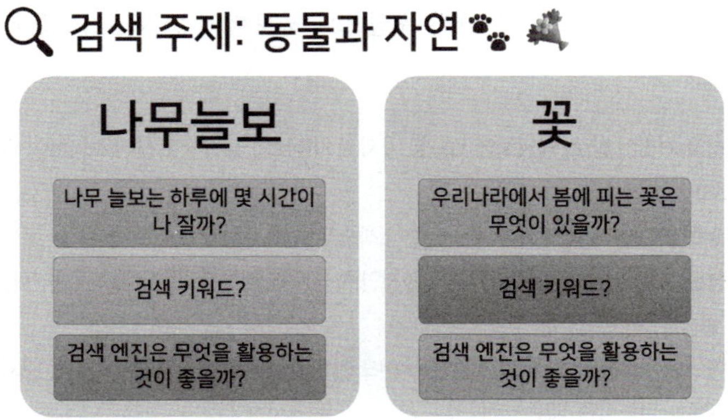


검색 연습 자료 예시

**믿을 수 있는 정보의 검색과 판별**

인터넷에서 원하는 정보를 효율적으로 검색하는 기술을 익힌 학생들이 마주하게 될 다음 단계의 질문은 더욱 중요하다. "인터넷에서 검색한 모든 정보는 과연 믿어도 되는가?" 허위 정보가 범람하는 시대에 정보의 진위를 판별하고 신뢰할 수 있는 정보를 선별하는 힘을 길러 주는 것은 비판적사고력 교육의 핵심 과제이다. 이 교육의 첫걸음은 인터넷상의 모든 정보를 무조건적으로 신뢰하는 태도에서 벗어나, 건강한 의심을 품고 정보를 비판적으로 검토하는 태도를 내면화하는 것에서 시작한다. 이는 2022 개정 교육과정 국어과에 신설된 '매체' 영역의 교육목표와도 맞닿아 있다.

먼저 믿을 수 없는 정보가 가짜뉴스라는 하나의 형태로만 존재하는 것이 아님을 학생들에게 안내할 필요가 있다. 초등학생 수준에서는 허위 정보를 다음과 같은 네 가지 유형으로 구분하여 설명할 수 있다.

- **완전히 거짓인 정보:** 악의적인 의도를 가지고 처음부터 끝까지 완전히 조작하여 만든 정보(예: 가짜뉴스)
- **실수로 틀린 정보:** 의도하지 않은 실수나 착오로 인해 사실과 다르게 전달되는 정보
- **과장된 정보:** 일부 사실에 기반하고 있지만 특정 부분을 부풀리거나 왜곡하여 전체적인 인상을 바꾸는 정보
- **한쪽으로 치우친 정보:** 다양한 관점 중 어느 한쪽의 입장이나 의견만을 사실인 것처럼 전달하는 편파적인 정보

허위 정보 유형

이러한 이론적 학습 이후에는 실제 사례를 통해 판별 능력을 기르는 실습 활동이 반드시 뒤따라야 한다. 교사는 신뢰할 수 있는 정보와 위에서 제시한 네 가지 유형의 허위 정보가 섞인 자료를 모둠별로 제시하고, 학생들이 토론을 통해 각 정보의 신뢰성을 검토하고 허위 정보를 찾아내도록 이끈다.

첫 단계에서는 학생들의 직관을 활용하여 허위 정보를 추려내는 경험에 중점을 둔다면, 다음 단계는 정보의 신뢰도를 체계적으로 평가할 수 있는 구체적인 기준을 학습하고 내면화하는 방향으로 나아가야 한다. 이를 위해 초등학생들이 이해하기 쉬운 용어로 구성된 다음과 같은 인터넷 정보 신뢰도 평가 기준 학습지를 활용할 수 있다.

| 인터넷 정보 신뢰도 평가 기준 | | |
|---|---|---|
| 기준 | 설명 | 별점 |
| 출처 | • 이 정보는 어디에서 왔나요? (정부 기관, 언론사, 개인 블로그 등)<br>• 이 정보를 만든 사람이나 기관은 해당 분야의 전문가이거나 신뢰할 수 있나요? | ☆☆☆ |
| 최신성 | • 이 정보는 언제 만들어졌나요?<br>• 너무 오래된 정보는 아닌가요? | ☆☆☆ |
| 목적 | • 이 정보를 만든 의도는 무엇인가요? (예: 사실 전달, 물건 판매, 재미, 의견, 주장 등)<br>• 내용이 어느 한쪽으로 치우쳐 있지는 않나요? | ☆☆☆ |
| 비교 | • 이것이 매우 중요한 정보라면, 다른 신뢰할 수 있는 웹사이트나 책에서도 동일한 내용을 이야기하나요? | ☆☆☆ |

인터넷 정보 신뢰도 평가 기준 학습지 예시

교사는 학생들이 이 기준을 활용하여 인터넷에서 찾은 정보가 얼마나 믿을 만한지 스스로 점검하고 판단하는 습관을 기르도록 안내해야 한다. 이 과정은 학생들이 막연한 느낌이 아닌, 명확한 근거를 바탕으로 정보를 평가하는 비판적사고의 핵심적인 훈련 과정이다. 학생들과 함께 탐구 주제를 정해 자유롭게 자료를 검색하게 한 뒤, 각자 찾은 자료 중 가장 신뢰할 수 있는 정보와 가장 의심스러운 정보를 그 이유와 함께 공유하는 활동으로 심화할 수 있다. 이는 학생들이 인터넷 정보 신뢰도 평가 기준을 확실히 내면화하도록 돕는다.

### 비판적사고력: AI 생성 정보 신뢰성 판단하기

이제 우리는 인터넷을 넘어, 더 효율적이고 정교한 AI와 공존하는 시대 속에 살고 있다. 그러나 AI가 제공하는 정보에는 교묘한 허위 정보, 즉 환각 현상이 포함될 수 있다는 문제가 있다. 특히 AI가 생성하는 정보의 수준이 높아지고 깊이가 더해질수록 해당 분야의 전문가가 아니라면 그 진위를 판별하기가 더욱 어려워진다.

이러한 기술적 특성은 학생들의 인식과 결합하여 더 큰 우려를 낳는다. 학생들에게 "AI가 생성한 정보는 믿을 수 있는가?"라고 질문하면 대부분은 주저 없이 '그렇다'고 응답하는 경향을 보인다. 과거의 명백한 환각 현상이 빠르게 개선되면서 학생들에게 AI는 나보다 똑똑하고 거의 오류가 없는 존재라는 신뢰의 대상으로 인식되는 것이다. 이러한 맹목적인 신뢰를 깨고 비판적사고의 필요성을 일깨우기 위해서는 학생들이 자신의 경험을 통해 AI의 오류를 직접 발견해 보는 수업을 설계해야 한다. 다음은 실제 수업에서 활용한 사례이다.

먼저 학생들에게 교사가 현재 근무 중인 초등학교에 대한 정보를 퍼플렉시티로 검색한 결과를 제시한다. 언뜻 보기에 AI가 제시한 정보는 대부분 사실처럼 보인다. 하지만 학생들과 함께 내용을 구체적으로 들여다보면 미묘한 거짓 정보들이 숨어 있음을 발견하게 된다. 예를 들어 실제로는 교복을 입지 않는데 입는다고 답하거나, 현재 교장 선생님의 이름이 아닌 과거 교장 선생님의 이름을 제시하는 등의 오류이다.

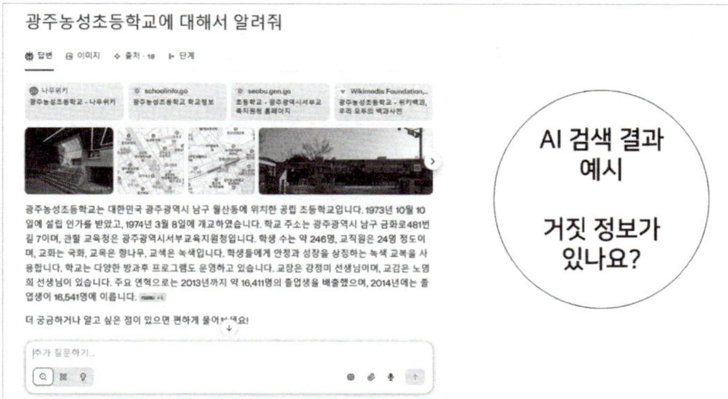


AI 환각 현상 예시

학생들은 처음에는 AI가 거짓 정보를 제공할 리 없다고 확신하지만 이처럼 자신들이 잘 아는 정보에 대한 오류를 직접 발견하는 경험을 하면 'AI가 주는 정보를 꼼꼼하게 확인하지 않으면 안 되겠다'는 인식을 형성하기 시작한다.

이러한 구체적인 경험 이후, 교사는 AI가 왜 환각 현상을 일으키는지 그 원리를 학생들의 눈높이에 맞춰 설명할 수 있다. AI는 방대한 데이터를 기반으로 가장 확률이 높은 단어를 예측하여 문장을 생성하기 때문에 본질적으로 사실관계를 검증하는 능력이 결여되어 있음을 안내하는 것이다. 이 과정은 학생들이 AI를 맹목적인 신뢰의 대상에서, 그 장점과 한계를 명확히 인지하고 비판적으로 활용해야 할 도구로 재인식하게 만드는 중요한 계기가 된다. 다음은 실제 수업에서 학생들에게 안내한 설명 자료 예시이다. 패들렛 TA를 활용해서 제작하고 다듬었다.

## AI의 환각 문제는 왜 생길까?

여러분은 AI와 대화해 본 적이 있나요? AI는 정말 똑똑해서 많은 질문에 친절히 명확하게 답해 주지만, 가끔 잘못된 정보를 말하거나 이상한 답을 할 때가 있어요. 이런 현상을 '환각'이라고 부릅니다.

**1. AI는 어떻게 학습할까?**

AI는 사람처럼 책을 읽고 공부해요. 하지만 AI가 읽는 책의 양은 정말 엄청나답니다! 인터넷에 있는 수많은 글을 모두 읽고 기억해요. 마치 도서관에 있는 모든 책을 한 번에 읽는 것과 같아요. AI는 이렇게 많은 정보를 읽으면서 단어들 사이의 관계를 배워요. 예를 들어 '고양이'라는 단어 다음에는 '야옹, 털, 귀여운' 같은 단어들이 자주 나온다는 것을 기억하죠.

**2. 왜 환각이 생길까?**

**1) 잘못된 정보도 함께 배우기 때문이에요.**

AI가 읽은 정보 중에는 잘못된 내용도 많이 섞여 있어요. 인터넷에는 누구나 글을 쓸 수 있어서 틀린 정보도 많거든요. AI는 아직 무엇이 진실이고 거짓인지 스스로 판단할 수 없어서 잘못된 정보까지 그대로 학습해 우리에게 전달할 수 있어요.

**2) 추측해서 답하기 때문이에요.**

AI는 질문을 받으면 배운 내용을 바탕으로 가장 그럴듯한 답을 만들어 내요. 이는 정답을 알고 말하는 것이 아니라, 가장 자연스러워 보이는 문장을 생성하는 것에 가까워요. 이 과정에서 사실과 다른, 완전히 새로운 내용을 지어낼 수 있답니다.

**3) 상황을 이해하지 못하기 때문이에요.**

사람은 상황에 맞게 말을 하지만, AI는 아직 상황을 완벽하게 이해하지 못해요. 같은 단어라도 상황에 따라 다른 뜻이 될 수 있는데, AI는 이런 것을 구분하기 어려워해요.

**3. AI 환각을 줄이려면?**

과학자들은 AI의 환각 문제를 줄이기 위해 노력하고 있어요. 더 정확한 정보만 학습시키고, AI가 확실하지 않을 때는 "모른다."고 말하도록 가르치고 있답니다.

하지만 가장 중요한 것은 우리 자신의 태도입니다. AI를 사용할 때는 AI의 답이 항상 맞는 것은 아니라는 사실을 반드시 기억해야 합니다. 특히 중요한 정보를 찾을 때 반드시 책이나 신뢰할 수 있는 뉴스 사이트 등 다른 자료를 통해 다시 확인하는 습관을 기르는 것이 AI 시대를 살아가는 우리에게 꼭 필요한 비판적사고의 첫걸음입니다.

AI 환각 현상 왜 생길까? (Created with Padlet TA)

그렇다면 AI가 생성한 정보의 진위를 학생들이 스스로 판별하도록 돕기 위해서는 어떤 기준을 활용하면 좋을까? AI의 작동 원리를 완벽히 이해하기는 어렵기 때문에, 학생들이 일상적인 탐구 과정에서 직관적으로 적용할 수 있는 명확한 질문들을 안내하는 것이 효과적이다.

### 다른 곳에서도 똑같이 이야기하는가? (교차 검증)

가장 기본적이면서도 강력한 검증 방법은 교차 검증이다. AI가 제시한 중요한 정보가 있다면, 책이나 신뢰할 수 있는 사이트 등 최소 두 곳 이상의 다른 출처에서도 동일한 내용을 이야기하는지 확인하도록 안내해야 한다. 만약 다른 곳에서는 전혀 다른 이야기를 하거나 해당 내용을 찾아볼 수 없다면, 그 정보는 환각일 가능성이 높다고 의심해야 한다.

### 이 정보는 어디에서 온 것인가? (출처 확인)

모든 정보에는 출처가 있다. 학생들에게 "이 정보의 출처는 무엇이니?"라고 AI에게 직접 출처를 묻도록 지도해야 한다. 이때 AI가 "제 학습 데이터에 기반합니다."와 같이 모호하게 답하는 대신에 정부 기관, 공신력 있는 언론사, 연구 기관, 특정 전문가의 이름과 같이 명확하고 신뢰할 수 있는 출처를 제시하는지 확인하는 것이 중요하다. 출처를 밝히지 못하는 정보는 신뢰하기 어렵다는 원칙을 가르쳐야 한다. 또한 인터넷 검색 등을 통해서 출처를 확인할 수 있는 경우 실제 출처의 내용이 제대로 반영되었는지 점검하는 과정이 필요함을 안내해야 한다.

### 내가 아는 지식에 비추어 말이 되는가? (상식적 판단)

AI 시대에도 인간이 가진 배경지식은 여전히 중요한 판단의 기준이 된다. AI가 제시한 내용이 내가 이미 알고 있는 지식과 명백하게 부딪히지는 않는지 검토하도록 안내해야 한다. 물론 자신의 지식이 틀린 것일 수도 있음을 열어 두되, 이와 어긋나는 정보를 만났을 때는 즉시 수용하기보다 잠시 멈추어 추가적인 검증을 시도하는 비판적 태도를 길러 주는 것이 중요하다.

### 한쪽 이야기만 하고 있지는 않은가? (편향성 검토)

사회적 논쟁이나 다양한 의견이 존재하는 주제에 대해 AI가 마치 단 하나의 정답만 있는 것처럼 이야기하고 있지는 않은지 살펴보도록 한다. 학생들에게 "이 주제에 대한 다른 의견이나 반대 관점은 없어?"라고 추가적으로 질문하여 AI가 균형 잡힌 정보를 제공하는지 확인하도록 지도해야 한다. 이 과정은 학생들이 세상의 많은 문제에는 여러 입장이 공존함을 이해하고, 편향된 정보에 휩쓸리지 않는 능력을 기르는 데 도움을 준다.

위에서 제시한 기준들을 설명하는 것에 그치지 않고, 학생들이 실제 탐구 과정에서 이를 체화하도록 이끌어야 한다. 교사는 먼저 학생들이 이해하기 쉬운 용어로 각 기준을 안내한 뒤, 다음과 같은 심화 활동으로 나아갈 수 있다. 학생들과 함께 탐구 주제를 선정한 뒤, AI를 활용하여 자료를 조사하게 한다. 이후, 각자 찾은 자료 중에서 가장 신뢰할 수 있는 정보와 판단 근거를 공유한다. 이 과정의 핵심은 단순히 결과물을 공유하는 것이 아니라, "어떤 내용이 의심스러웠는가?", "그 의심을 해결하기 위해 어떤 노력을 했는가?"와 같이 정보의 진위를 판별해 나가는 과정 자체에 집중하도록 이끄는 것이다.

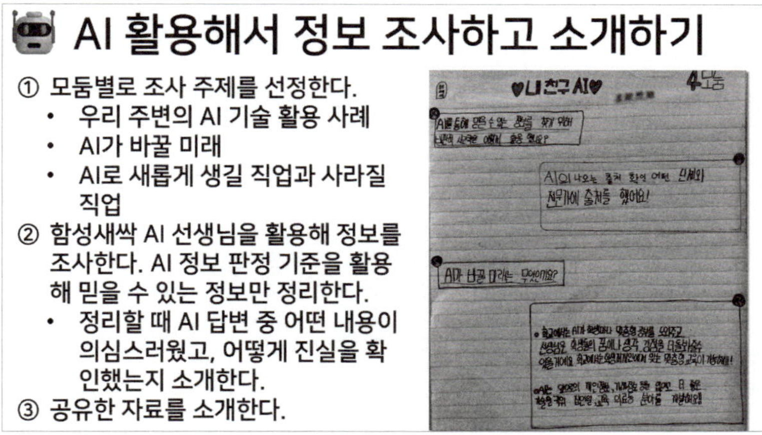


AI 활용 정보 조사 안내 및 결과물 사례

이러한 기준들을 안내하고 연습하는 과정에서 학생들은 AI와 협력하여 지식을 탐구하는 과정이 결코 쉽거나 단순하지 않음을 깨닫는다. AI가 제공하는 편리함 이면에는 사용자의 비판적 검토와 신중한 판단이라는 책임이 뒤따른다는 것을 체감하게 된다.

결국 신뢰할 수 있는 협력의 주체로서 AI를 효과적으로 활용할 수 있는지의 여부는 전적으로 사용자의 역량과 태도에 달려 있다. 학생들이 AI에 대한 기대와 비판적 인식을 동시에 가지고, 자신만의 최적화된 활용 방안을 찾아내 역량을 강화할 수 있도록 교사는 적극적으로 지원하고 도와야 한다.

# AI 시대, 올바른 삶으로 이끄는 힘과 판단력 기르기

## AI 윤리 수업

### 새로운 필수 교과, AI 윤리

AI가 던지는 윤리적 딜레마는 더 이상 기술 개발자나 정책 전문가만의 과제가 아니다. AI가 모든 학생의 일상에 깊이 스며든 지금, AI 윤리는 AI를 사용하는 모든 학생이 반드시 탐구하고 내면화해야 할 새로운 필수 교과로서의 의미를 갖는다. AI라는 강력한 도구를 손에 쥔 학생들이 그 힘을 책임감 있게 사용하기 위해서는 정해진 규칙에 수동적으로 따르는 것을 넘어 스스로의 윤리적 나침반을 정립해야 하기 때문이다.

따라서 AI 윤리 교육이 지향해야 할 방향은 명확하다. 이는 교사가 정해진 규범을 일방적으로 전달하는 방식이 아니라, 교사와 학생이 현실의 딜레마를 함께 탐구하고 토론하며 스스로의 원칙을 세워 나가는 과정이 되어야 한다. 이러한 새로운 교육 방식에서 국제기구나 교육부가 제시하는 AI 윤리원칙은 교사가 가르쳐야 할 정답이 아니라, 교실에서 학생들과 함께 분석하고 비판적으로 탐구해야 할 중요한 학습 텍스트가 된다.

"AI를 활용한 과제 대필이 친구의 노력을 무의미하게 만드는 것은 아닌가?", "나의 사고를 AI에 위임하는 것이 장기적으로 나의 학습에 어떤 해를 끼치는가?", "AI의 답변에 담긴 미묘한 편견을 어떻게 간파할 것인가?"와 같은 윤리적 문제를 발견하고 토론하며 숙고하는 과정 자체가 AI 윤리를 탐구하고 내면화하는 바람직한 길이 될 것이다.

AI가 야기하는 윤리적 도전에 대응하기 위해 국제기구는 물론 우리 정부에서도 보편적으로 통용되는 규범을 정립하기 위해 노력하고 있다. 이어지는 내용에서는 국제기구와 교육부가 제시한 주요 윤리원칙을, 교사만 참고하는 규범이 아닌 교실 속 AI 윤리원칙 탐구의 출발점이자 기준으로서 살펴보고자 한다.

### OECD「AI 원칙」

OECD는 2019년, AI 기술의 사회경제적 영향에 초점을 맞춘 5가지 가치 기반을 처음 채택하여 2024년 5월에 업데이트했다. 이 원칙들은 AI가 혁신을 저해하지 않으면서도 사회적 신뢰를 확보할 수 있는 방향으로 발전해야 함을 강조한다.[55]

- **포용적 성장, 지속가능한 발전, 웰빙:** AI는 인간의 능력과 창의력을 향상시키고 불평등을 감소시키며 지구 환경을 보호하는 등 AI가 개인, 사회, 지구 전체의 전반적인 성장과 번영에 기여해야 한다.
- **인권과 민주적 가치(공정성과 프라이버시 포함):** AI 행위자는 AI 시스템의 전 생애주기에 걸쳐 인간 중심적 가치를 존중하고 지켜야 한다. 또한 AI에 의해 증폭된 허위 정보 및 유해 정보를 해결해야 한다.
- **투명성과 설명 가능성:** AI 시스템에 대한 투명성과 책임감 있는 공개를 통해 사람들이 AI 시스템과 상호작용 할 때 이를 이해하고 결과에 이의를 제기할 수 있어야 한다.
- **견고성, 보안성 및 안전성:** AI 시스템은 수명 내내 견고하고 안전하며 보안이 유지되는 방식으로 작동해야 하며, 잠재적 위험을 지속적으로 평가하고 관리해야 한다.
- **책임성:** AI 시스템을 개발, 배포, 운영하는 조직과 개인은 OECD의 AI에 대한 가치 기반 원칙에 따라 적절하게 기능하도록 책임을 져야 한다.

OECD(2024)「AI 가치 기반 원칙」

### UNESCO「AI 윤리 권고」

2021년 11월, 193개 회원국의 만장일치로 채택된 UNESCO의「AI 윤리 권고」는 AI 기술이 책임감 있는 방향으로 발전하기 위한 가치Values와 원칙Principles을 제공한다.

**가치(Values)**

- 인권, 기본적 자유, 인간 존엄성의 존중, 보호 및 증진: AI 시스템의 전 생애주기에 걸쳐 인간의 존엄성과 인권을 존중하고 보호하며 증진해야 한다. AI는 삶의 질을 높이는 데 기여해야 하며, 인간을 대상화하거나 기본적 자유를 침해해서는 안 된다.
- 환경 및 생태계 번영: AI 시스템의 개발부터 활용까지 모든 단계에서 환경과 생태계를 보호하고 증진해야 한다. 지속가능한 발전을 목표로 관련 법규와 기준을 준수해야 한다.
- 다양성 및 포용성 보장: 개인의 특성과 배경에 관계없이 다양성과 포용성이 보장되어야 한다. 특히, 기술 격차를 겪는 국가와의 노력을 통해 부족한 부분을 극복하는 자세가 필요하다.
- 평화롭고 정의로우며 상호연결된 사회 구축: AI는 인권과 기본적 자유의 가치를 바탕으로, 평화롭고 정의로운 사회를 만드는 데 기여해야 한다. 공동체와 상호 공존의 가치를 위협하는 데 사용되어서는 안 된다.

**원칙(Principles)**

- 비례성 및 무해성: AI는 합법적 목적 달성을 위해 비례의 원칙에 입각하여 사용되어야 하며, 중대한 결정은 인간에 의해 내려져야 한다.
- 안전 및 보안: AI 시스템은 전체 수명주기에 걸쳐 의도치 않은 피해 및 외부 공격으로부터의 안전성이 확보되도록 관리되어야 한다.
- 공정성 및 비차별성: AI는 차별과 편향을 최소화하여 모두에게 공정하게 적용되어야 하고, 차별로 인한 피해 발생 시 이에 대한 구제 방안이 마련되어야 한다.
- 지속가능성: AI 기술은 사회, 경제, 환경에 미치는 영향을 고려하여 UN의 지속가능한 발전 목표에 기여하는 방향으로 개발되어야 한다.
- 프라이버시 및 데이터 보호: AI 시스템의 전 과정에서 개인의 프라이버시와 데이터는 국제 기준에 따라 철저히 보호되어야 한다.
- 인간의 감독 및 결정: AI가 내리는 모든 결정에 대한 윤리적·법적 책임은 최종적으로 인간에게 귀속된다.
- 투명성과 설명 가능성: AI의 결정 과정은 투명하게 공개되어야 하고, 그 결과를 사용자가 이해할 수 있도록 설명할 수 있어야 한다.
- 책임 및 의무: AI 시스템의 개발자 및 운영자는 시스템의 결정과 행동에 대해 명확한 윤리적·법적 책임을 진다.

- 인식 및 리터러시: 모든 사회 구성원이 AI 기술을 올바르게 이해하고 활용하도록, 개방적인 교육을 통해 사회 전반의 인식을 제고해야 한다.
- 다자적이고 조정 가능한 거버넌스 및 협력: AI 관련 규범은 정부, 기업, 시민사회 등 다양한 이해관계자의 참여를 통해 수립되어야 한다.

UNESCO(2022) 「AI 윤리 권고」 가치 및 원칙

**교육부 「교육분야 인공지능 윤리원칙」**

주요 국제기구들은 AI 윤리의 중요성을 인식하고 발 빠르게 윤리 규범을 마련했다. 그러나 앞서 살펴본 UNESCO나 OECD의 원칙들은 사회 전반을 대상으로 하기에 그 내용이 범용적이거나, 기술 개발자 중심의 규범에 치우쳐 있어 실제 교육 현장에 그대로 적용하기에는 한계가 있었다.

이러한 배경에서 대한민국 교육부는 교육 현장의 특수성을 반영하고, AI가 학습자의 성장을 지원하는 담론 형성 및 규제 촉매 역할을 위해 「교육분야 인공지능 윤리원칙」을 마련했다. 이 원칙은 우리나라 정부의 인공지능 윤리 기준과 UNESCO 윤리 권고를 준수하면서도, 교육이라는 특수 분야에 초점을 맞춘 구체적인 규범이라는 점에서 중요한 의미가 있다.

「교육분야 인공지능 윤리원칙」은 법적 강제성을 지닌 규제가 아닌, 교육 당사자들이 자발적으로 실천하고 준수하도록 권하는 자율 규범으로서의 성격을 지닌다.

| 대원칙 | 사람의 성장을 지원하는 인공지능 | |
|---|---|---|
| 세부 원칙 | 사람 | • 인간 성장의 잠재성을 끌어낸다.<br>• 학습자의 주도성과 다양성을 보장한다.<br>• 교수자의 전문성을 존중한다. |
| 세부 원칙 | 공동체 | • 교육 당사자 간의 관계를 공고히 유지한다.<br>• 교육의 기회균등과 공정성을 보장한다.<br>• 교육공동체의 연대와 협력을 강화한다.<br>• 사회 공공성 증진에 기여한다. |
| | 기술 | • 교육 당사자의 안전을 보장한다.<br>• 데이터 처리의 투명성을 보장하고 설명 가능해야 한다.<br>• 데이터를 합목적적으로 활용하고 프라이버시를 보호한다. |

교육부(2022)「교육분야 인공지능 윤리원칙」

교육부의 윤리원칙 중 교사와 학생이 가장 주목해야 할 내용은 '사람의 성장을 지원하는 인공지능'이라는 대원칙이다. 이는 AI 기술 활용의 모든 논의가 기술 그 자체가 아닌, 인간의 성장과 잠재력 발현이라는 최종 목적지로 향해야 한다는 뜻이다. 이 원칙을 교육 현장에서 실천하기 위해 교사와 학생에게는 다음과 같은 역할과 책무가 요구된다.

첫째, 이 원칙은 학생에게 학습의 주도성을 발휘해야 할 책무를 부여한다. AI가 깊이 있는 학습을 통한 사고력 함양, 자기조절 학습 능력을 저해하지 않도록 학생 스스로가 AI 기술의 중심에서 강력한 통제권을 확보하며 자신의 역량을 강화하는 방향으로 나아가야 한다.

둘째, 교사에게는 AI라는 새로운 기술을 교육철학에 맞게 선별하고 재구성하여 학생들의 성장을 이끄는 현명한 큐레이터Curator로서의 역할을 요구한다. 수업에 활용할 AI를 선택할 때 그 작동 방식과 과정이 투명하게 공개되는지, 학생들의 개인정보가 어떻게 수집되고 관리되는지 명확히 파악해야 한다. 무엇보다 이 기술이 진정으로 학생들의 성장에 기여할 수 있는 교육적 도구인지 면밀히 검토하는 안목이 필요하다.

AI 기술이 끊임없이 발전하는 시대에 교사에게 요구되는 자세는 명확하다. 그것은 새로운 가능성에 대한 열린 마음과, 교육의 본질을 지키려는 비판적사고를 동시에 견지하는 것이다. 그리고 이 모든 탐구의 중심에는 인간의 성장과 잠재력 발현이라는 윤리원칙이 흔들림 없는 기준으로 자리 잡아야 한다. 이 원칙을 기반으로 할 때, 교사는 현시점에서 가장 효과적인 활용 방안을 끊임없이 탐구하며 AI가 학생을 위한 도구이자 파트너로 남도록 이끌 수 있을 것이다.

## AI 윤리 수업에 활용할 수 있는 교수·학습 자료

앞서 살펴본 국제기구와 교육부의 윤리원칙들은 거시적 방향성을 제시하는 나침반 역할을 한다. 하지만 AI 시대를 살아가는 주체는 결국 학생 개개인이며, 이들은 구체적인 삶의 맥락 속에서 복잡한 윤리적 딜레마를 스스로 해결해 나가야 하는 과제와 마주한다. 따라서 AI 윤리 교육의 핵심은 이러한 딜레마 상황을 안전한 교실 환경에서 미리 탐색하고 숙고하는 경험을 학생들에게 제공하는 데 있다. 이어지는 내용에서는 이러한 교육목표를 달성하는 데 활용하기 좋은 몇 가지 교수·학습 자료를 소개한다.

### 그림책으로 탐구하는 AI 시대

그림책은 간결한 언어와 아름답고 상징적인 이미지를 통해 복잡한 주제에 대한 깊이 있는 성찰을 유도하는 좋은 교수·학습 자료이다. 2006년 한국안데르센상 대상을 수상한 이민희 작가의 『옛날에는 돼지들이 아주 똑똑했어요』(이민희, 느림보)는 기술 발전이 초래할 윤리적 딜레마를 우화적 방식으로 제시하며 깊이 있는 논의의 장을 연다.

이 책은 고도의 문명을 이룩했던 돼지들이 편리함을 위해 모든 지적·육체적 노동을 인간에게 위임한 결과, 사고하는 능력을 잃고 무기력한 존재로 전락하는 과정을 그린다. 이야기의 마지막은 이제 문명의 주인이 된 인간이 과거 돼지들의 전철을 밟듯 자신들의 일을 대신할 로봇을 만들어 내는 장면으로 마무리된다.

간결하지만 날카로운 이 이야기는 AI라는 강력한 지적 도구를 만들어 낸 인류에게 다음과 같은 성찰적 질문을 던진다.

① 편리함을 위해 인간 고유의 지적 노동을 AI에게 경계 없이 위임해도 되는가?

② 인간의 사고를 AI에 외주화할 때 우리가 치러야 할 대가는 무엇인가?

③ 우리가 만들어 갈 AI 시대의 미래는 긍정적인가?

이처럼 깊이 있는 성찰을 담은 그림책 한 권은 AI 윤리라는 다소 무겁고 어려운 주제를 학생들의 눈높이에서 흥미롭게 풀어내는 효과적인 토론의 출발이 될 수 있다.

이 책을 함께 읽고 나서 학생들과 'AI 시대의 미래는 긍정적인가?'라는 논제에 대해서 토론하면 AI가 가져올 기회와 위기를 균형 있게 탐색하고, 긍정적 미래를 위해 인간이 AI와의 관계를 어떻게 설정하고 활용하는 것이 좋을지 깊이 논의하며 성찰하는 기회를 가질 수 있다.

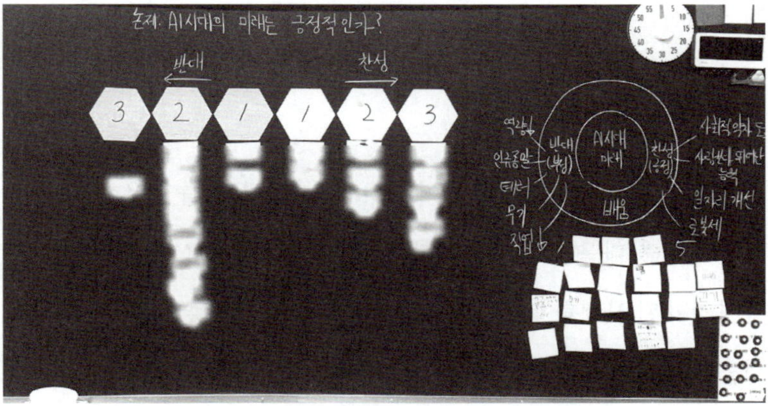


그림책 활용 토론 수업 장면

### 구체적 윤리 문제로 탐구하는 AI 윤리

추상적인 윤리원칙을 넘어 학생들의 삶과 맞닿은 구체적인 실제 문제 상황을 제시하는 것은 윤리적 민감성과 사고력을 함양하는 효과적인 방법이다. 2023년 방송통신위원회와 한국지능정보사회진흥원NIA이 발간한 『생성형 AI 윤리 가이드북』은 이러한 교육적 접근을 가능하

게 하는 우수한 교수·학습 자료이다.[56]

이 가이드북은 '저작권, 책임성, 허위조작정보, 개인정보·인격권, 오남용' 다섯 가지 영역으로 구분하여 생성형 AI 사용자가 일상에서 마주할 수 있는 실제적인 윤리적 문제를 초등학생도 이해하기 쉽게 제시한다. "과제를 생성형 AI를 통해 작성하고 그대로 제출해도 문제가 없겠죠?"와 같이 학생들이 실제로 마주하고 고민할 법한 현실적인 질문을 던지고, 관련 뉴스 기사 사례를 함께 제시한다. 이 같은 방식은 막연하게 느껴지는 AI 윤리 문제를 학생들의 삶과 직결된 탐구 과제로 전환시켜 수업의 몰입을 유도하고 문제의 본질을 깊이 있게 성찰하는 데 효과적으로 활용할 수 있다.

이러한 장점을 바탕으로 가이드북에 제시된 문제를 활용한 AI 윤리 탐구 수업을 다음과 같이 설계할 수 있다. 수업의 중심 활동은 가이드북에 소개된 사례를 학생들이 깊이 있게 분석하고 토론하는 것이다. 학생들은 제시된 사례가 어떤 윤리적 문제에 해당하는지 분석하고, 교사가 제시한 질문에 대한 찬반양론을 모두 고민하며 토론을 진행한다. 이 과정에서 학생들은 정답이 없는 윤리적 문제에 내재된 다양한 가치 충돌(예: 효율 vs 정직)을 발견하며, AI를 윤리적으로 사용해야 하는 이유를 깨달을 수 있다. 이 수업의 궁극적인 목표는 윤리적 문제에 대한 정답을 제시하는 것이 아니라, 정답이 없는 문제 앞에서 합리적이고 책임감 있게 판단하는 윤리적 사고 과정 자체를 훈련하는 데 있다.

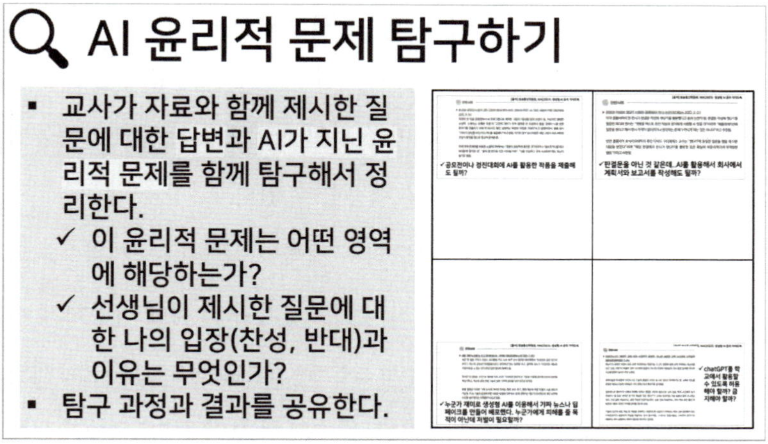


『생성형 AI 윤리 가이드북』 수업 활용 자료

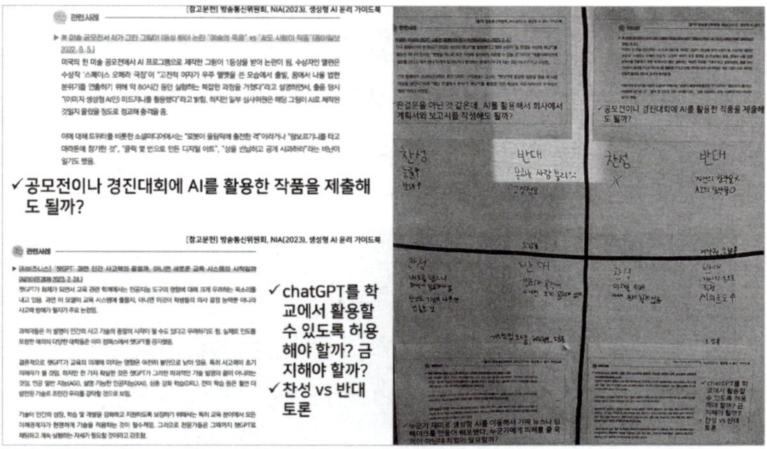


AI 윤리 탐구 수업 장면

### 캔바 바이브 코딩을 활용하여 교사가 제작한 AI의 윤리적 딜레마 탐구 자료

정형화된 자료를 넘어, 교사가 자신의 교육철학과 학생들의 구체적인 삶의 맥락을 담아 직접 제작한 자료는 AI 윤리 수업을 더욱 생생하고 의미 있게 만드는 힘이 있다. 특히 뒤에서 소개할 바이브 코딩과 같이 코딩 지식이 없어도 웹사이트를 제작할 수 있는 도구를 활용하면 교사가 구상한 가상의 윤리적 딜레마를 멋진 사이트로 제작해 학생들에게 호기심을 자극하는 학습경험을 제공할 수 있다.

'AI 사건 보고서'는 이러한 시도의 구체적인 사례이다. 캔바Canva의 바이브 코딩을 통해 제작한 이 웹사이트는 AI가 우리 삶에 다양하게 미치는 영향을 '의료(AI 솔루닥), 창작(AI 드림 캔버스), 교육(AI 브레인 업), 개인정보(AI 빅 아이)'라는 네 가지 가상 사건을 통해서 보여 준다. 교사가 직접 구상한 각 사건은 구체적 인물이 등장하는 짧은 이야기 형식으로 제시되어 학생들의 감정적 몰입을 유도한다. 또한 모든 사건은 학생들이 AI로 인한 윤리적 문제의 핵심과 양면성을 균형 있게 탐색할 수 있도록 '사건 개요 → 문제 상황과 고민 → 생각해 볼 점'의 구조로 구성했다.

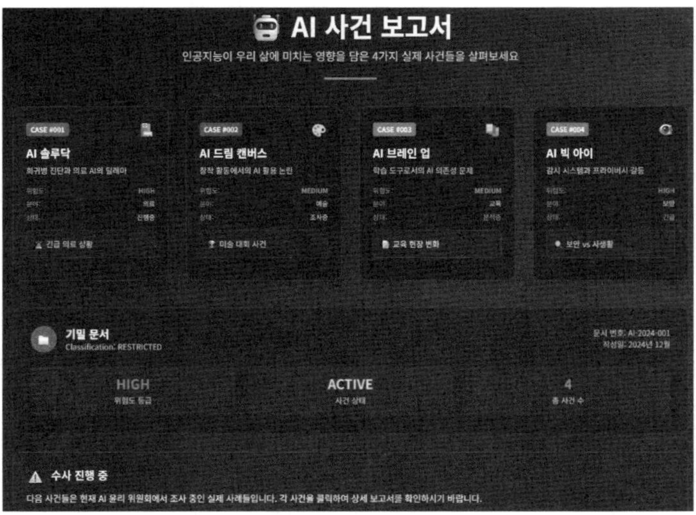

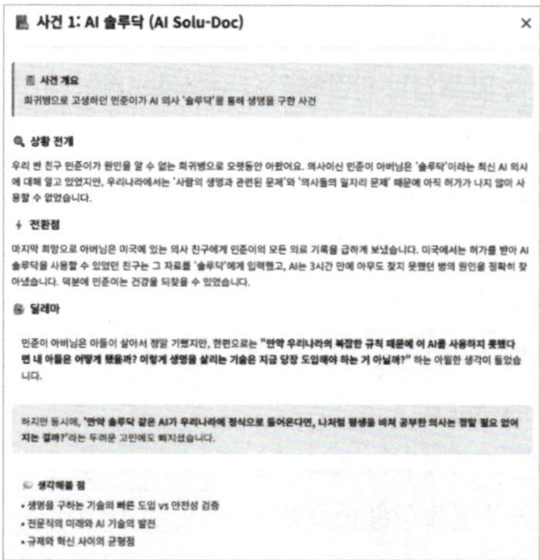

사건 1: AI 솔루닥 (AI Solu-Doc)

사건 개요

희귀병으로 고생하던 민준이가 AI 의사 '솔루닥'을 통해 생명을 구한 사건

상황 전개

우리 반 친구 민준이가 원인을 알 수 없는 희귀병으로 오랫동안 아팠어요. 의사이신 민준이 아버님은 '솔루닥'이라는 최신 AI 의사에 대해 알고 있었지만, 우리나라에서는 '사람의 생명과 관련된 문제'와 '의사들의 일자리 문제' 때문에 아직 허가가 나지 않아 사용할 수 없었습니다.

전환점

마지막 희망으로 아버님은 미국에 있는 의사 친구에게 민준이의 모든 의료 기록을 급하게 보냈습니다. 미국에서는 허가를 받아 AI 솔루닥을 사용할 수 있었던 친구는 그 자료를 '솔루닥'에게 입력했고, AI는 3시간 만에 아무도 찾지 못했던 병의 원인을 정확히 찾아냈습니다. 덕분에 민준이는 건강을 되찾을 수 있었습니다.

딜레마

민준이 아버님은 아들이 살아서 정말 기뻤지만, 한편으로는 **"만약 우리나라의 복잡한 규칙 때문에 이 AI를 사용하지 못했다면 내 아들은 어떻게 됐을까? 이렇게 생명을 살리는 기술은 지금 당장 도입해야 하는 거 아닐까?"** 하는 아찔한 생각이 들었습니다.

하지만 동시에, **"만약 솔루닥 같은 AI가 우리나라에 정식으로 들어온다면, 나처럼 평생을 바쳐 공부한 의사는 정말 필요 없어지는 걸까?"**라는 두려운 고민에도 빠지셨습니다.

생각해볼 점

- 생명을 구하는 기술의 빠른 도입 vs 안전성 검증
- 전문직의 미래와 AI 기술의 발전
- 규제와 혁신 사이의 균형점

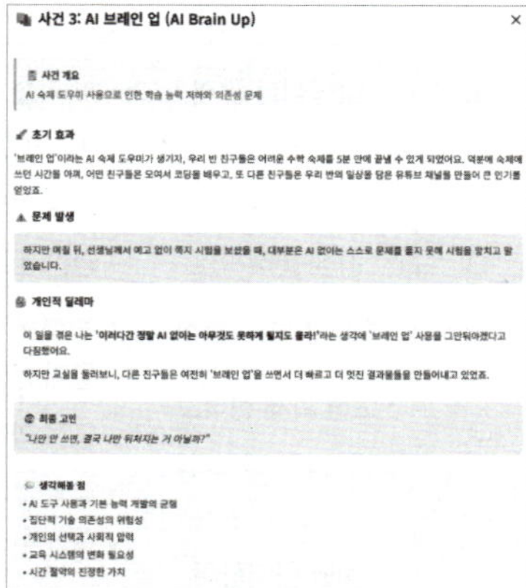

사건 3: AI 브레인 업 (AI Brain Up)

사건 개요

AI 숙제 도우미 사용으로 인한 학습 능력 저하와 의존성 문제

초기 효과

'브레인 업'이라는 AI 숙제 도우미가 생기자, 우리 반 친구들은 어려운 수학 숙제를 5분 만에 끝낼 수 있게 되었어요. 덕분에 숙제에 쓰던 시간을 아껴, 어떤 친구들은 모여서 코딩을 배우고, 또 다른 친구들은 우리 반의 일상을 담은 유튜브 채널을 만들어 큰 인기를 얻었죠.

문제 발생

하지만 며칠 뒤, 선생님께서 예고 없이 쪽지 시험을 보셨을 때, 대부분은 AI 없이는 스스로 문제를 풀지 못해 시험을 망치고 말았습니다.

개인적 딜레마

이 일을 겪은 나는 **'이러다간 정말 AI 없이는 아무것도 못하게 될지도 몰라!'**라는 생각에 '브레인 업' 사용을 그만둬야겠다고 다짐했어요.

하지만 교실을 둘러보니, 다른 친구들은 여전히 '브레인 업'을 쓰면서 더 빠르고 더 멋진 결과물들을 만들어내고 있었죠.

최종 고민

*"나만 안 쓰면, 결국 나만 뒤처지는 거 아닐까?"*

생각해볼 점

- AI 도구 사용과 기본 능력 계발의 균형
- 집단적 기술 의존성의 위험성
- 개인의 선택과 사회적 압력
- 교육 시스템의 변화 필요성
- 시간 절약의 진정한 가치

AI 사건 보고서 사이트(https://518time.my.canva.site/ai)

이처럼 교사가 직접 제작한 'AI 사건 보고서'는 학생들의 배움을 깊이 있는 탐구와 실천으로 연결하는 프로젝트 단원의 핵심 자료로 활용할 수 있다. 다음은 이를 중심으로 설계한 6차시 분량의 창의적 체험활동(자율·자치 연계) 단원이다.

◐ 단원: 세상의 물음표, AI와 함께 느낌표로

◐ 목표(개념적 이해): 인간과 AI가 상호보완적으로 협력할 때, 복잡한 문제에 대한 혁신적인 해결책을 창출할 수 있다.

◐ 단원의 흐름

| 차시 | 배움 주제 | 배움 내용 및 활동 |
| --- | --- | --- |
| 1 | AI로 인한 긍정적, 부정적 상황 분석하기 | • AI의 놀라운 생성 능력 체험하기<br>• AI 사건 보고서 분석하기<br>• 토론 논제와 관련된 근거와 설명 작성하기 |

| 2 | 인간과 AI의<br>바람직한 관계<br>탐색하기 | • AI 사건 보고서 떠올리기<br>• AI 기술 약속 및 도입과 관련된 가치 수직선 토론하기<br>• 인간과 AI의 바람직한 관계 탐색하기 |
|---|---|---|
| 3 | 인간과 AI의<br>강점 분석하고<br>협력 약속 만들기 | • 강점 카드 분석하고 조합하기<br>• 인간과 AI의 협력이 만들 시너지 탐구하기<br>• '인간-AI 협력 약속' 만들기 |
| 4 | 도전 과제 정하고<br>해결 방안 계획하기 | • 문제 상황 탐색하기<br>• 도전 과제 선택하기<br>• 약속에 기반한 해결 방안 계획하기 |
| 5~6 | AI와 협력하여<br>문제 해결하기 | • AI와 협력하여 문제 상황 해결하기<br>• 해결 과정 발표하기<br>• 단원 성찰하고 협력의 가치 내면화하기 |

이 단원은 학생들이 AI의 양면성을 이해하는 것에서 출발하여 인간과 AI의 바람직한 관계를 정립하고, 최종적으로는 둘의 협력을 통해 실제 문제를 해결하는 프로젝트로 나아간다. 이 단원 설계의 핵심 철학은 AI를 단순한 도구가 아닌 파트너로서 문제 해결 과정에서 함께 협력하는 경험을 하는 데 있다. 특히 '협력 약속'을 먼저 수립하고 이를 바탕으로 AI를 활용하게 하는 수업 순서는 학생들이 무비판적으로 AI에 의존하는 것을 방지하고, 인간의 주도성과 윤리적 판단 아래 기술을 활용하는 주체로 성장하도록 돕는다는 교사의 교육적 의도를 반영한 것이다. 궁극적으로 학생들은 이 단원을 통해 '인간과 AI가 상호보완적으로 협력할 때, 복잡한 문제에 대한 혁신적인 해결책을 창출할 수 있다.'는 단원의 개념적 이해를 스스로 구성하고 내면화하게 될 것이다.

## 학생들과 함께 만들어 가는 AI 윤리원칙

앞서 소개한 교수·학습 자료를 활용해 AI로 인한 윤리적 딜레마를 탐구하는 것을 넘어, AI 시대를 살아갈 학생들이 주체가 되어 자신들만의 윤리원칙을 직접 만들어 본 수업을 소개한다. 이 수업은 『생성형 AI 윤리 가이드북』을 활용해 윤리적 문제를 탐구한 후 인간과 인공지능의 공존을 위한 윤리원칙을 함께 정립하는 과정으로 연결했다. 윤리원칙을 직접 만들어 보는 수업이 중요한 이유는 AI 윤리 교육의 궁극적 목표가 단순히 주어진 규범을 수용하는 것이 아니라, 학생들이 주도적으로 윤리적 원칙을 개발하고 내면화하는 경험을 통해 AI 시대를 살아갈 책임감 있는 주체로 성장하도록 돕는 데 있기 때문이다.

이 수업은 학생들이 이전에 탐구했던 윤리적 문제를 다시 상기하며 시작한다. 교사는 개별 사례의 논의를 확장하여 이러한 문제들을 예방하기 위한 보편적인 약속, 즉 윤리원칙의 필요성에 대한 공감대를 형성하며 본격적인 탐구와 사고의 문을 연다. 이 과정에서 학생들은 AI 사건이 저작권, 책임성, 개인정보 침해 등 단일한 범주가 아닌, 여러 범주의 윤리적 문제가 복잡하게 얽혀 있음을 발견하며 문제의 다각적 측면을 이해하게 된다.

이러한 문제의식을 바탕으로 학생들은 "사용자로서 우리는 무엇을 해야 하는가?"라는 핵심 질문을 통해 윤리원칙을 브레인스토밍한다. 이 단계에서 교사는 추상적인 구호를 넘어, 학생들이 자신들의 실제 삶에 적용하고 실천할 수 있는 구체적인 행동 규칙을 구상하도록 격려한다.

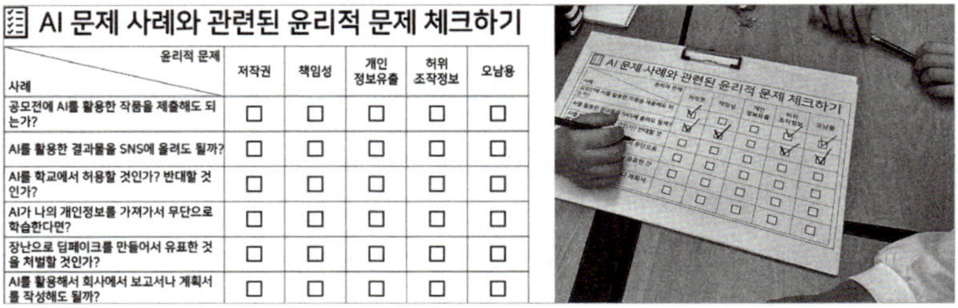

☑ AI 문제 사례와 관련된 윤리적 문제 체크하기

| 사례 \ 윤리적 문제 | 저작권 | 책임성 | 개인 정보유출 | 허위 조작정보 | 오남용 |
|---|---|---|---|---|---|
| 공모전에 AI를 활용한 작품을 제출해도 되는가? | ☐ | ☐ | ☐ | ☐ | ☐ |
| AI를 활용한 결과물을 SNS에 올려도 될까? | ☐ | ☐ | ☐ | ☐ | ☐ |
| AI를 학교에서 허용할 것인가? 반대할 것인가? | ☐ | ☐ | ☐ | ☐ | ☐ |
| AI가 나의 개인정보를 가져가서 무단으로 학습한다면? | ☐ | ☐ | ☐ | ☐ | ☐ |
| 장난으로 딥페이크를 만들어서 유포한 것을 처벌할 것인가? | ☐ | ☐ | ☐ | ☐ | ☐ |
| AI를 활용해서 회사에서 보고서나 계획서를 작성해도 될까? | ☐ | ☐ | ☐ | ☐ | ☐ |

AI 윤리적 문제 범주화

이후 쏟아진 아이디어들을 '저작권, 책임성, 개인정보유출, 허위조작정보, 오남용'의 다섯 가지 범주에 따라 분류하고, 각 범주에서 가장 중요하고 실천 가능하다고 생각되는 원칙을 2~3가지 선정한다. 최종적으로 각 모둠은 선정된 원칙을 함께 공유한다.

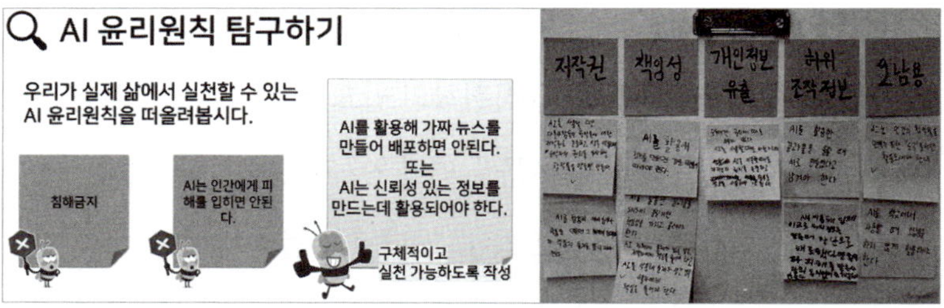


AI 윤리원칙 탐구하기

마지막으로 모둠별로 작성한 자료를 모아서 온라인 투표를 통해 학급 전체의 AI 윤리원칙을 완성한다.

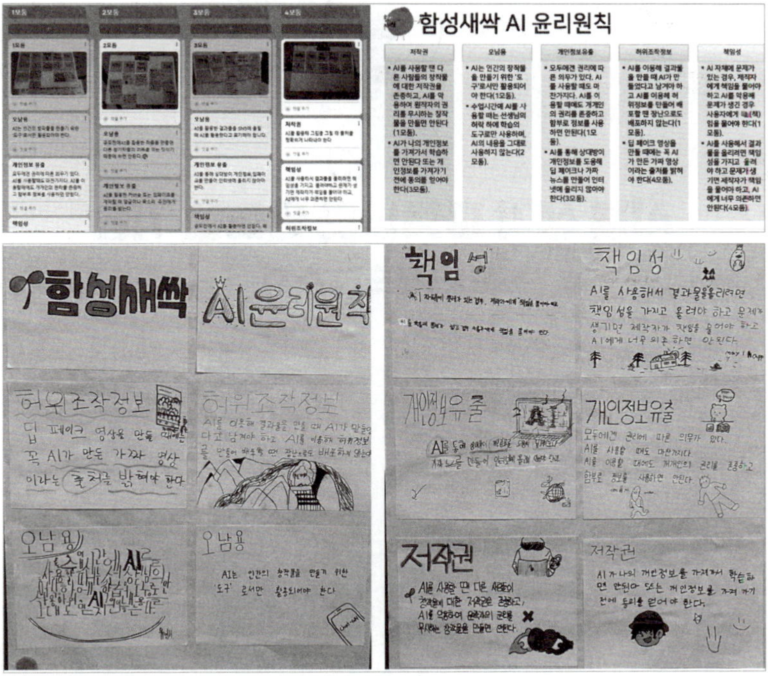


학급 전체 AI 윤리원칙 완성하기

# AI를 생각 파트너로 만드는 기술

## AI 프롬프팅 수업

"선생님, 이 문제 AI에게 물어보면 5초 만에 답이 나오는데,
왜 저희가 몇 시간씩 고민해야 해요?"

AI 시대를 맞이한 교실에서 한 번쯤 마주했거나, 이제는 매일 마주하게 될 풍경일 것이다. 실제로 국내 보도에 따르면 우리나라 중·고등학생의 절반 이상이 생성형 AI 사용 경험이 있으며, 국내외 대학생 조사에서는 과제 수행에 AI를 사용하는 비율이 80~90%에 달한다.[57] AI는 이미 학습환경 안에 깊숙이 들어왔다.

문제는 사용 그 자체가 아니라 사용 방식에 있다. 학생에게 AI는 쉽게 '정답 자판기'로 인식된다. 단답형 지식 질문에는 AI가 빠르고 정확하게 응답한다. 그럴수록 학생은 '왜?'보다 '정답이 뭐야?'를 먼저 찾기 쉽고, 정보의 홍수 속에서 스스로 생각의 닻을 내리는 법을 잃어버릴 수 있다.

그러나 역설적으로 사고력 붕괴의 원인으로 지목되는 AI는 무너진 사고를 다시 일으켜 세울 '생각 파트너'가 될 잠재력을 지닌다. 열쇠는 AI를 어떻게 활용하느냐, 즉 어떤 질문을 던지느냐에 있다. AI와의 상호작용은 프롬프트 설계에 좌우된다. 따라서 프롬프팅은 단순히 정답을 재빨리 가져오는 기술이 아니라, 자신의 생각 과정을 드러내고 확장하며 근거를 탐색하며 사고를 정교화하는 도구로 발전시켜야 한다. 잘 설계된 질문은 학생을 단순 지식 소비자가 아닌, AI를 활용해 생각을 확장하고 심화하는 능동적 지식 창조자로 성장시킬 수 있다.

대학의 움직임도 금지가 아닌 현명한 활용으로 무게중심을 옮기고 있다. 서울대학교는 2026학년도 1학기 전 구성원의 안정적 AI 활용을 위한 시스템을 마련하겠다고 발표했고, 생성형 AI 활용 문화 확산을 위한 교내 경진대회(제1회 서울대학교 생성형 AI 활용 경진대회)도 시작했다.[58] 이는 AI를 '표절의 도구'가 아니라 '학습·연구 보조'로 위치시키려는 흐름을 보여 준다.

결국 우리가 길러야 할 것은 정답을 찾는 속도가 아니라 사고의 깊이이다. 프롬프트는 바로 그 사고의 근거와 깊이를 세우는 언어적 도구가 될 수 있다. 질문이 정교해질수록 학생들의 사고는 깊어지며 그 깊이를 더하는 주체는 AI와 함께하더라도 여전히 인간이다.

1부에서 교사가 AI 튜터를 설계하기 위한 프롬프팅 원칙을 다루었는데, 이 장에서는 학생들이 AI를 자신의 학습과 사고를 위한 파트너로 만들기 위해 직접 활용할 수 있는 구체적인 프롬프팅 전략을 제시하고자 한다.

하지만 중요한 전제가 있다. 이 책에서 누누이 강조했듯이 AI 활용 교육의 핵심 열쇠는 순서와 교사의 역할에 있다. 따라서 여기에서 소개하는 학생 AI 프롬프팅 전략은 학생들에게 무작정 AI 사용을 권장하기 위함이 아니다. 오히려 이 전략들은 교사의 세심한 지도 아래 학생들이 AI를 사고력 촉진의 도구로 충분히 경험하고 내면화한 후, 더 나아가 스스로 AI를 현명하게 통제하고 활용하는 주체로 성장하도록 돕기 위한 다음 단계의 발판이다. 즉 교사가 설계한 안전하고 유익한 AI 경험이라는 토대 위에서 학생들이 AI와의 대화를 주도적으로 이끌어 가는 방법을 배우는 과정이라 할 수 있다.

## 기초 프롬프팅 학습하기

AI는 놀라운 속도로 정답을 제시할 수 있지만, 학생들이 진정으로 길러야 할 역량은 단순히 답을 얻는 것을 넘어 AI를 자신의 사고 과정을 돕는 파트너로 만드는 질문 능력과, 결과물을 비판적으로 자신의 의도에 맞게 조정하는 능력이다. 프롬프팅이란 AI에게 단순히 무엇을 하라고 지시하는 것을 넘어, 어떤 역할을 수행하고 어떤 관점과 형식으로 사고를 지원하며 어떤 맥락을 고려해야 하는지 명확히 안내하는 언어적 설계 기술이다. 잘 설계된 프롬프트는 시간을 절약할 뿐 아니라, 자신의 생각을 명료화하고, 다양한 관점을 탐색하며, 더 깊이 있는 이해와 창의적인 결과에 도달하도록 돕는다.

# AI 프롬프팅 기초 가이드 노트

## AI 프롬프팅이란?

AI에게 원하는 결과를 얻기 위해 **명확하고 구체적인 지시**를 제공하는 방법입니다.

### 좋은 프롬프트의 핵심 요소

1. **명확성**: AI에게 __________(무엇을)을 요청하는지 정확히 설명하세요.

2. **구체성**: 원하는 결과의 __________(형식)과 __________(스타일)을 제시하세요.

3. **컨텍스트 제공**: AI가 이해할 수 있도록 추가 __________(배경 정보)를 포함하세요.

## 프롬프트 작성 단계

### 1단계: 목적 명확히 하기

- 내가 원하는 최종 __________(결과)는 무엇인가?

### 2단계: 세부 사항 추가

- **역할 지정**: AI에게 특정 __________(역할)을 부여하세요.
- **형식 지정**: 원하는 출력 __________(형식)을 명시하세요.

### 3단계: 예시 제공

- 가능하다면 AI에게 __________(예시)를 보여주세요.

## 프롬프트 작성 예시

"너는 __________(역할)입니다. __________(구체적 지시)를 __________(형식)으로 작성해줘."

AI 프롬프팅 기초 가이드 노트 예시

좋은 AI 프롬프팅의 가장 기본이 되는 것은 명확성이다. 무엇을 요청할 것인지, 목표를 한 문장으로 또렷하게 못 박아야 한다. 다음으로 구체성을 확보해야 한다. 출력의 형식(문서, 표, 리스트 등)과 스타일(톤, 난이도, 시선)을 미리 지정하면 결과의 흔들림이 줄어든다. 여기에 맥락을 더한다. 배경 정보(독자, 분량, 제약)를 짧게 적어 주면, AI가 판단 기준을 공유할 수 있다. 그런 뒤 역할 부여로 관점을 좁힌다. '3학년 학생', '세종대왕'처럼 역할을 지정하면 답변의 기준과 언어가 한결 일관된다. 또한 가능하다면 예시를 제시하는 것이 이해를 맞추는 가장 빠른 방법이다. 짧은 예시 한 개가 수십 줄의 설명보다 효과적이다. 마지막으로 결과를 보고 반복 조정한다. 누락된 제약을 한두 줄 보태고 다시 실행하는 프롬프트 튜닝이 효과적인 작업 흐름이다.

1. **명확성:** 분명한 목표 요청하기
2. **구체성:** 출력 형식(문서, 표, 리스트)과 스타일(톤, 난이도, 시선)을 지정하기
3. **맥락:** 과제의 배경 정보(독자, 분량, 제약)를 제공하기
4. **역할 부여:** AI에 역할(예: 국어 교사, 통계가) 지정을 통해 관점을 좁히기
6. **예시 제시:** 짧은 예시 한 개가 수십 줄 설명보다 효과적임을 인식하기
7. **반복 조정:** 결과를 보고 수정(프롬프트 튜닝)하기

좋은 AI 프롬프팅의 핵심 요소

학생들은 기초 프롬프팅 학습 전과 후의 자신의 프롬프트 입력을 비교하여 좋은 프롬프트와의 차이를 느껴 볼 수 있다.

## 정답 찾기를 넘어 생각 만들기: 학생 주도적 블룸 6단계 AI 프롬프팅

대부분의 학생이 처음 AI를 사용할 때 입력하는 프롬프트는 단순 사실 확인 수준에 머문다. "세종대왕은 언제 태어나셨어?", "임진왜란이 일어난 연도는?", "셰익스피어의 4대 비극은 뭐야?" 이러한 프롬프트는 학생들을 정답 복사-붙여넣기하는 수동적 학습자로 만들고 학생들의 사고 과정에 거의 기여하지 못한다.

사고력을 키우는 프롬프팅은 AI에게 정답을 요구하는 것이 아니라, 자신의 생각 과정에 동참시키는 데서 시작한다. 이를 위해 블룸의 신교육목표분류(Bloom's Revised Taxonomy)를 AI 프롬프팅[59]에 접목하는 것은 매우 효과적인 전략이다. 블룸의 이론은 인간의 사고 수준을 '기억 → 이해 → 적용 → 분석 → 평가 → 창조'의 6단계로 구분한다. 학생들은 자신이 탐구하는 주제에 대해 각 단계에 맞는 질문을 의도적으로 AI에게 던짐으로써 점진적으로 사고를 심화시키는 훈련을 할 수 있다. 여기서 핵심은 AI에게 정답 자체를 묻는 대신에 자신의 사고 과정, 탐색한 근거, 설정한 판단 기준을 먼저 제시한 후 그 빈틈을 점검하고 생각을 확장하도록 AI를 활용하는 것이다. 아래는 단계별로 학생들이 활용할 수 있는 AI 프롬프팅 전략의 예시이다.

### 1단계: 기억 & 이해 (Remembering & Understanding)

단순 정보 암기를 넘어, 자신이 파악한 개념의 본질을 확인하고 명료화한다.

① 이해 확인 및 쉬운 설명 요청: 지구가 왜 둥근지에 대해 내가 [학생 생각] 라고 이해했는데, 혹시 틀린 부분은 없는지, 그리고 유치원 동생에게 설명해 준다면 어떻게 말하는 게 좋을지 알려 줘.

② 핵심 요약 검토 및 비유 요청: 방금 내가 올린 신문 기사의 핵심 내용을 다음과 같은 3개의 핵심 문장으로 요약했어. [요약한 내용] 내 요약이 기사 내용을 잘 반영했는지 검토해 주고, 각 내용을 이해하기 쉬운 비유로 설명해 줄래?

③ 개념 간 연결고리 탐색: 덧셈은 합치는 거고 곱셈은 여러 번 더하는 거라고 배웠는데, 둘 다 더하는 거랑 관련 있는 거 맞지? 정확히 둘이 서로 어떻게 관련되는지 예시를 들어 줘.

**2단계: 적용 (Applying)**

학습한 지식을 새로운 상황이나 문제에 활용하는 단계이다. AI에게 정답 생성 요청도 가능하지만 이후 단계에서 분석 및 평가 프롬프트 연계가 필요하다.

① 가상 시나리오 문제 해결: 분수의 나눗셈을 사용해서 풀 수 있는 재미있는 실생활 문제 3가지를 만들어 줘. (만든 문제를 푼 이후 → 내가 푼 과정이 맞는지 확인해 줘.)

② 구체적인 계획 초안 수립: 우리 반 친구들과 함께할 크리스마스 파티 계획을 세워 줘. 필요한 준비물, 놀이 활동, 간단한 간식 메뉴를 포함해서 시간 순서대로 제안해 줘. (제안 검토 후 → 제안한 계획에서 선물 교환 활동을 추가하고 싶은데 시간을 어떻게 조정하면 좋을까?)

### 3단계: 분석 (Analyzing)

정보를 분해하고 구조를 파악하며, 자신이 찾은 의미나 관계를 검증하고 심화한다.

① 장단점 비교 및 대조: 친환경 발전의 장점과 단점을 [학생 생각] 라고 고민했어. 내 생각을 뒷받침할 만한 구체적인 자료나 통계를 찾아 주고, 혹시 내가 생각하지 못한 다른 장점이나 반대로 단점은 없을지 분석해서 표 형식으로 비교해 줘.

② 인과관계 및 패턴 파악: 코로나19가 사회구조에 미친 긍정적, 부정적 영향과 인과관계를 다음과 같이 구상해 봤어. [학생의 사고 내용] 내 분석의 타당성을 검토하고, 혹시 다른 중요한 영향이나 간과한 인과관계는 없는지 비판적인 관점에서 평가해 줘.

③ 다른 관점 탐색: '어린 왕자'의 교훈을 [학생 생각] 라고 생각하는데, 혹시 내가 놓치고 있거나 다르게 해석할 수 있는 의미나 교훈은 더 없을까? 다양한 관점에서 분석해서 알려 줘.

### 4단계: 평가 (Evaluating)

기준과 근거에 기반하여 자신의 판단을 내리고, AI에게 검토나 반론을 요청하여 판단을 정교화한다.

① 주장 검토 및 반론 요청: '초등학생은 스마트폰을 사용하면 안 된다'는 주장에 대해 나는 찬성하고 그 근거는 다음과 같아. [학생의 근거] 내 주장의 근거가 논리적인지 검토해 주고, 내 주장에 대한 가장 설득력 있는 반론은 무

엇인지 알려 줘.

② 내 작품 평가 요청: 내가 작성한 시가 우정이라는 주제를 잘 표현했는지 독창성의 기준을 가지고 평가해 줘. [학생 시] 기준별로 점수를 매겨 주고, 개선할 점을 구체적으로 조언해 줘.

**5단계: 창조 (Creating)**

기존 요소들을 결합하여 새로운 아이디어나 결과물을 만들고, AI에게 아이디어 발상 지원이나 과정 강화를 요청한다. AI가 결과물을 대신 생성하지 않도록 주의해야 한다.

① 아이디어 발상 지원 요청: 흥부전의 이야기를 놀부의 관점에서 재해석해서 짧은 단편소설을 쓰고 있어. [학생의 구체적 상황 설정 제시] 이런 설정인데, 놀부의 심리를 효과적으로 드러낼 수 있는 구체적인 아이디어를 10가지 정도 제안해 줘.

② 시각화 자료 생성 요청: 내가 그린 이 캐릭터[그림 첨부]를 주인공으로 해서 머그 컵 디자인을 만들고 싶어. 내 그림의 스타일을 유지하면서, 머그 컵에 어울릴 만한 배경이나 문구를 추가한 디자인 예시를 5개 정도 만들어 보여 줘.

## 사고의 맥락을 설계하는 대화형 프롬프팅 스킬

블룸의 신교육목표분류를 적용한 프롬프팅이 주로 무엇을 질문할 것인가에 초점을 맞추었다면, 이번에는 AI와의 상호작용 방식 자체를 설계하는 전략에 주목한다. 이는 학생들이 AI를 단순한 정보검색 도구가 아니라, 능동적으로 특정 맥락과 규칙 안에서 대화하며 자신의 사고를 돕는 파트너로 만들어 가는 기술이다.

**페르소나 프롬프팅(Persona Prompting)**

학생이 AI에게 특정 역할이나 정체성을 부여하여 다각적이고 전문적인 관점에서 답변을 유도하거나 특정 대상에 맞는 설명을 얻는 방식이다.

① 전문가 페르소나: 당신은 30년 경력의 베테랑 외교관이야. 현재의 한일 관계를 진단하고, 미래지향적 관계 개선을 위한 외교 전략을 나와 함께 고민하고 논의해 줘.

② 비판가 페르소나: 너는 신랄한 문학 비평가야. 내가 쓴 아래의 시를 읽고, 감상적인 칭찬은 배제하고 개선할 점을 날카롭게 지적해 줘. [시 제시]

③ 대상 페르소나: 너는 이제부터 영어가 익숙하지 않은 초등학생과 대화하는 역할을 맡아 줘. 내가 영어로 질문하면, 쉬운 단어와 문장을 활용해서 나와 대화해 줘.

**소크라테스식 문답 프롬프팅(Socratic Method Prompting)**

AI가 정답을 바로 알려 주는 대신, 학생에게 끊임없이 질문을 던지게 하여 스스로 답을 찾아가도록 유도하는 방식이다. 자신의 이해도를 점검하여 사고를 촉진하며 깊게 만드는 메타인지 향상에 효과적이다.

① 역질문 유도: 나는 인공지능이 인간을 완벽히 대체할 수 있다고 생각해. 내 주장의 논리적 허점을 찾기 위해 나에게 5가지 반박 질문을 던져 줘.

② 사고 과정 유도: 이 복잡한 수학 문제를 어떻게 풀어야 할지 막막해. [학생이 시도한 풀이 과정] 정답을 알려 주지 말고, 문제를 해결하기 위해 어떤 단계들을 거쳐야 하는지 질문 형태로 안내해 줘.

③ 개념 심화 유도: 나는 자유가 [학생 답변] 라고 생각해 → AI 응답: 네가 말한 자유가 방종과 다른 점은 뭐야? [학생 답변] → AI 응답: 그렇다면 법은 개인의 자유를 억압하는 걸까, 보장하는 걸까?

**역할극 및 시뮬레이션 프롬프팅(Role-Playing & Simulation Prompting)**

AI와 학생이 함께 가상의 상황을 설정하고 각자의 역할을 수행하며 문제 해결 능력과 의사소통 능력을 기를 수 있다.

① 역사적 인물 대화: 나는 지금부터 세종대왕 역할을 맡을 테니, 너는 신하인 황희 정승이 되어 훈민정음 창제 과정의 어려움에 대해 토론해 보자.

② 모의 면접: 지금부터 나를 대상으로 IT 기업 개발자 채용 면접을 시작해 줘. 너는 면접관이고, 나는 지원자야. 실제 면접처럼 자기소개부터 기술 질문, 인성 질문까지 진행해 줘.

③ 갈등 상황 협상: 우리는 아파트 층간소음 문제로 갈등을 겪는 이웃이야. 나는 아이가 많아 어쩔 수 없다는 입장이고, 너는 재택근무를 해서 조용해야 한다는 입장이야. 서로 만족할 만한 해결책을 찾기 위해 대화를 시작하자.

## AI의 조수가 아닌, 생각의 주체로 서는 학생

AI 시대, 무너진 사고력을 걱정하는 목소리가 높다. 하지만 이는 AI를 수동적인 정답 자판기로 사용할 때의 이야기이다. AI에게 정답을 요구하는 대신 자신의 생각을 먼저 제시하며 명확한 기준을 세우고 정교한 질문을 던지면서 AI를 생각 파트너로 활용할 때 AI는 오히려 사고력을 단련시켜 주는 훌륭한 스파링 파트너가 될 수 있다.

결국 AI 시대의 핵심 역량은 정답을 찾는 속도가 아니라, AI를 활용해 더 깊은 질문을 만들고 자신의 생각을 주체적으로 구축하는 힘이다. 여기에 소개된 프롬프팅 전략들은 학생이 정보의 소비자를 넘어, AI라는 강력한 도구를 지적으로 통제하고 활용하는 생각의 주체로 성장하는 디딤돌이 될 것이다.

# Chapter 3

## 마음의 근육을 키우는 AI·디지털 활용 수업

# 사회정서교육, 왜 주목받을까

요즘 우리의 교실 풍경은 겉보기엔 활기차 보이지만, 그 속의 아이들은 보이지 않는 불안과 피로감에 흔들리고 있다. 정보의 홍수 속에서 쉴 새 없이 세상과 연결되면서도 아이들은 그 어느 때보다 깊은 외로움과 무기력을 느낀다. 교사들은 학생들이 예전보다 집중력이 약해지고 감정 기복이 심해졌으며, 사소한 어려움에도 쉽게 흥미를 잃고 포기한다고 말한다. 한때 스스로 답을 찾으려 애쓰던 아이들이 이젠 “어려워요.”라는 말과 함께 도전을 멈춰 버리는 모습이 낯설지 않다. 겉은 분주해 보여도 내면의 안정감은 무너지고 있는 것이다.

이러한 변화는 단순히 개인의 성향 문제가 아니라, 디지털 시대가 낳은 구조적인 현상이다. 스마트폰과 소셜미디어는 즉각적인 자극과 끊임없는 비교의 장을 열어 준다. 즉각적인 피드백에 익숙해진 아이들은 기다림과 인내, 깊이 몰입하는 경험의 기회를 잃어 가고 있다. 감정을 표현할 기회는 늘었지만 성찰의 깊이는 얕아졌고, 관계의 양은 늘었지만 질적인 공감은 줄고 회복의 힘은 약해졌다. 이렇게 감정의 토대가 흔들리면 그 위에서 자라야 할 생각의 나무도 제대로 뿌리내리기 어렵다. 마음이 불안하면 생각은 결코 깊어질 수 없다.

바로 이 지점에서 교육계가 최근 주목하는 것이 '사회정서역량Social-Emotional Competence'이다. 사회정서역량이란 자기 감정과 행동을 이해하고 관리하며 다른 사람의 입장에 공감하고 긍정적인 관계를 만들면서 책임감 있는 결정을 내리는 총체적 능력이다. 국제적인 사회정서학습 기관 CASELCollaborative for Academic, Social, and Emotional Learning에서는 이를 자

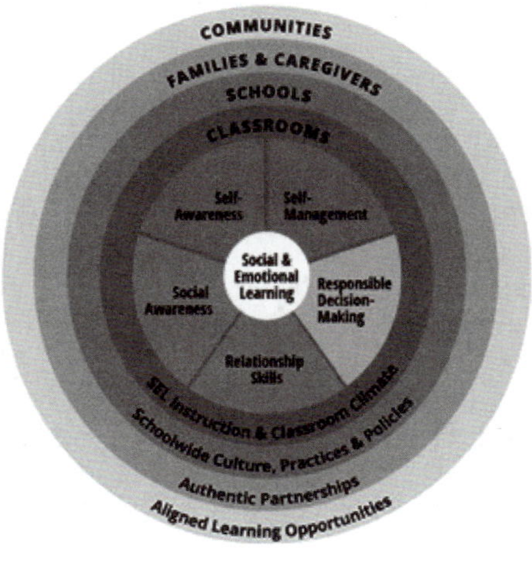


CASEL의 사회정서학습 프레임워크

기 인식Self-Awareness, 자기 관리Self-Management, 사회적 인식Social Awareness, 관계 기술Relationship Skills, 책임감 있는 의사결정Responsible Decision-Making이라는 다섯 가지 핵심 역량으로 설명한다.[60] 이것은 기존의 인성교육을 넘어, 학습과 성장의 모든 과정에 힘을 실어 주는 마음의 기반이라고 할 수 있다.

사회정서역량이 높은 학생은 스트레스에 잘 대처하고 실패를 성장의 발판으로 삼으면서 동료와 협력하여 더 좋은 결과를 만들어 낸다. 반면에 이 역량이 부족하면 감정에 휘둘려서 공부를 중간에 그만두거나 관계 갈등을 풀지 못하고 외톨이가 되기 쉽다.[61] UNESCO에서도 사회정서학습SEL이 학업 성취뿐만 아니라, 삶의 전반적인 행복과 만족도를 높이는 데 결정적이라며 강조했다.[62]

높아지는 사회정서교육의 중요성은 교실에서 감지되는 사회정서역량 저하와도 직접적으로 연결되어 있다. OECD가 2021년 실시한 사회정서적 기술Social and Emotional Skills 설문 조사는 바로 이 현실을 데이터로 증명하고 있다.[63] 이 보고서가 던지는 메시지 중 하나는 학생들의 창의성과 호기심, 삶의 만족도와 같은 핵심 역량들이 10세에서 15세 사이에 오히려 감소하는 경향을 보인다는 사실이다. 또한 스트레스 저항성이나 낙관성과 같은 정서 조절 능력은 학생의 심리적 웰빙과 직접적으로 연결되어 있었고, 학교 소속감이 높은 학생들은 협동심이 높았던 반면에 학교폭력에 노출된 학생들은 정서 조절에 심각한 어려움을 겪는 것으로 나타났다. 이는 지금 우리 아이들이 겪는 마음의 어려움이 학교의 교육 환경과 무관하지 않으며, 사회정서역량 교육이 일부 학생을 위한 선택이 아닌 모든 학생을 위해 교육과정이 체계적으로 품어야 할 필수 과제임을 강력하게 시사한다.

결론적으로 사회정서교육은 무너진 사고력을 다시 세우는 가장 근본적인 출발점이다. 기술이 발전할수록 교육은 오히려 가장 인간적인 가치로 돌아가야 한다. 사회정서교육은 기술 중심 시대에 인간다움을 지키는 최소한의 방어선이고, 아이들의 잠재력을 최대로 끌어내는 핵심 열쇠이기도 하다. 사고력은 지식을 쌓는 머리에서 완성되는 것이 아니라, 감정을 다스리는 건강한 마음에서 비로소 싹트는 것이기 때문이다.

미래 교실의 질문은 '무엇을 배워야 하는가?'에서 '어떤 마음의 상태로 배우게 할 것인가?'로 이동한다. 마음의 근육이 단단한 아이만이 기술의 파도 속에서도 스스로 배우고 협력하며 깊이 생각할 수 있다. 지금 우리가 사회정서교육에 주목해야 하는 이유가 여기에 있다.

# 마음의 근육을 키우는 AI·디지털 활용 수업 사례

디지털 기술이 정서적 위기를 심화시켰다는 우려의 목소리가 높지만, 잘 활용한다면 AI와 에듀테크가 사회정서교육의 적절한 도구가 될 수도 있다. 어떻게 설계하고 활용하느냐에 따라 기술이 아이들의 마음을 돌보는 조력자가 될 수 있는 것이다. AI·디지털 도구는 교사의 역할을 대체하는 것이 아니라, 개별 학생에게 맞춤화된 정서적 지원을 확장하고 교사의 부담을 덜어 줄 수 있다. 그럼 기술이 어떤 역할을 수행할 수 있을까?

첫째, 개인 맞춤형 감정 코칭을 돕는다. AI 챗봇은 학생이 타인의 시선을 의식하지 않고 자신의 감정을 솔직하게 털어놓을 수 있는 안전한 창구가 된다. 예를 들어, 감정 일기 앱에 학생이 자신의 하루 감정을 기록하면 AI가 그 패턴을 분석하여 “최근 스트레스가 높아 보이는데, 잠시 쉬어 가는 건 어때?”와 같은 따뜻한 조언을 건넨다. 또한 학생의 감정 상태에 맞는 명상이나 호흡법 콘텐츠를 추천하며 스스로 감정을 조절하는 연습을 돕는다.

둘째, 교사를 위한 데이터 기반의 통찰을 제공한다. AI는 학생들의 학습 과정 데이터나 온라인상의 텍스트를 분석하여 정서적 어려움을 겪는 학생을 조기에 발견하도록 지원할 수 있다. 예를 들어, 특정 학생의 과제 제출률이 급격히 떨어지거나 온라인 토론에서 부정적인 단어 사용이 늘어나는 패턴을 AI가 감지하여 교사에게 주의 신호를 보내는 방식이다. 교사는 이를 바탕으로 해당 학생에게 먼저 다가가 면담을 진행하는 등 선제적인 개입을 할 수 있다.

셋째, 놀이와 재미를 통해 자발적 학습을 유도한다. 사회정서역량은 지식처럼 암기하는 것이 아니라 놀이와 경험을 통해 자연스럽게 체득될 때 효과가 크다. ‘라이키 마음보호훈련’과 같이 게이미피케이션이 적용된 플랫폼은 교실 전체를 하나의 게임처럼 만들어, 학생들이 긍정적 행동을 통해 보상을 얻고 팀원들과 협력하며 공동의 목표를 달성하게 한다. 이 과정에서 아이들은 실패에 대한 두려움을 극복하고, 목표 달성을 위해 자신의 행동을 조절하는 능력을 즐겁게 배울 수 있다.

넷째, 시공간의 제약을 넘어 보편적 교육 기회를 제공한다. 전문 상담 인프라가 부족한 농어촌 지역이나, 대면 활동에 어려움을 느끼는 특수교육 대상 학생들에게 에듀테크는 중요한 다리가 된다. 이는 모든 아이가 소외되지 않고 자신의 환경에 맞는 사회·정서적 지원을 받을 수 있는 포용적 교육 환경을 만드는 데 기여한다.

결론적으로 AI는 교사의 공감과 코칭을 증폭하는 도구가 될 수 있다. 교사의 인간적인 교감과 기술의 데이터 기반 맞춤형 지원이 결합될 때, 우리는 모든 아이의 마음 성장을 효과적으로 돕는 새로운 교육의 지평을 열 수 있다.

### 심스페이스(AI 마음일기)

심스페이스(AI 마음일기)는 학생들이 자신의 감정을 기록하고 일기 형식으로 정서를 표현하며, AI 챗봇과의 대화를 통해 내면을 탐색할 수 있도록 설계된 정서 지원 플랫폼이다. 이 도구는 단순한 감정 기록 앱이 아니다. 감정을 인식하고 그것을 언어로 정리하며 결국에는 자신의 정서를 스스로 이해하고 돌볼 수 있는 힘을 기르는 디지털 학습환경으로 기능한다.

학생들은 심스페이스(AI 마음일기)를 통해 하루의 감정을 되돌아보고 감정의 원인을 탐색하며, 자신만의 표현으로 의미를 정리한다. 이는 자기 성찰 능력과 회복탄력성을 키운다. 인공지능은 단순한 응답을 넘어 학생의 정서에 공감하며 생각을 확장시켜 주는 대화 파트너로 작동한다.

교사와 보호자는 대시보드와 정서 보고서로 학생의 감정 변화를 시각적으로 확인할 수 있다. 이를 통해 학생이 겪는 정서적 흐름을 이해하고 필요한 시점에 적절하게 개입할 수 있는 근거를 갖게 된다. 교육자는 '어떤 감정인가'를 넘어서 '왜 그런 감정을 느끼는가?'에 집중할 수 있으며, 이는 보다 정교한 정서 지도와 관계 형성으로 이어진다.

심스페이스(AI 마음일기)는 단순히 기술로 감정을 관리하는 것에서 한 발 나아가, 감정을 이해하고 의미화하여 성장의 언어로 바꾸는 것을 돕는다. 이는 학업 중심의 인공지능 활용을 넘어, 학생의 정신 건강과 사회정서학습을 함께 지원하는 새로운 가능성을 보여 주는 사례다.

### 감정 체크인

학생이 자신의 감정을 일기로 표현하고 AI가 공감적 피드백을 제공하는 도구이다. 단순히 "오늘은 어땠나요?"라고 질문하는 것을 넘어 학생의 언어 속 감정 패턴을 분석하고 슬픔, 분노, 기쁨, 불안 등으로 시각화하여 보여 준다. 교사는 이를 통해 학생의 감정 변화 추이를 파악하고 필요할 때 개입하거나 상담을 연결할 수 있다. AI 마음일기는 학생이 감정을 억누르지 않고 언어로 표현하도록 돕는 정서 표현 훈련 도구이자, 교사에게는 정서 관찰

감정 체크인 화면

창구가 된다.

## AI 챗봇 심스와의 상담

AI 챗봇 심스는 학생이 자신의 감정을 대화형으로 정리할 수 있도록 돕는 디지털 상담 파트너다. “오늘 기분은 어땠어?”, “그때 어떤 감정이 가장 컸어?” 같은 질문을 통해 감정 인식과 표현을 유도한다. AI는 전문 상담사가 아니므로 치료적 개입 대신 공감적 경청과 감정 명명에 초점을 둔다. 교사는 이를 사회정서학습의 사전 활동에 활용하여 학생들이 스스로 감정을 인식하고 언어화하는 연습을 지원할 수 있다.

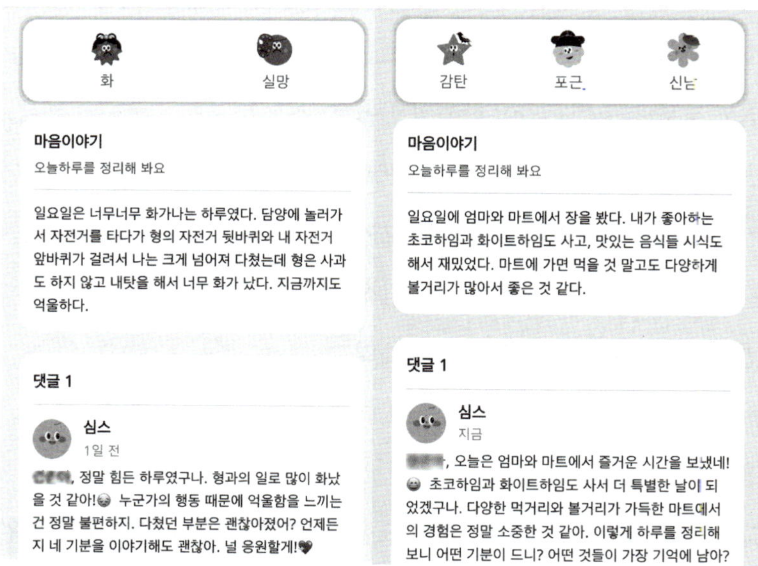


심스와의 대화 화면

## 대시보드

심스페이스는 교사용 대시보드를 제공하며, 그 화면은 다음과 같다.

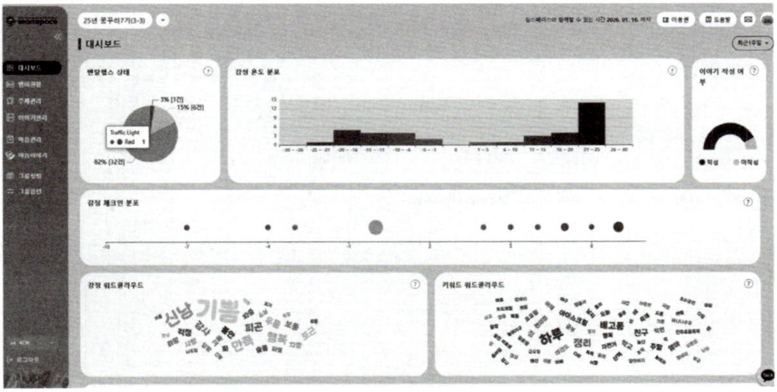


심스페이스 교사용 대시보드

심스페이스 교사용 대시보드에서는 학생들의 멘탈헬스 상태, 감정 온도 분포 등을 직관적으로 파악할 수 있다. 특히 멘탈헬스 상태 그래프에서 노란색, 빨간색에 해당하는 학생들을 살펴보면 학생들의 정서 관리가 용이하다. 교사는 학생이 작성한 내용과 심스와의 대화 과정을 확인하며 학생들의 정서적 건강 상태를 보다 면밀하게 살필 수 있다.

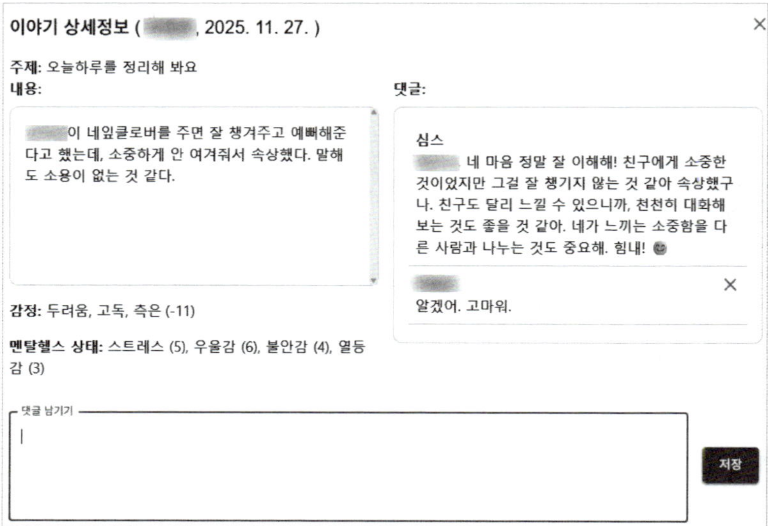


노랑 멤버 상세 정보 화면

## 클래시파이(Classify) 마음거리검사

클래시파이는 '교실을 교실답게'라는 철학 아래, 현직 교사들의 경험과 노하우를 바탕으로 개발된 학급 관리 에듀테크이다. 이 플랫폼은 교사가 학생의 성격 유형, 학교생활 적응도, 교우관계 현황 등을 쉽고 체계적으로 분석할 수 있도록 돕는다. 학생들은 별도의 회원가입 없이 교사의 안내에 따라 무료로 검사에 참여할 수 있으며, 학급 코드 입력이나 QR코드 접속을 통해 간편하게 이용할 수 있다. 특히 마음거리검사 기능은 학급 내 학생들의 교우관계를 시각적으로 파악할 수 있게 해 준다. 이 검사를 통해 교사는 관계망 분석 결과를 바탕으로 소외될 가능성이 있는 학생을 조기에 발견하고, 학급 내 긍정적인 관계 형성을 위한 개입 전략을 세울 수 있다.

데이터를 통해 학생을 이해하고, 교사의 직관과 결합하여 더 따뜻한 학급 문화를 만들어 갈 수 있다는 점이 플랫폼의 가장 큰 가치이다. 클래시파이 학급 설정 및 검사 방법은 다음과 같다.

### 학급 생성하기

학교급 코드 및 학년을 선택하고 학급 생성을 누른다. 나의 학급 암호 코드는 개인정보보호를 위해 학교명을 대신하여 임의로 생성된다.

클래시파이 학급 생성하기

### 학생 생성 및 초대 코드 관리하기

나이스 학급명렬표를 삽입하여 자동으로 학생을 생성하거나 [행추가] 버튼을 눌러 정보를 입력하고 저장하여 일일이 학생을 생성할 수 있다.

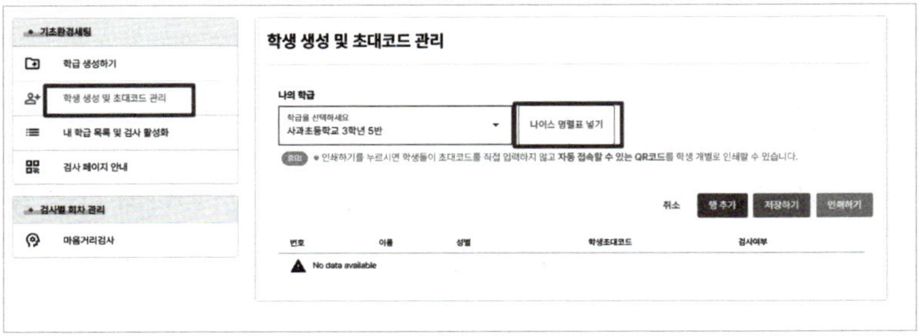

클래시파이 학생 생성하기

학생들의 정보를 입력하고 [인쇄하기] 버튼을 클릭하면 클래시파이 검사 도구에 접속할 수 있는 학생별 개인 QR코드를 인쇄할 수 있다. 검사 코드로 초대하는 방법도 있지만, 개별 QR코드를 인쇄하여 접속하게 하는 방법이 가장 간편하다.

클래시파이 QR코드 인쇄 방법

학생들이 개별적으로 검사를 마치면 교사는 검사 결과 확인 페이지에서 학생들의 응답 결과를 확인할 수 있다. 우리 반 점수인 끈끈이 점수와 관심 점수, 마음거리 검사 선호도 Top5 학생, 비선호도 Top5 학생을 파악할 수 있다.

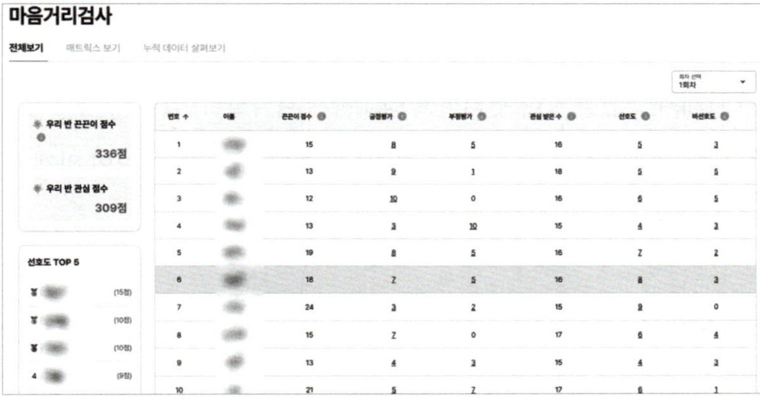


클래시파이 마음거리검사 결과 화면

또한 학생이 왜 그렇게 생각하는지 교우관계에 어떤 어려움을 겪는지를 보여 주는 서술형 자료는 교사의 생활지도에 중요한 참고 자료가 된다.

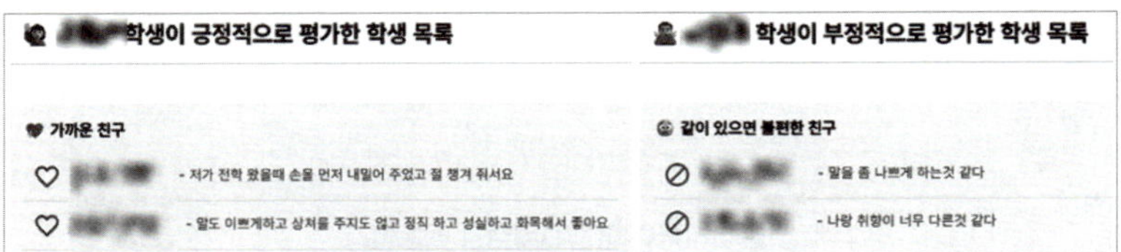


클래시파이 마음거리검사 학생 서술 자료

학생들의 마음거리검사 결과는 매트릭스 보기로도 확인할 수 있다. 1은 가까운 거리, 2는 중간 거리, 3은 불편한 거리, 4는 친해지고 싶은 친구를 나타내어 학생 간의 관계를 정량적으로 확인할 수 있다.

검사 결과는 회차별로 누적되어, 우리 반의 시기별 변화를 한눈에 비교할 수 있다. 예전에는 교우관계 조사표를 일일이 작성하며 교사가 직접 데이터를 정리해야 했지만, 이제는 에듀테크 도구를 통해 학생들의 관계와 고민을 보다 편리하고 정교하게 파악할 수 있다. 무엇보다도 이러한 기술의 도움으로 교사는 학생 한 명 한 명을 좀 더 깊이 있게 이해하고 적절하게 지원할 수 있다.

## 마음거리검사

전체보기 **매트릭스 보기** 누적 데이터 살펴보기

ⓘ 1은 가까운 거리, 2는 중간 거리, 3은 불편한 거리, 4는 친해지고 싶은 친구를 나타냅니다.

| 피평가자 / 평가자 | | | | | | | | | | | | | | | | | | | |
|---|---|---|---|---|---|---|---|---|---|---|---|---|---|---|---|---|---|---|---|
| | - | 3 | 1 | 1 | 2 | 3 | 1 | 2 | 2 | 2 | 1 | 1 | 2 | 3 | 1 | 3 | 1 | 3 | 1 |
| | | - | 3 | | 1 | 1 | | 1 | | 4 | | 1 | 1 | 1 | 2 | | | 1 | 1 |
| | 1 | 2 | - | 1 | 2 | 1 | 1 | 2 | 2 | 2 | 1 | 1 | 2 | 2 | 1 | 1 | 1 | 2 | 1 |
| | 2 | 3 | 1 | - | 3 | 1 | 2 | 3 | 3 | 3 | 2,4 | 2 | 3 | 3 | 3 | 3 | 2 | 3 | 2 |
| | 2 | 1 | 3 | 3 | - | 3 | 2 | 3,4 | 1 | 1 | 2 | 2 | 1 | 1 | 2 | 3 | 2 | 1 | 1 |
| | 2 | 2 | 2 | 1 | 3 | - | 1 | 3 | 3 | 2 | 1 | 1 | 3 | 3 | 1 | 2 | 1 | 2 | 1 |
| | 2 | | 2 | 2 | | 2 | - | | | | 1 | 1 | | | 2 | 3 | 1 | 3 | 2 |
| | 2 | 1 | 2 | 2 | 2 | 2 | 2 | - | 1 | 1 | 2 | 2 | 1 | 1 | 2 | 2 | 2 | 1 | 1 |
| | 1 | 2 | 3 | 3 | 1 | 2 | 2 | 2 | - | 2 | 2 | 2 | 2 | 1 | 2 | 2 | 2 | 3 | 1 |
| | 3 | 3 | 3 | 3 | 1 | 2 | 2 | 1 | 3 | - | 2 | 2 | 1 | 1 | 2 | 3 | 2 | 3 | 1 |
| | 2 | 3 | 2 | 2 | 2 | 1 | 1 | 2 | 2 | 2 | - | 1 | 2 | 2 | 2,4 | 2 | 1 | 2 | 1 |
| | 1 | 2 | 1 | 2 | 2 | 1 | 1 | 2 | 2,4 | 2 | 1 | - | 2 | 2 | 1 | 2 | 1 | 2 | 1 |
| | 2 | 2,4 | 2 | 2 | 1 | 2 | 2 | 1 | 2 | 1 | 2 | 2 | - | 1 | 1 | 3 | 2 | 1 | 1 |
| | 1 | 1 | 1 | 1 | 1 | 1 | 1 | 1 | 2 | 1 | 1 | 1 | 1 | - | 3 | 1 | 1 | 1 | 1 |
| | 1 | 2,4 | 3 | 2 | 2 | 1 | 1 | 2 | 2 | 2 | 1 | 1 | 3 | 3 | - | 1 | 1 | 2 | 2 |
| | 2 | 2 | 1 | 2 | 2 | 3 | 1 | 2 | 1 | 2 | 1 | 2 | 1 | 1 | 2 | - | 1 | 3 | 1 |
| | 3 | 2 | 1 | 2 | 1 | 1 | 1 | 1 | 2 | 2 | 1 | 1 | 2 | 2 | 1 | 2 | - | 3 | 1 |
| | 3 | 3 | | | 1 | | | 3 | | 2,4 | 3 | 1 | | 1 | | 3 | | - | 1 |
| | | | | | | | | | | | | | | | | | | | |

클래시파이 마음거리검사 매트릭스

## 라이키 프로젝트를 통한 공감 수업

라이키 프로젝트는 에듀테크의 장점인 상호 소통이 활발한 학습환경과 게이미피케이션 요소를 극대화하여, 학생들이 서로의 마음을 들여다보고 감정을 이해하도록 돕는 사회정서학습 기반 에듀테크 도구이다. 학생들은 수업 과정을 통해 학습 몰입도를 높이며 재미있게 감정을 배우고, 실제 생활에서 필요한 사회적 스킬을 자연스럽게 터득할 수 있다.

라이키 프로젝트 활동은 모둠별로 진행된다. 모둠별 노트북 또는 태블릿이 필요하며, 개인별로 태블릿 또는 휴대폰으로 게임에 참여하는 방식이다. 교사 화면에서 모둠별 진행 상황을 확인할 수 있어서 교사는 학생들이 토의 활동하는 과정을 수월하게 확인하며 토의가 원만하게 진행되도록 도울 수 있다.

'감정을 말해 봐' 수업은 라이키 교사 사이트에서 사전 등록이 필요하다. 현재는 관련 연수를 이수한 교사에게만 접근 권한이 제공되고 있어 즉시 활용에는 제약이 있다. 그럼에도 불구하고 수업의 역동성과 교

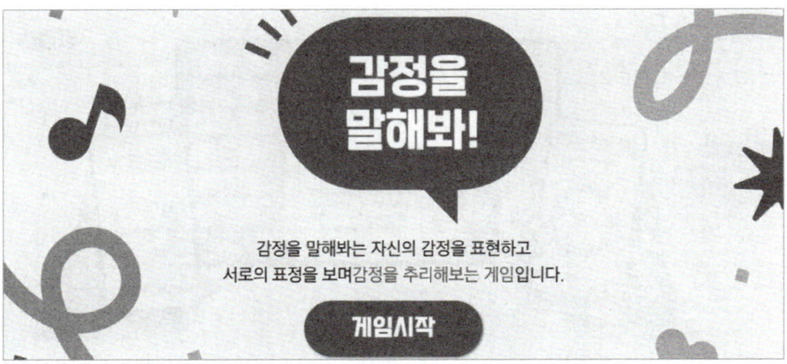


라이키 프로젝트 '감정을 말해 봐!' 시작 화면

육적 효과가 뛰어나 소개할 가치가 충분하며, 이와 유사한 에듀테크의 확산이 기대된다.

라이키 프로젝트 중 '감정을 말해 봐' 수업을 통해 다양한 시나리오에서 표정, 감정, 행동을 추측해 보고 다른 친구들과 비교해 보는 과정에서 자연스럽게 타인의 감정을 이해하고 공감 능력을 기를 수 있다. 이 수업이 오프라인으로 감정, 공감을 수업할 때와 다른 점은 친구들의 생각을 보다 즉각적으로 확인하고 서로의 의견을 공유할 수 있다는 것이다. 감정 표현에 인색한 청소년기의 학생들도 즐겁게 참여하는 모습을 볼 수 있다. 구체적 방법은 다음과 같다.

### 친구의 표정 맞추기

모둠별 노트북(또는 태블릿)에 문제상황이 제시되면 학생들은 개인이 가지고 있는 휴대폰(또는 태블릿)으로 그에 대한 반응을 표현한다. 매 라운드마다 플레이어가 선정되는데, 선정된 플레이어는 제시된 상황에

친구의 표정 맞추기

서 자신이 어떤 표정을 지었을지, 어떤 감정일지 선택해야 한다.

친구랑 토요일에 만나자고 했는데, 다른 약속이 있어서 안 된다고 하는 시나리오 상황이 제시되었다. 선정된 플레이어가 표정과 감정을 골랐다면 다른 참여자들은 이번 차례 플레이어 학생이 어떤 표정을 지을지 맞혀 보는 식으로 진행된다.

선정된 플레이어가 표정 및 감정을 선택하는 장면

모둠별 태블릿에는 모둠원 학생 중 누가 체크를 했는지 실시간으로 현황이 뜨고 모둠원 모두가 응답하면 이번 플레이어가 선택한 표정이 공개된다. 다음 단계 버튼을 클릭하여 진행을 이어 간다.

### 친구의 감정 선택하기

이번 플레이어는 다른 참여자들의 선택을 기다리고, 다른 참여자들은 이번 플레이어가 선택한 표정에 어울리는 감정을 선택한다.

친구의 감정 선택하기

**선택한 표정과 감정에 대해 이야기 나누기**

모둠 친구들의 선택이 끝나면 이번 플레이어가 선택한 표정과 감정이 모두 공개된다. 모둠 친구들은 라운드가 끝날 때마다 시나리오에 따른 표정과 감정이 어울리는지, 왜 그렇게 선택했는지 이야기를 나누며 공감 타임을 진행한다.

선택한 표정과 감정에 대해 이야기 나누기

### 행동 선택하기

마지막 라운드인 3라운드에서는 표정 대신 행동을 추측하며 행동과 감정을 추측하도록 진행된다. 좀 더 다양한 상황과 생각을 고려해야 하므로 학생들의 사고를 자극할 수 있다.

행동으로 표현하기 안내 화면

### 마음토큰 얻기

감정이 통한 학생은 횟수만큼 마음토큰을 얻고 마음토큰을 가장 많이 얻은 학생들은 표현 장인, 공감 장인, 감정 명인 등의 뱃지를 획득할 수 있다.

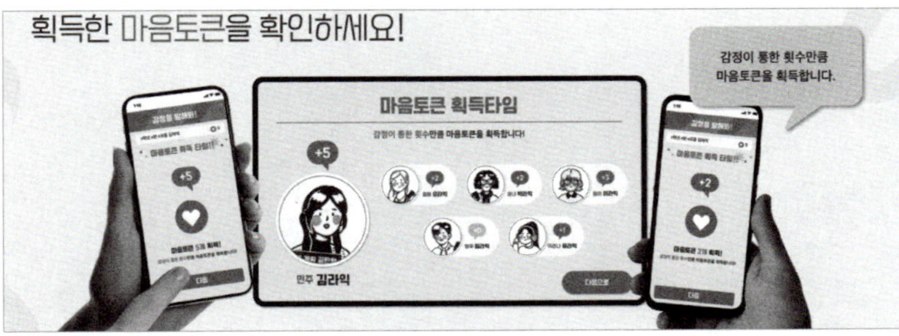


마음토큰 확인하기

라이키 프로젝트 '감정을 말해 봐'는 게임형 상호작용을 통해 학생들이 자신의 감정을 명확히 표현하고, 타인의 마음을 추측·검증·대화로 확인하며 공감 능력을 체화하도록 돕는 수업이다. 교사는 대시보드로 토의 흐름을 조율하고 즉각 피드백을 제공해, 짧은 시간에도 '생각 → 표현 → 상호이해 → 행동 선택'의 학습 루프를 완성할 수 있다. 수업 후에는 모둠별 활동 소감을 간단히 기록하게 하여 실제 생활로의 전이를 도울 수 있다.

# Chapter 4

## 생각의 근육을 키우는 AI·디지털 활용 수업

# 사고 촉진을 돕는 에듀테크

## 브리스크 티칭Brisk Teaching

이 책의 목적은 특정 에듀테크를 소개하거나 홍보하려는 것이 아니다. 교육의 본질을 함께 고민하고, 이를 실현하는 데 기술을 적합하게 활용하며, 이 과정에서 교사의 역할이 막중함을 전하는 것이 가장 큰 목적이다. 너무나 빠르게 변화하고 새로운 기술이 쏟아지는 시대의 한복판에서 교사가 닻을 단단히 내려 기술 사용이 학생들의 주체성 성취로 연결되도록, 유의미한 배움과 성장에 기여할 수 있게 부드럽지만 날카로운 감식안을 가지고 효과적인 도구를 채택해야 함을 다시 한 번 강조한다. 또한 교수·학습 과정 중에 기술을 어떻게 효과적으로 적용하고 활용할지 고민해서 적재적소에 투입해야 한다.

이 책에서 소개하는 기술 외에 더 나은 도구를 마주한다면 교사는 언제든 과감하게 전환하여 기술이 학생의 배움과 성장에 접속하도록 그 중간에 서 있어야 한다. 이번 장에서는 브리스크 티칭Brisk Teaching이라는 에듀테크를 소개하고자 한다. 앞서 우리는 AI를 활용하여 학생의 사고를 촉진하기 위한 세 가지 핵심 열쇠로 '순서, 교사, 프롬프팅'에 대해 살펴봤다. 브리스크 티칭은 바로 이 세 가지 원칙이 교육 현장에서 어떻게 기술과 조화롭게 구현될 수 있는지를 보여 주는 구체적인 사례이다. 브리스크 티칭은 크롬Chrome 확장 프로그램 설치로 쉽게 이용할 수 있어 별도의 플랫폼 또는 사이트 접속 없이 사용이 가능하다. 특히 구글 문서 도구와 잘 연동된다.

브리스크 티칭은 클릭 한 번으로 다양한 교육자료, 수업 계획, 퀴즈 등을 생성하는 기능을 제공하여 교사들의 시간과 노력을 줄여 준다. 또한 학생들의 작업에 피드백을 삽입하여 전달하는 과정에서 효과적으로 사용할 수 있다. 사실 이러한 기능들은 굳이 브리스크 티칭이 아니더라도 앞서 소개한 패들렛 TA는 물론 일반적인 생성형 AI(챗GPT, 제미나이, 그록 등)을 활용해도 충분히 구현할 수 있기에 굳이 별도의 에듀테크를 이용할 동기가 떨어진다. 하지만 브리스크 티칭의 진정한 교육적 가치는 따로 있다. 바로 '부스트Boost 학생 활동'이 앞서 강조한 세 가지 열쇠의 실현을 지원한다는 점이다. 브리스크 티칭의 부스트 학생 활동은 교사가 기존에 사용하고 접속할 수 있는 디지털자료(구글 문서, 웹 기사, 유튜브 영상 등)를 클릭 한 번으로 학생 개개인을 위한 AI 튜터 소통형 학습활동으로 변환시키는 기능이다.

교육적 장점을 구체적으로 살펴보면 다음과 같다. 첫째, 교육적 프롬프팅의 구현이다. 부스트 활동의 핵심은 교육적으로 정교하게 설계된 프롬프트에 있다. 예를 들어, 교사는 특정 기사를 바탕으로 학생들이 AI와 찬반 논쟁을 벌이는 '토론 튜터'을 생성할 수 있다. 이때 AI는 단순히 정보를 요약하는 것을 넘어, 학생에게 근거를 요구하고 반론을 제시하며 비판적사고를 촉진하도록 설계되어 있다. 이는 앞서 우리가 살펴보았던 '사고를 촉진하는 AI 튜터 프롬프트 설계 원칙'이 이미 내장된 형태로 제공된다는 뜻이다.

둘째, 교사 주도성의 보장이다. 브리스크 티칭은 부스트 활동을 교사가 완벽하게 통제하고 최적화하도록 지원한다. 교사는 대시보드를 통해 모든 학생과 AI 간의 대화 내용을 실시간으로 모니터링할 수 있으며, AI 튜터가 따를 학습목표와 구체적인 프롬프트를 직접 수정할 수 있다. 이는 교사가 교육철학을 벗어나지 않도록 AI가 방향키를 쥐어 주는 핵심 기능이며, 수업의 최종 설계자이자 총괄 지휘자로서의 교사 역할을 보장한다.

셋째, 바람직한 순서의 실현을 돕는다. 이 도구는 이 책에서 제안했던 '사고력 함양을 위한 AI·디지털 활용 수업 루틴'의 기술적 기반을 제공하고 이의 실현을 돕는다. 학생들은 교사의 안내에 따라 먼저 스스로 생각하고 동료와 토론한 후(1~2단계), 자신의 생각을 심화하기 위한 비판적 파트너로서(3단계) 브리스크 부스트의 AI 튜터를 만날 수 있다. 즉 AI는 정답을 제시하는 지름길이 아니라, 인간의 사고가 더 높은 단계로 나아가도록 돕는 역할을 수행하는 것이다.

브리스트 티칭의 부스트 학생 활동은 AI 시대에 교사의 역할이 왜 더 중요한지 명확히 보여 주는 사례이다. 교육적으로 프롬프트가 잘 설계된 AI 튜터를 교사가 학생에게 쉽게 제공하도록 돕는 동시에, 최종적인 교육적 방향키는 교사가 쥐도록 설계되어 있다. 이는 AI를 단순한 자동화, 사고 위임 도구가 아닌 교사의 교육철학을 구현하고 학생의 사고력을 증진시키는 정교한 파트너로 활용할 가능성을 보여 준다.

# 브리스크 티칭 기본 사용법

브리스크 티칭은 크롬 브라우저 확장 프로그램 기반의 교사용 AI 조력자이다. 구글 도구(Google Docs, Slides, Forms 등), PDF, 웹페이지 위에서 바로 작동하며, 수업 설계부터 자료 제작, 피드백, 개별화(난이도 및 언어 조정)까지 업무 전반을 한결 가볍게 만들어 준다. 무료 설치 후 20여 개 도구를 바로 사용할 수 있다. 학생은 링크나 QR코드로 접속해 AI와 대화하며 활동에 참여할 수 있고, 별도의 회원가입이나 로그인 절차도 필요 없다.

## 설치 방법

### 크롬 웹 스토어 접속

크롬 웹 스토어에서 Brisk Teaching을 검색한 후, 링크에서 [Chrome에 추가]를 누른다. 설치가 끝나면 브라우저 하단 우측에 흰색 'B' 아이콘이 표시된다.

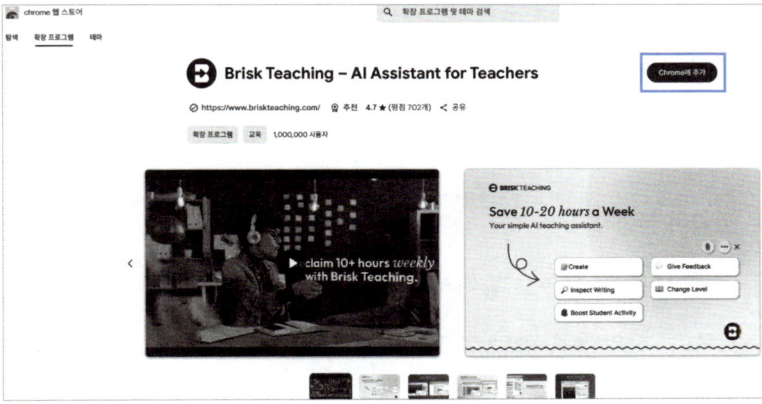

크롬 웹 스토어 검색

### Google 계정 연동하기

가입 동의 체크 후 Continue with Google을 클릭하여 구글 계정으로 로그인한다. 계정이 연동되면 Google Drive 자동 저장 설정이 활성화된다.

### 툴바에 고정하기

상단 주소창 옆에 있는 퍼즐 아이콘(확장 프로그램)을 클릭한 후, 브리스크 티칭 옆 '핀'을 클릭하면 상단 툴바에 고정된다.

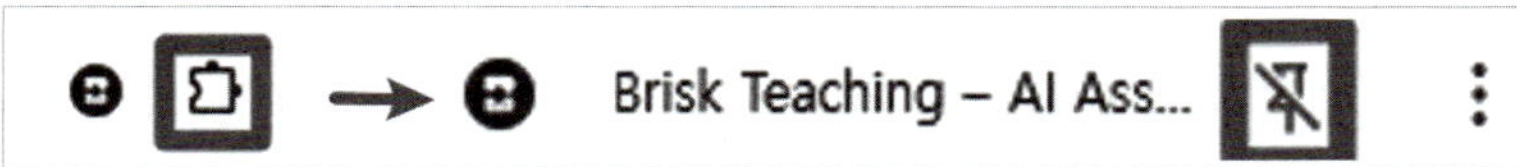


브리스크 티칭 툴바에 고정하기

### 브리스크 실행하기

첫 설치 후 구글 문서 및 유튜브 등에서 화면 우하단 ● 아이콘을 눌러 바로 쓸 수 있다.

### 한국어 설정하기

구글 문서 및 유튜브 등에서 화면 우하단 ● 아이콘을 눌러서 브리스크 실행 창의 우측 상단 점 3개를 클릭하면 기본 언어인 영어에서 한국어로 설정을 변경할 수 있다.

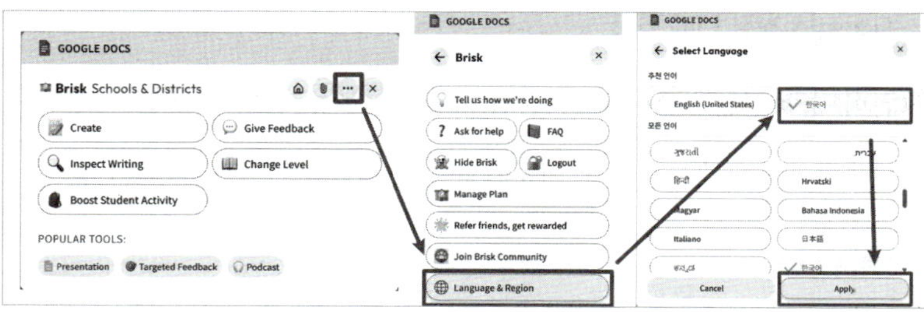


브리스크 티칭 한국어 설정 방법

## 브리스크 티칭으로 수업 만들기

교과 목표·핵심 개념·활동 흐름·평가 아이디어까지 포함한 수업안, 루브릭, 대체 수업안Sub plan, 개별화 계획 등을 생성할 수 있다. 생성물은 곧바로 구글 드라이브에 저장된다. 수업에 대한 맥락을 자세히 프롬프트로 제시하면 완성도가 올라간다. 초등학교 3학년 '배추흰나비 한살이'를 주제로 한 수업 계획서, 활동지, 평가 기준표 만들기 등의 다양한 기능을 살펴보자.

### 수업 계획서 만들기

구글 문서를 생성하고 브리스크 아이콘을 클릭한 후 만들기를 클릭한다. 만들기 항목 중 수업 계획서를 누르고 프롬프트, 학년, 기간을 입력한 후 [Brisk it] 을 누르면 끝난다. 완성된 수업 계획서는 구글 문서에서 자유롭게 수정하면 된다.

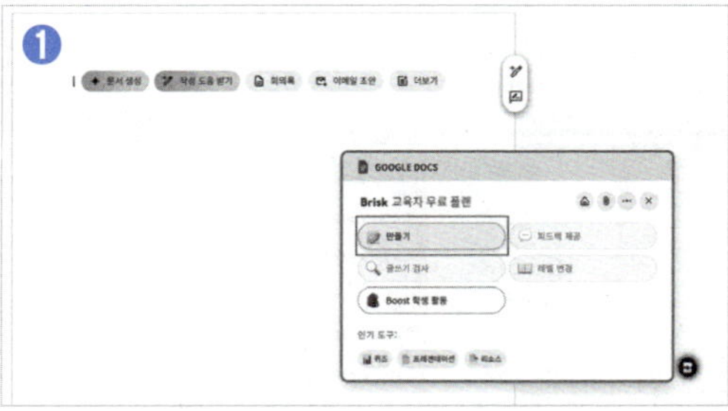


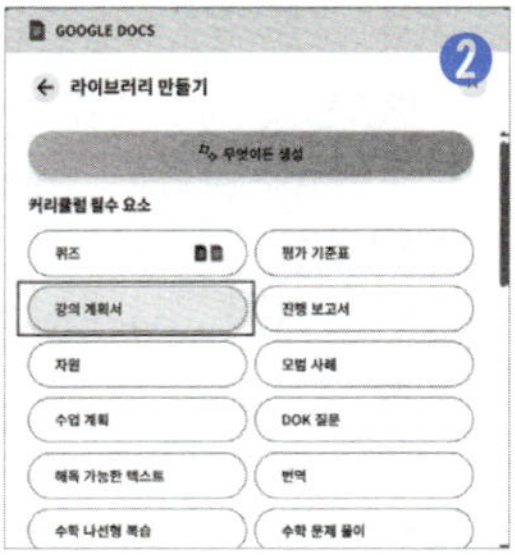

브리스트 티칭 수업 계획서 생성 과정 및 결과물 예시

## 활동지 만들기

학습목표나 자료를 입력하면 질문, 빈칸 채우기, 탐구 활동형 워크시트를 자동 생성한다. 동일 주제의 활동지를 난이도별로 변환할 수 있어 개별화 수업에도 활용할 수 있다.

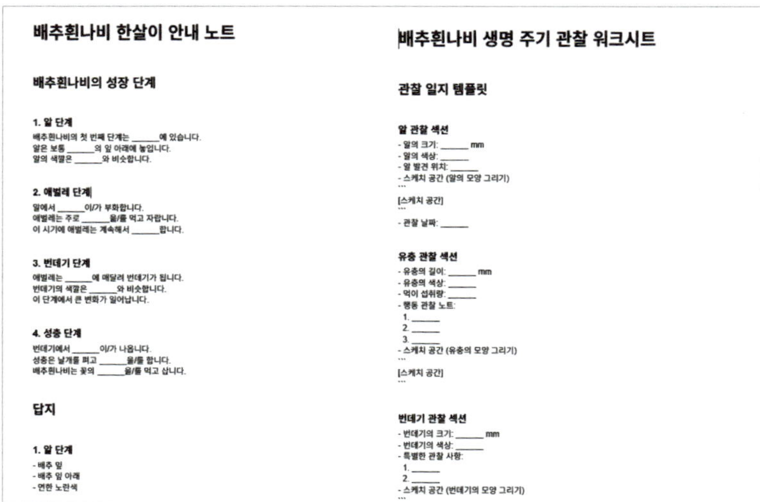


생성된 활동지 예시(안내 노트 및 워크시트)

### 평가 기준표 만들기

루브릭 형태의 평가 기준표를 손쉽게 생성하여 학습 과정을 정교하게 평가 및 피드백할 수 있다. '관찰 기록의 정확성', '관찰 일지 완성도' 등 구체적인 항목을 프롬프트에 포함하면 루브릭이 더 정교해진다.

| 평가 기준 | 매우 우수 (5점) | 우수 (4점) | 보통 (3점) | 개선 필요 (2점) | 매우 미흡 (1점) |
|---|---|---|---|---|---|
| 관찰 기록의 정확성 | 배추흰나비의 모든 성장 단계를 완벽하게 세밀하고 정확하게 기록함 | 대부분의 성장 단계를 정확하게 기록함 | 주요 성장 단계를 대체로 기록함 | 일부 성장 단계만 부정확하게 기록함 | 성장 단계를 거의 기록하지 않음 |
| 그림 및 스케치 | 매우 상세하고 정교한 그림으로 각 단계를 명확하게 표현함 | 세부적이고 이해하기 쉬운 그림을 그림 | 기본적인 그림으로 성장 단계를 표현함 | 간단하고 부정확한 그림을 그림 | 그림을 그리지 않거나 매우 미흡함 |
| 관찰 일지 완성도 | 모든 날짜와 변화를 빠짐없이 상세하게 기록함 | 대부분의 날짜와 중요한 변화를 기록함 | 주요 날짜와 변화를 대체로 기록함 | 몇 가지 날짜와 변화만 기록함 | 거의 기록하지 않음 |
| 과학적 용어 사용 | 모든 성장 단계의 과학적 용어를 완벽하게 사용함 | 대부분의 과학적 용어를 정확하게 사용함 | 기본적인 과학적 용어를 사용함 | 몇 가지 과학적 용어를 부정확하게 사용함 | 과학적 용어를 거의 사용하지 않음 |
| 결론 및 관찰 통찰 | 배추흰나비의 생명 주기에 대해 깊이 있고 창의적인 통찰을 제시함 | 생명 주기에 대한 명확하고 의미 있는 통찰을 제시함 | 기본적인 생명 주기 관찰 결과를 제시함 | 제한적인 통찰을 제시함 | 결론이나 통찰이 거의 없음 |

평가 루브릭 예시

### 구글 슬라이드 만들기

기사, 웹페이지, 유튜브 영상 등을 몇 초 만에 시각 자료 중심의 구글 슬라이드로 변환할 수 있다. 슬라이드 수, 템플릿, 이미지 포함 여부, 학년, 언어 등을 교사가 지정할 수 있다.

### DOK 질문 생성기(DOK Question Creator)

브리스크 티칭에서 제공하는 DOK 질문 생성기는 교사의 수업 자료를 기반으로 학생의 사고 수준에 맞는 질문을 자동 생성해 주는 도구이다. DOK는 Depth of Knowledge의 약어로 지식의 깊이를 의미한다. 이는 노먼 웹Norman Webb이 제시한 개념으로 교육과정 기준, 교육과정 활동, 평가 과제 등이 요구하는 인지적 복잡성을 네 단계로 구분한다.[64]

| DOK 단계 | 사고 수준 | 질문 예시 |
|---|---|---|
| Level 1<br>Recall (재생) | 단순한 사실, 정의, 용어를<br>기억하거나 인출하는 수준 | 물의 세 가지 상태는 무엇일까? |
| Level 2<br>Skill, Concept<br>(기능, 개념) | 비교, 분류, 예시 등<br>기본 개념을 활용하는 수준 | 고체와 액체의 차이점을<br>예로 들어 설명해 볼까? |
| Level 3 Strategic<br>Thinking (전략적 사고) | 이유를 추론하거나 다양한<br>관점에서 해석하는 수준 | 왜 어떤 물질은 상태가<br>쉽게 변하지 않을까? |
| Level 4 Extended<br>Thinking (확장된 사고) | 시간에 걸친 분석, 연구,<br>설계 등 종합적 사고 수준 | 기온 변화에 따른 물의 순환 과정을<br>모델로 설계해 볼까? |

브리스크 티칭의 DOK 질문 생성기는 이 이론을 기반으로 교사가 선택한 자료(문서, 영상, 기사 등)를 분석하여 각 수준에 맞는 질문을 자동으로 만들어 준다. 교사는 DOK 수준별 질문을 수업 흐름에 맞게 배열하여 학생의 사고 깊이를 단계적으로 확장시키는 데 활용할 수 있다.

## 배추흰나비 한살이 깊이 있는 학습 질문

### DOK 1 회상 및 재현

1. 배추흰나비의 생명 주기에는 몇 단계가 있나요?
2. 배추흰나비 애벌레의 주요 먹이는 무엇인가요?
3. 배추흰나비의 각 성장 단계의 이름을 말해보세요.

💡 활동 아이디어: 배추흰나비 생명 주기 순서도 그리기

### DOK 2 기술 및 개념

1. 배추흰나비 애벌레가 어떻게 보호색을 사용하나요?
2. 배추흰나비의 성장 단계에서 어떤 변화가 일어나나요?
3. 배추흰나비는 어떻게 포식자로부터 자신을 보호하나요?

💡 활동 아이디어: 배추흰나비 모형 만들기 및 각 성장 단계 설명하기

### DOK 3 전략적 사고

1. 배추흰나비의 생존에 기후 변화가 어떤 영향을 미칠 수 있나요?
2. 배추흰나비의 생태계에서의 역할은 무엇일까요?
3. 애벌레가 번데기로 변하는 과정에서 일어나는 과학적 변화를 설명해보세요.

💡 활동 아이디어: 배추흰나비 생태계 역할 토론 및 포스터 만들기

### DOK 4 확장된 사고

1. 배추흰나비의 생명 주기와 다른 곤충의 생명 주기를 비교해보세요.
2. 배추흰나비 보호를 위해 우리가 할 수 있는 환경 보존 방법은 무엇일까요?
3. 배추흰나비의 생존에 영향을 미치는 다양한 환경적 요인들을 연구해보세요.

💡 활동 아이디어: 배추흰나비 보존 프로젝트 계획 및 발표하기

DOK 질문 생성 예시

### 팟캐스트

팟캐스트 기능은 교사가 선택한 자료를 AI 음성 해설, 요약 형태의 오디오 콘텐츠로 변환하는 도구이다. 브리스크 티칭이 자료를 요약 및 각색한 뒤 AI 음성으로 녹음된 파일을 생성하며, 이는 구글 드라이브에

저장된다. 예를 들어, 과학 보고서를 팟캐스트로 변환해 '과학 라디오 듣기 후 퀴즈 풀기'로 활용하거나, 도덕 교과에서 감정 동화를 오디오로 제작해 감정 공감 활동에 활용할 수 있다.

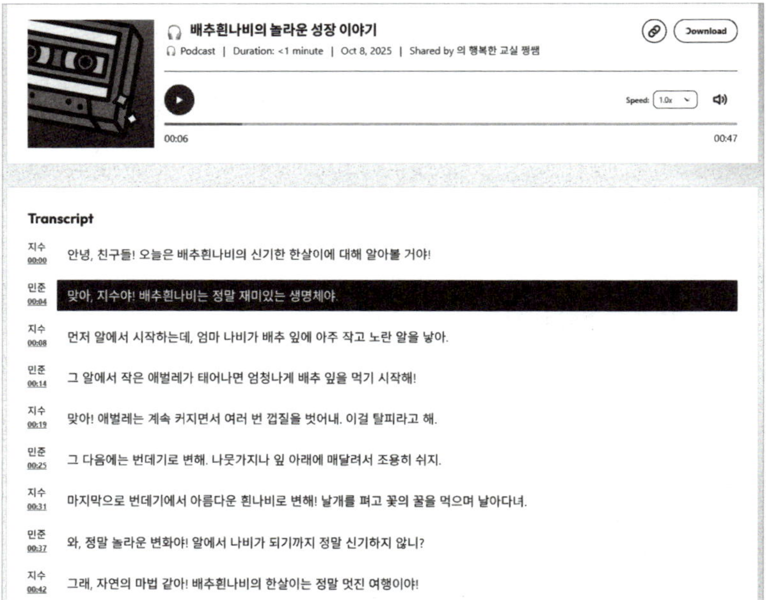

팟캐스트 생성 예시

### 모범 사례 만들기

브리스크 티칭의 모범 사례 기능Exemplar Generator은 교사가 학생에게 좋은 예시를 제시하기 위해 설계된 생성형 AI 도구이다. 이 기능은 학생들이 목표 수행 전에 모델링Modeling을 통해 학습 기준을 시각적으로 이해하도록 돕는다.

이 외에도 브리스크 티칭에는 소식지, 퀴즈 만들기 등 다양한 학습 자료를 손쉽게 제작할 수 있는 기능이 마련되어 있다. 클릭 한 번으로 결과물을 완성할 수 있으니, 여유가 될 때 다른 기능들도 함께 살펴보면 수업 준비에 도움을 받을 수 있다.

## 배추흰나비 한살이 관찰 보고서

### 알 단계 관찰

우리 과학 선생님께서 배추밭에서 배추흰나비의 한살이를 관찰하는 프로젝트를 시작하셨어요. 처음에 나비 엄마가 배추 잎 아래쪽에 작고 노란 알을 낳는 모습을 보았어요. 알은 정말 작아서 연필 끝만큼 크기였고, 밝은 노란색이었어요.

현미경으로 보니 알이 정말 특별해 보였어요. 표면이 매끈매끈하고 동그랗게 생겼는데, 나중에 애벌레가 태어날 준비를 하고 있다는 걸 알게 되었어요.

### 애벌레 성장 과정

며칠 후, 알에서 작고 까만 머리를 가진 초록색 애벌레가 부화했어요. 애벌레는 배추 잎을 먹기 시작했고, 매일 점점 커졌어요. 재미있게도 애벌레는 계속 껍질을 벗으면서 자랐어요.

처음에는 아주 작았는데, 일주일 만에 손가락 마디 정도로 자랐어요. 초록색 몸에 검은 점들이 있어서 위장하는 것 같았어요. 애벌레가 열심히 먹는 모습을 보면서 얼마나 빨리 자라는지 놀랐어요.

### 번데기 변태 과정

애벌레가 충분히 자라면 나뭇가지나 벽에 매달려 번데기로 변했어요. 번데기는 까만색과 연두색이 섞인 특이한 모양이었어요. 처음에는 움직이지 않아서 걱정했는데, 선생님께서 이건 자연스러운 과정이라고 설명해 주셨어요.

### 성체 나비 탄생

며칠 후, 번데기에서 아름다운 흰색 날개를 가진 배추흰나비가 나왔어요. 날개를 펴서 말리는 모습이 너무 신기했어요. 나비는 꽃에서 꽃으로 날아다니며 꿀을 먹고, 다시 알을 낳아 생명 주기를 반복했어요.

### 결론

이 프로젝트를 통해 자연의 놀라운 변화와 생명의 신비를 배웠어요. 배추흰나비가 알 → 애벌레 → 번데기 → 성체 나비로 자라는 과정이 정말 신기했어요. 앞으로도 자연을 더 자세히 관찰하고 싶어요!

모범 사례 생성 예시

## 피드백 기능

브리스크 티칭의 피드백 기능은 구글 문서 안에서 바로 작동하며, 짧은 시간 안에 명확하고 구조화된 피드백을 제공할 수 있다. 브리스크 티칭을 활용하여 할 수 있는 다양한 피드백 방식을 소개한다.

### 장점 및 개선점 피드백 (Glow & Grow)

장점 및 개선점 피드백 기능은 학생 과제의 강점, 성장 영역, 고민할 만한 질문을 남겨 주는 기능이다. 학생이 작성한 구글 문서에 브리스크 아이콘을 누르고 [피드백하기 → 장점 & 개선점 → 프롬프트 입력]을 하면 된다. 피드백은 바로 학생의 글에 삽입할 수 있고, 교사가 수정하여 제공할 수 있다.

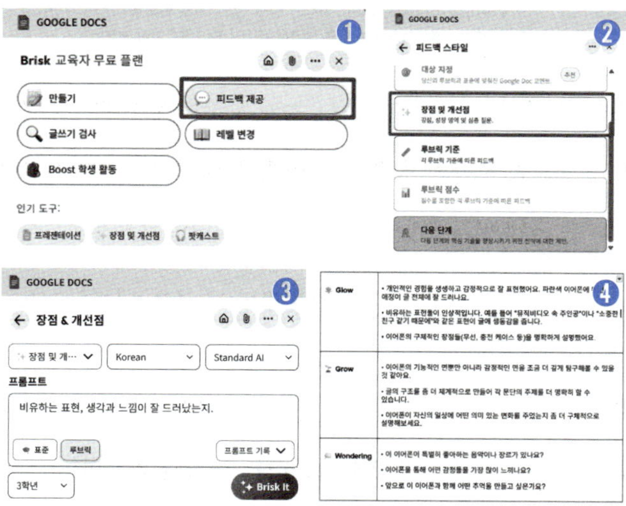

브리스크 티칭 장점 & 개선점 피드백 생성 과정

### 루브릭 기준 피드백 (Rubric Criteria)

루브릭 기준 피드백도 같은 방법으로 작동한다. 장점 및 개선점과의 차이점은 교사가 미리 설정한 평가표의 각 항목을 기반으로 피드백 제공이 가능하다는 점이다. 학생들은 자신의 과제가 평가 기준에 얼마나 부합하는지 보다 명확하게 이해할 수 있다.

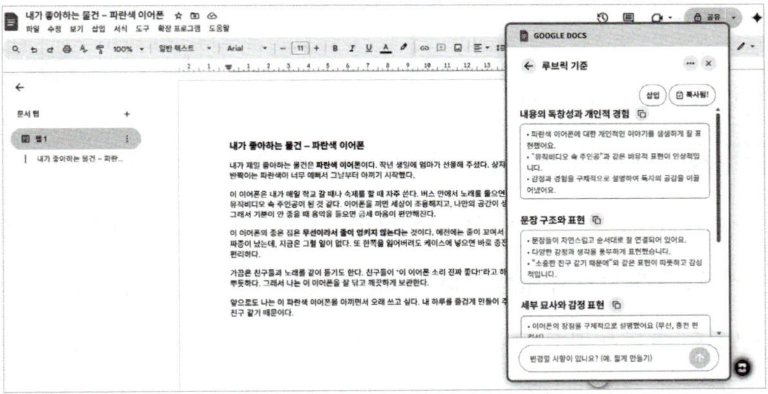

브리스크 티칭 루브릭 기준 피드백 생성 예시

### 다음 단계 피드백 (Next Steps)

학생의 과제 수행 역량을 강화할 수 있는 구체적이고 실행 가능한 전략을 제안하는 피드백이다. 단순히 현상태를 평가하는 것을 넘어, 구체적인 행동 전략과 조언을 제공한다. 예를 들어, "문장 간 연결을 더 매끄럽게 만들기 위해 접속사를 다양하게 사용해 보세요. 다음 글을 작성할 때는 주제문을 먼저 정하고 시작하는 연습을 해 봅시다."와 같이 구체적인 실행 방안을 제안한다. 이러한 피드백은 학생이 다음에 무엇을 해야 할지 방향을 명확하게 제시하여 학습을 촉진할 수 있다.

피드백 스타일 설정 후 프롬프트를 입력하고 [Brisk It]을 선택한다.

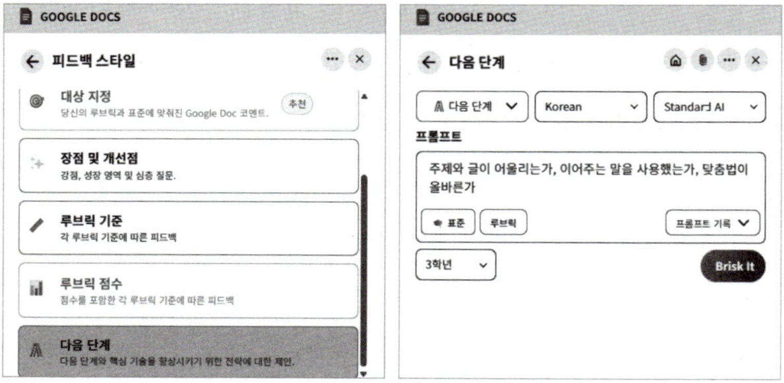

다음 단계 피드백 설정 방법

다음 단계 피드백 생성 예시는 다음과 같다.

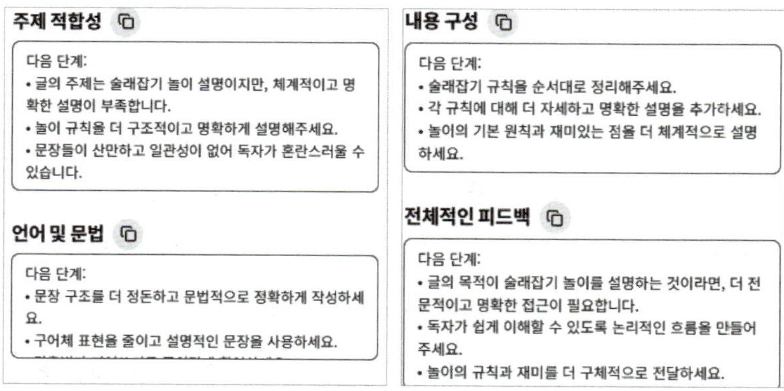

브리스크 티칭 다음 단계 피드백 생성 예시

이 외에도 유료로 결제 시, 맞춤형Targeted 피드백도 제공받을 수 있다. 학생의 과제 내용에 맞춰 구글 문서 등의 특정 부분에 관련성 높은 주석을 달아 주는 피드백이다. 구글 문서 내에 댓글로 평가를 달아 주기 때문에 보다 효율적이다.

### 일괄 피드백

브리스크 티칭은 학생 과제에 대해 장점·성장Glows & Grows, 목표Targeted, 다음 단계Next Steps 형식의 피드백을 한 번에 일괄 제공하는 기능이 있다. 학급 다수를 대상으로 하는 총괄 피드백을 AI로 처리하면 교사의 반복 업무를 줄이고 글쓰기의 목표 정렬에도 도움이 된다. 개별 학생의 구글 문서에서 브리스크 아이콘을 눌러 평가할 수도 있으나, 매번 버튼을 누르는 방식은 비효율적일 수 있다. 전원 대상 피드백이 필요할 때는 일괄 피드백을 우선 적용하고, 이후 필요한 학생에게만 개별 보완 피드백을 추가하는 방식을 권한다. 브리스크 티칭 사이트 내 교사 버전으로 들어가서 학생들이 제출한 설명하는 글쓰기 과제 예시를 활용해 일괄 피드백하는 방법을 알아보자.

브리스크 티칭 사이트(briskteaching.com)

사이트 접속 후 교사 버전으로 들어가서 상단의 [일괄 피드백]을 클릭한다. 이후 학생 과제 가져오기를 하면 되는데 구글 드라이브 또는 구글 클래스룸에서 가져오는 것 모두 가능하다.

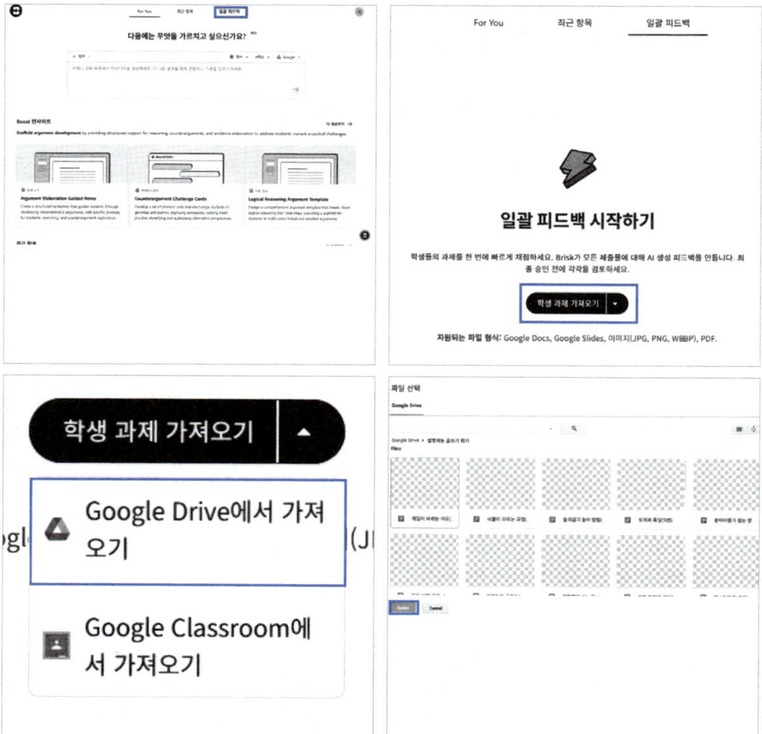


일괄 피드백 학생 과제 가져오기(구글 드라이브)

일괄 피드백 학생 과제 가져오기(구글 클래스룸)

피드백할 과제를 선택한 후, 피드백 스타일을 선택한다. 프롬프트를 알맞게 작성하고 학년 및 한국어를 클릭 후 [과제 생성] 버튼을 클릭한다.

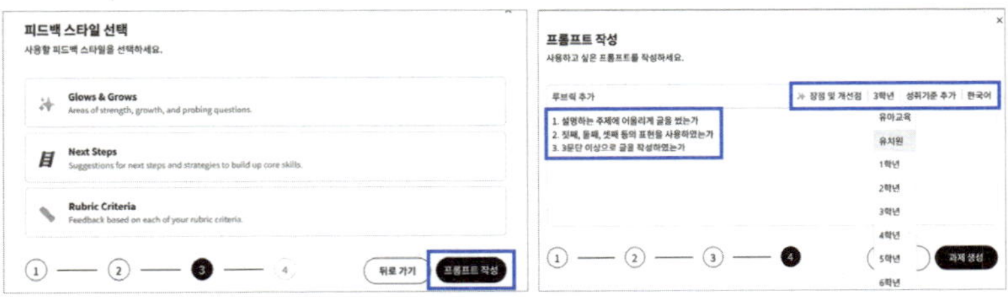


피드백 스타일 선택 및 프롬프트 작성

피드백 사항을 수정하고 싶을 때, [초점 편집]을 클릭하면 피드백 유형 및 프롬프트 등을 수정하여 피드백을 다시 진행할 수 있다.

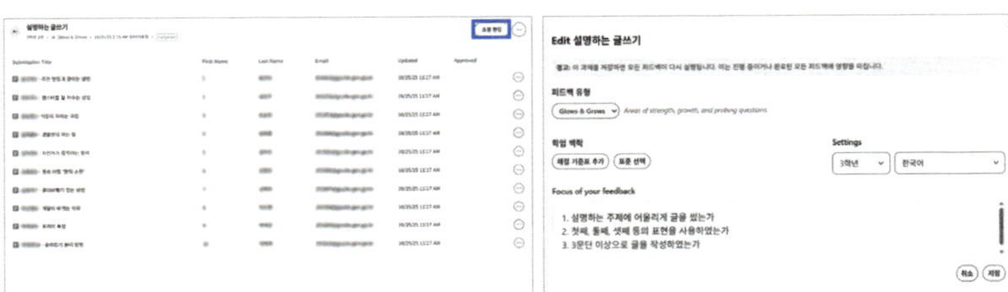


일괄 피드백 생성 화면 및 초점 편집 화면

개별 학생 파일을 선택하면 우측에 피드백이 생성된다. 피드백 입력 창을 통해 학생이 작성한 구글 문서에 피드백을 삽입할 수 있다.

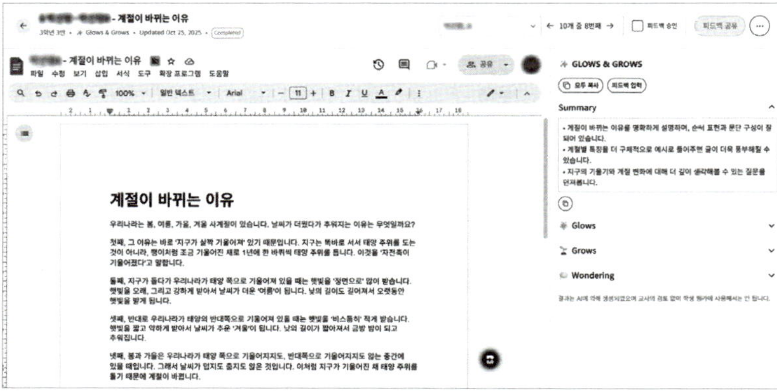


일괄 피드백 기능 활용 - 학생 개별 화면

생성된 피드백을 교사가 클릭하면 수정하거나 추가할 수 있다.

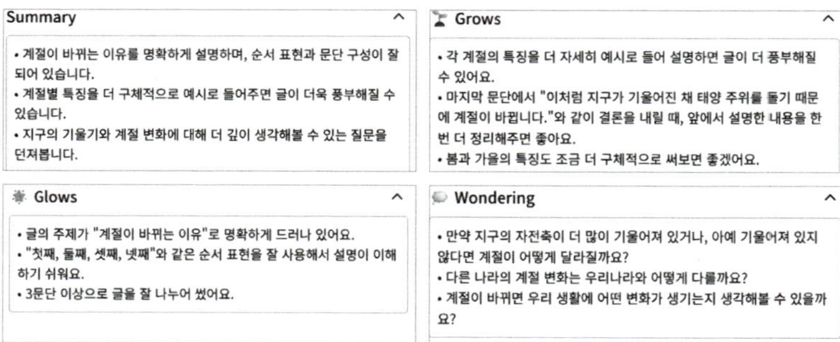


피드백 상세 내용

## 글쓰기 검사 기능

글쓰기 검사는 학생이 글을 쓸 때 수행한 모든 과정을 시간 순서대로 재생playback해 주는 기능이다. 단순히 결과물(완성된 글)을 보는 것이 아니라, 언제 어떤 문장을 추가했는지, 어떤 부분을 지웠는지, 어떤 문장을 복사해 붙여 넣었는지, 수정이 얼마나 이루어졌는지 등을 영상처럼 모두 되돌려 볼 수 있다. 이는 교사가 학생의 글쓰기 과정을 타임라인으로 확인할 수 있어, 학생의 사고 흐름과 전략적 선택을 파악하고 부족한 점을 파악하는 데 도움이 된다. 쓰기 과정을 돌려 볼 수 있는 것뿐만 아니라 붙여넣기 및 수정 횟수, 글을 작성한 시간을 확인하는 기능도 제공해 학생의 부정행위를 예방하는 효과적인 장치로 작동된다.

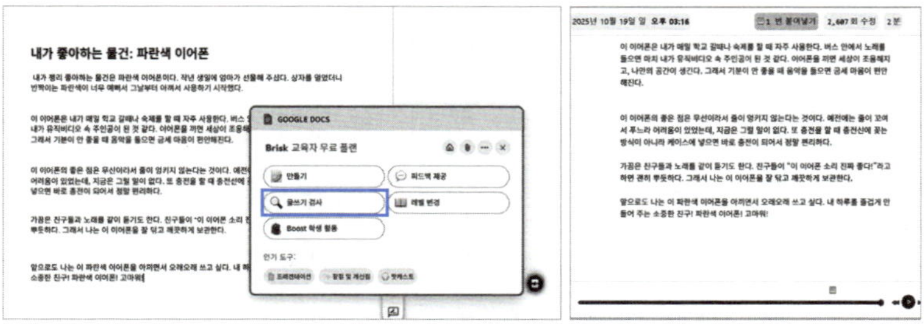


브리스크 티칭 글쓰기 검사 활성화 및 검사 결과 확인 예시

## 레벨 변경 기능

레벨 변경 기능은 동일 자료를 학년과 읽기 수준에 맞춰 난이도를 조정하고, 다국어 번역본을 함께 제공해 개별화와 협력학습을 뒷받침한다. 이 기능을 사용하려면 우선 레벨을 변경하고 싶은 자료에 접속한 후

에 오른쪽 하단 브리스크 버튼을 클릭하고 레벨 변경을 클릭하면 된다. 레벨과 언어를 선택한 후 읽기 레벨을 누르면 변경된 레벨의 자료를 구글 문서에서 확인할 수 있다. 아래는 신문 기사를 활용한 예시이다.

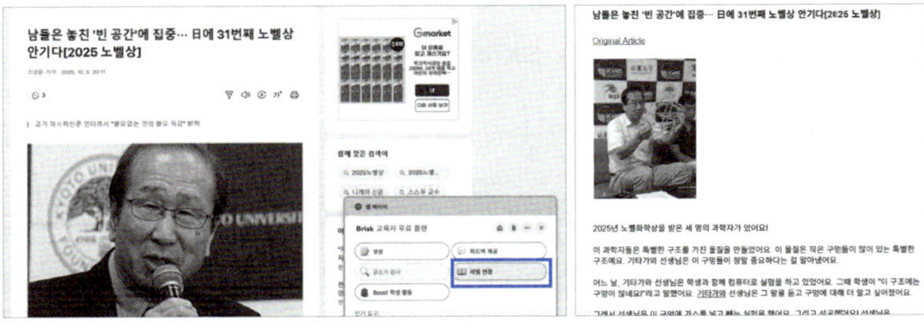

브리스크티칭 글쓰기 레벨 변경 과정 및 결과

## 브리스크 티칭 핵심 기능: 부스트(Boost) 학생 활동

브리스크 티칭의 핵심 기능은 부스트 학생 활동이다. 부스트 활동은 정적인 자료를 생생한 학습경험으로 바꾸는 힘이 있다. 디지털 수업이 일상화되면서 교실에는 수많은 온라인 자료가 넘쳐 나고 있다. 문서, 영상, 슬라이드, 웹 기사 등은 언제든 꺼내 쓸 수 있는 편리한 자료이지만, 그것이 그저 소비되는 정보로 머무를지 아니면 학생이 사고하고 대화하며 확장하는 학습의 장이 될지에 따라 수업의 질은 달라진다.

브리스크 티칭의 부스트 활동 기능은 바로 이 지점에서 교실의 변화를 일으킨다. 교사가 이미 가지고 있는 문서나 영상 자료 위에 AI 기반의 대화형 튜터를 덧입혀, 학생이 단순히 읽고 듣는 데서 멈추지 않고 AI와 질문하고 토론하며 피드백을 받는 과정으로 나아가도록 돕는 기능이다. 즉 정적인 자료를 사고가 살아 있는 상호작용 학습경험으로 전환시키는 것이다.

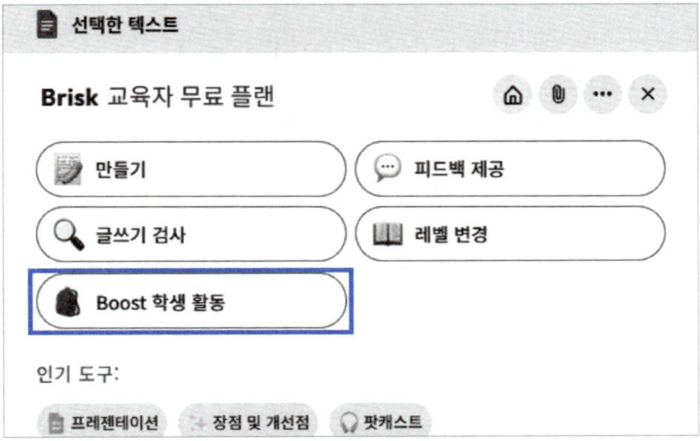


브리스크 티칭 부스트 학생 활동 활성화 창

부스트 활동은 읽기 후 질문을 주고받는 수준을 뛰어넘어 학생의 사고를 확장하고 표현을 유도하는 여러 활동을 제공한다.

부스트 활동 아이디어 종류 9가지

부스트 활동은 단순히 학생 활동을 자동화하는 기능이 아니다. 교사는 학생이 어떤 질문을 던지고 어떤 응답을 했는지, 사고의 흐름을 모니터링할 수 있다. 이를 통해 학생의 사고 과정과 개념 이해 수준을 한눈에 파악하고, 이후 어떤 부분을 더 깊이 다루어야 할지 수업을 설계할 수 있다. 또한 학생의 개별 수준에 맞춰 AI가 피드백을 제공하기 때문에 교사는 보다 섬세하고 깊이 있는 학습 코칭에 집중할 수 있다.

다음은 한글날 관련 영상에서 부스트 기능 중 캐릭터 채팅을 활용하여 학생들이 관련 내용을 이해하고, 세종대왕 AI와 이야기 나누는 수업 사례이다. 이 장면을 통해 부스트 학생 활동을 제작하고 활용하는 과정과 모니터링 장면을 살펴보고자 한다.

### 부스트 학생 활동 활성화 및 편집

한글날과 관련된 유튜브 영상 우측 하단의 브리스크 버튼을 클릭한 후 [이 Youtube 비디오에 생성]을 클릭한다.

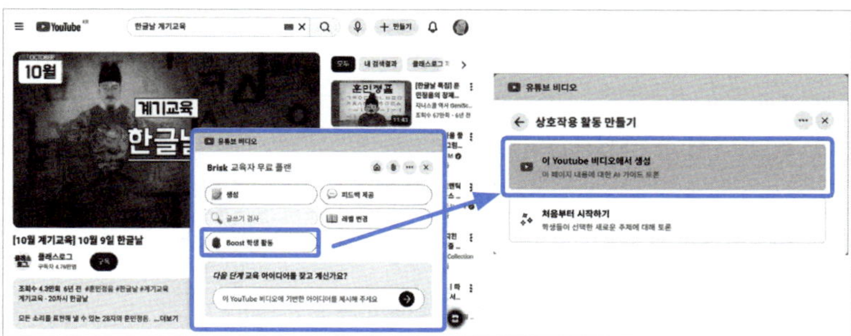

브리스크 티칭 부스트(캐릭터 채팅) 활성화 창

상호작용 활동 만들기 활성화 창이 나오면, 수업 주제를 추가하고 저장을 클릭한다. 언어 및 학년을 선택하고 활동 아이디어를 수업 주제에 맞게 선택한 후 [계속] 버튼을 클릭한다.

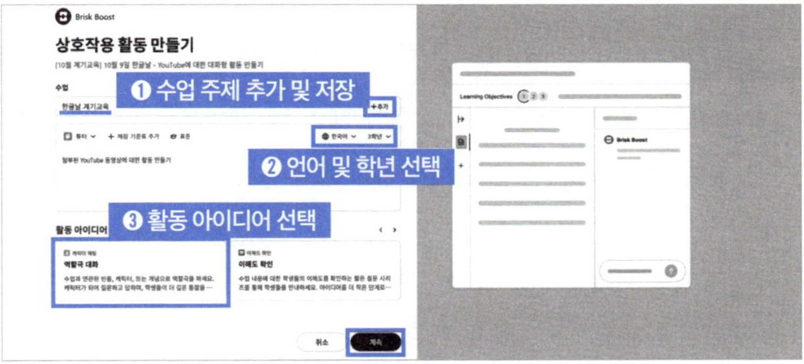

부스트 상호작용 활동 만들기 활성화 창

활동 사용자 지정 화면에서는 '학습목표, AI 가드레일, 스캐폴딩' 세 가지를 설정할 수 있다. 이때 기본 문안은 AI가 먼저 작성해 주고, 교사가 이를 상황에 맞게 수정·보완하여 활용하면 편리하다.

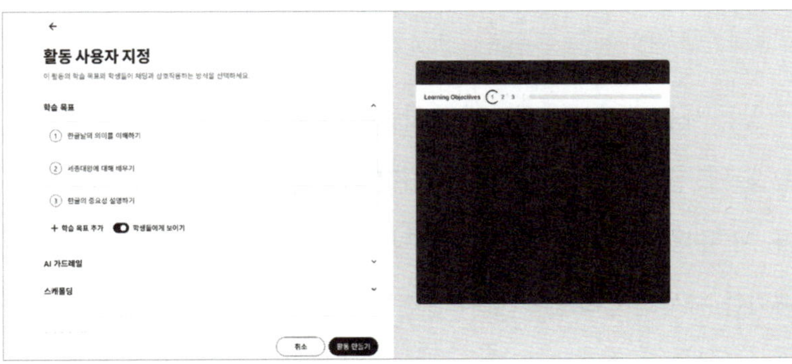

부스트 활동 사용자 지정 활성화 창

◐ 학습목표: 학생들이 수업 후에 성취해야 할 내용을 제시하는 영역이다. 목표는 여러 개를 추가할 수 있으며, 이를 학생 화면에 노출할지 여부는 교사가 선택할 수 있다.

◐ AI 가드레일: 학생이 챗봇과 대화할 때 지켜야 할 범위와 방식(주제, 어투, 금지 내용 등)을 미리 정해 두는 기능이다.

◐ 스캐폴딩: 학생이 어려움을 겪을 때 어떤 방식으로 힌트를 줄지(질문, 예시, 단계별 안내 등)를 미리 설계해 두는 것이다.

브리스크 티칭 부스트 교사 설정 화면

활동 사용자 지정이 완료되면 학습활동에 대한 설정 화면이 나온다. 학습목표 및 활동 가이드라인은 편집 버튼을 클릭하여 수정이 가능하다. AI 튜터는 기본적으로 프롬프팅이 잘되어 있지만 AI 튜터와 직접 대화를 나누면서 보완할 점이 발견된다면 활동 가이드라인에서 프롬프트를 수정할 수 있다.

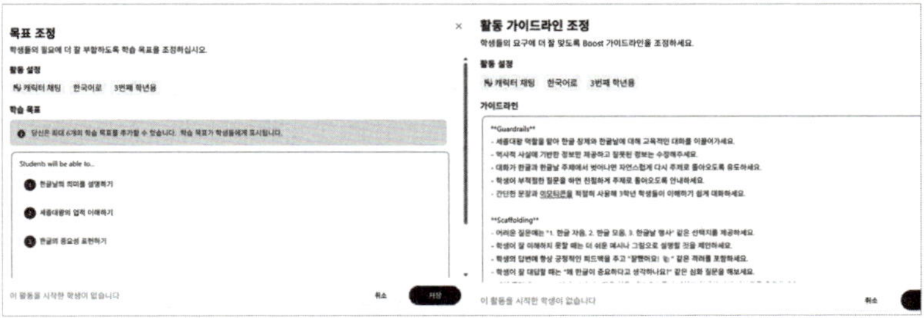


부스트 활동 편집: 목표 및 활동 가이드라인 조정

## 학생 공유 및 모니터링

학생에게 공유할 때는 [공유 → 학생들과 활동 공유하기]를 클릭한 후 코드 또는 QR로 공유할 수 있다.

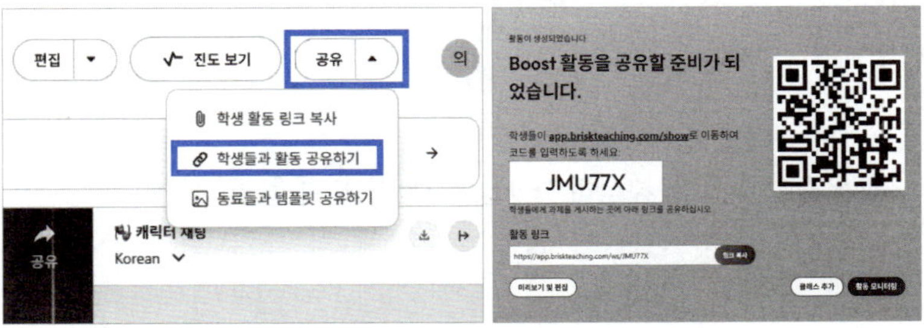


브리스크 티칭 부스트 학생 활동: 학생 공유 방법

코드를 입력할 때는 학생들이 브리스크 티칭 사이트에서 학생 모드로 접속해야 한다. 사이트에 접속하고 코드를 타자로 입력하는 것이 번거롭기 때문에 QR코드를 스캔하도록 하거나 LMS를 통해 링크를 제공하는 것이 간편하다.

학생들이 브리스크 티칭의 부스트 활동을 처음 경험하는 경우 교사 화면에 나타난 모의 화면에서 부스트 활동 방법을 학생 입장에서 설명한다. [가자] 를 클릭해야 AI 튜터와 상호작용이 시작된다.

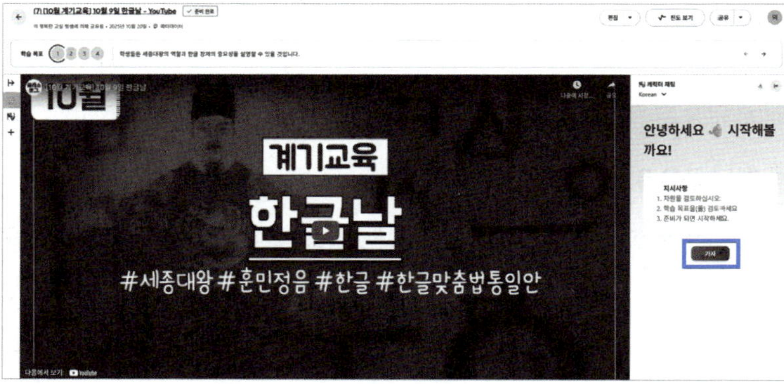


브리스크 티칭 부스트 학생 활동: 교사 모의 화면

학생들이 활동을 시작하면, [진도 보기] 버튼을 클릭하여 학성들의 활동 진행 상황을 확인할 수 있다.

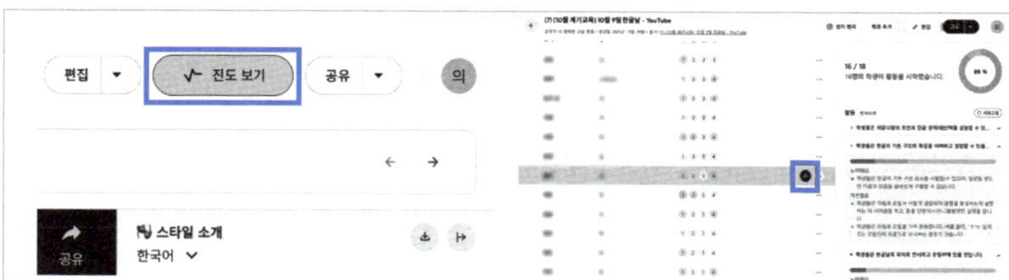


브리스크 티칭 부스트 학생 활동: 진도 보기

진도 보기 창에서는 일목요연하게 정리된 학생들의 진행 상황, 학생별 채팅 내용, 활동 인사이트 등을 쉽게 확인할 수 있다. 특히 학생들의 채팅 과정을 실시간으로 모니터링할 수 있다는 것이 가장 큰 장점이다. 학생 이름 옆의 [눈 모양]을 클릭하면 학생이 대화한 내용과 학습목표 도달도를 개별적으로 확인할 수 있다.

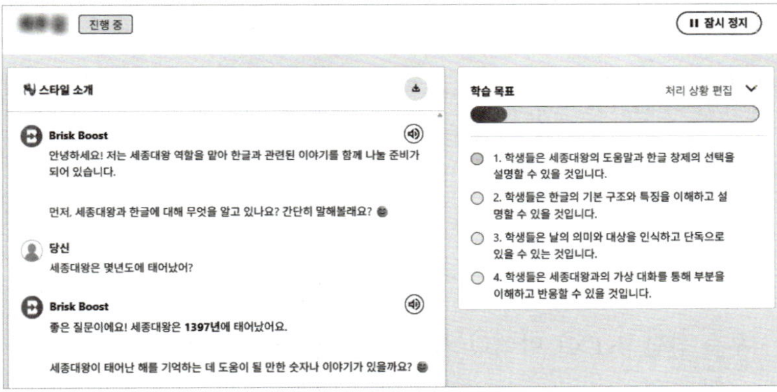

진도 보기: 학생 개별 채팅 내용 확인하기

채팅창에서 학습활동에 제대로 참여하지 않은 학생은 빨간색 느낌표 아이콘이 뜬다. 해당 학생의 채팅을 살펴 활동을 피드백할 수 있다.

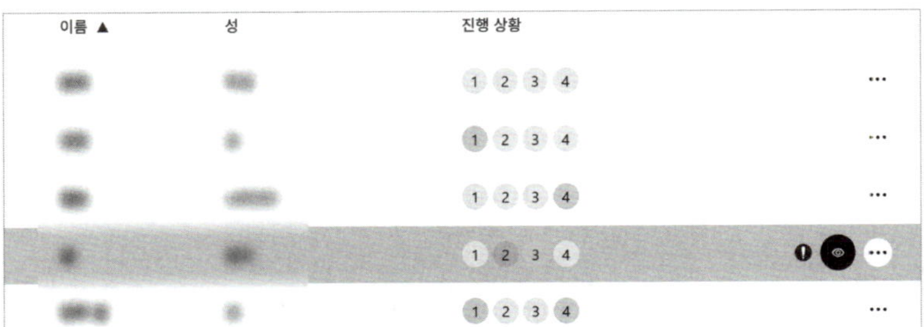

학생 진행 상황 확인: 경고

우측에는 학생들의 활동 현황 및 학습목표별 학생들의 도달 정도를 파악할 수 있다. 이를 통해 교사는 학생들의 학습목표 이해도를 확인하고 학생들에게 섬세한 피드백을 제공하며 다음 수업을 준비할 수 있다.

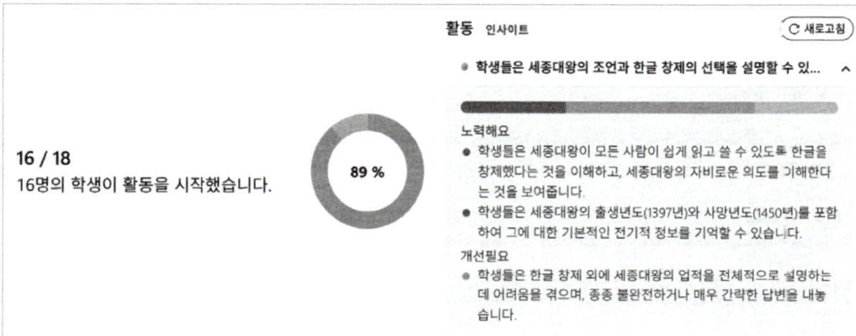


학생 활동 인사이트

우측 상단 [NEXT 아이디어] 버튼을 클릭하면 이번 수업 활동과 관련된 후속 활동 아이디어를 제공한다. 세종대왕 역사적 개요, 한글 기원 팟캐스트 대본 등 다양한 활동을 제시하여 교사의 수업 구상을 돕는다. 현재는 베타버전으로 제공되어 추후, 수정 반영될 수 있다.

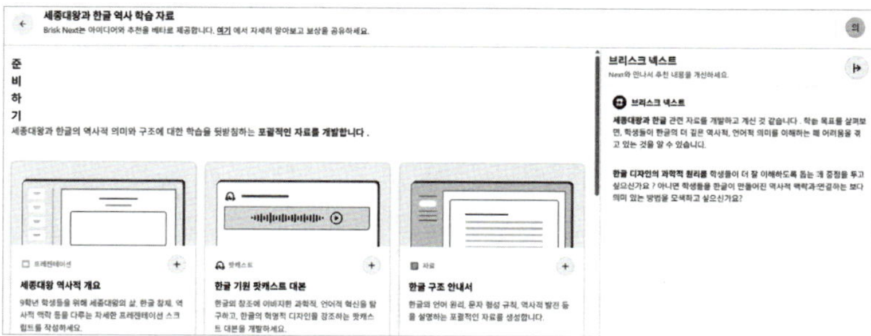


넥스트 아이디어 활성화 창(베타버전)

# 사고력을 촉진하는 수업 사례

브리스크 티칭을 활용해 학생들의 사고력을 촉진하는 수업 사례를 소개한다. 이 사례가 AI를 활용하여 사고력을 기르는, 창의적이고 내실화 있는 수업에 대한 선생님의 영감을 자극하기를 바란다.

## 토론 및 논설문 작성 수업

앞서 학생들의 사고력을 기르는 데 토론과 논설문 작성 수업이 효과적인 수업이 될 수 있음을 소개했다. 여기에서 제안하는 사고력 함양을 위한 AI·디지털 활용 수업 루틴을 적용할 경우, 3단계에 해당하는 'AI와의 비판적 소통' 과정을 브리스크 티칭의 부스트 학생 활동을 통해 생성한 AI 튜터로 효과적으로 지원할 수 있다.

① 1단계: 학생의 사고 우선하기
② 2단계: 인간-인간의 협력을 통한 사고의 확장
**③ 3단계: AI와의 비판적 소통 -> 브리스크 티칭 '부스트 학생 활동' 활용**
④ 4단계: 인간-인간 소통을 통한 종합과 재구성
⑤ 5단계: 성찰을 통한 내면화

AI·디지털 활용 수업 루틴

### AI 튜터 생성하기: 토론 파트너, 글쓰기 코치

3단계의 과정을 구현하기 위해서는 토론 파트너와 글쓰기 코치의 역할을 수행할 AI 튜터를 제공해야 한다. 브리스크 티칭 부스트 학생 활동에서 토론 파트너를 생성하기 위해서는 기반이 될 디지털자료(웹 기사, 유튜브 영상, 교사가 작성한 구글 문서 등)가 필요하다. 학생들이 집중해야 할 텍스트가 명확하고 수업 분위기를 흐트러뜨릴 염려가 적은 신문 기사나 교사가 직접 작성한 구글 문서를 활용하는 방법도 좋다.

디지털자료를 기반으로 AI 튜터를 생성한 후에는 교사가 자신의 교육적 의도에 맞게 학습목표와 활동 가이드라인을 수정하는 과정이 필요하다. 학습목표는 교사가 구상한 평가 기준에 맞추어 기본값을 수정하고, AI의 역할(프롬프트)은 교사가 직접 몇 차례 대화를 나눠 보며 부족한 부분을 보완하는 것이 좋다. 이때 프롬프트를 수정하는 가장 좋은 방법은 자신의 아이디어를 AI에게 직접 요청하는 것이다. 예를 들어,

"내가 ~한 역할을 수행하는 AI 튜터를 만들려고 하는데, 이 역할이 잘 작동할 수 있도록 프롬프트를 수정해 줘."라고 요청하는 식이다.

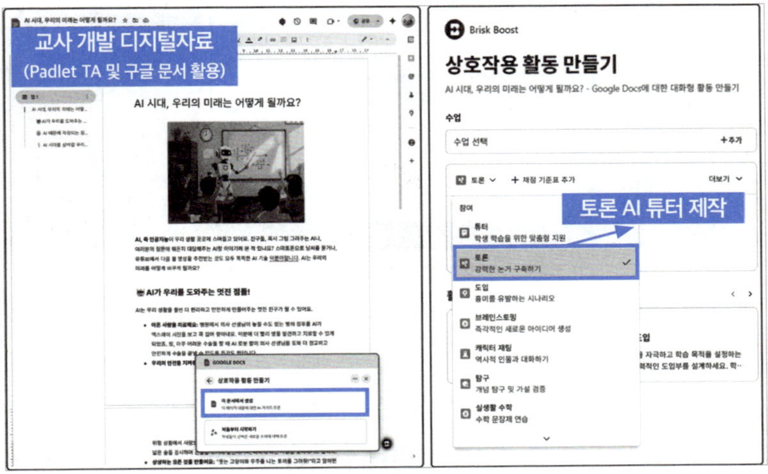

토론 AI 튜터 제작(교사 개발 디지털자료 활용)

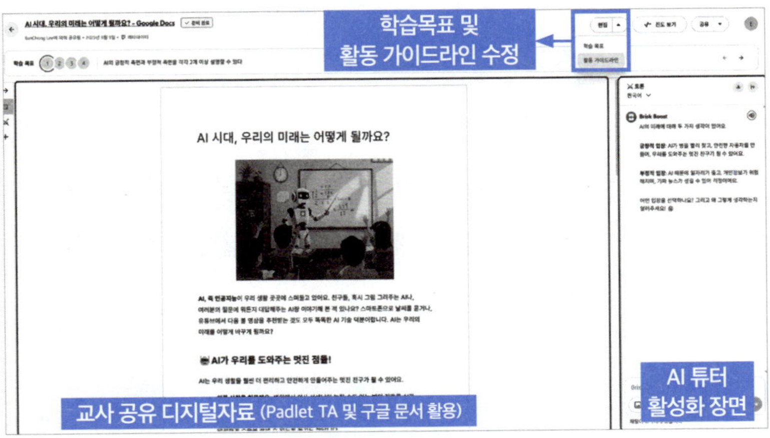

부스트 활동 AI 튜터 활성화 화면

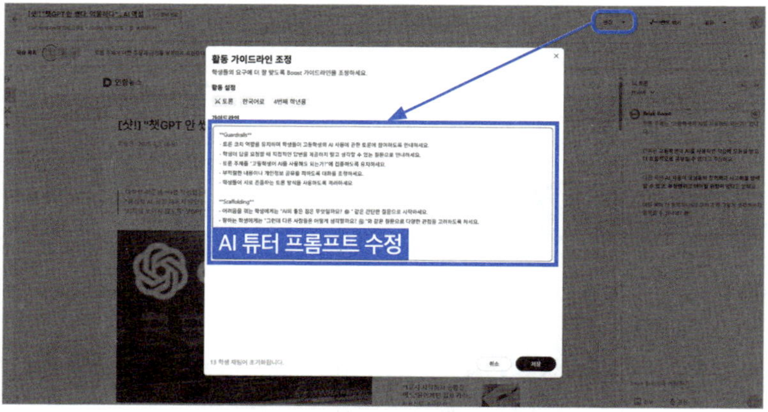


AI 튜터 프롬프트 수정(신문 활용 제작 사례)

이렇게 완성된 AI 튜터와 학생들이 소통하는 동안, 교사는 대시보드를 통해 학생들이 학습목표를 얼마나 달성하고 있는지, 그리고 구체적으로 어떤 대화를 나누고 있는지를 실시간으로 모니터링할 수 있다. 목표 도달 상황을 확인하며 어떤 학생이 어려움을 겪는지, 혹은 빠르게 나아가고 있는지를 즉각적으로 파악하고 개입할 수 있다. 다만 학습목표에 대한 질적 평가가 아직 정확하지 않아, 학생들의 실제 채팅 과정을 모니터링하면서 점검할 필요가 있다. 교사가 모니터링하고 있음을 인지하는 것만으로도 학생들이 대화에 훨씬 더 집중하고 최선을 다하려는 태도를 보이는 부가적인 효과도 있다.

대시보드(학습목표, 활동, 채팅 모니터링)

기본적으로 제공되는 토론 프롬프트는 학생들의 사고 수준과 깊이를 더하도록 설계되어 있다. 학생의 초기 입장과 의견을 물어본 후 더 구체적인 근거와 설명을 요구하며, 한쪽 입장에 대한 논의가 끝나면 반대쪽 입장도 균형 있게 고민하도록 유도한다. 학생들이 AI에 사고를 위임하는 것이 아니라, 더 깊이 있는 생각으로 파고들도록 AI가 끈질기게 지원하므로 토론이 끝난 후 '머리가 아프다'고 소감을 말하는 학생들이 많다. 이는 학습 과정에서 바람직한 어려움이 성공적으로 구현되었음을 보여 주는 장면이기에, 교사로서는 가장 기대하는 반응이라 할 수 있다.

글쓰기 코치를 제공하기 위해서는 구글 문서가 필요하다. 학생들이 글을 작성하다가 실수로 안내 사항을 삭제하는 것을 방지하기 위해, 글쓰기 과제에 대한 안내문을 텍스트가 아닌 이미지 형식으로 문서에 삽입해 두는 것이 좋다. 이렇게 준비된 구글 문서를 기반으로 부스트 활동에서 글쓰기 코치를 생성하면, 각 학생은 글쓰기 AI 튜터를 활용할 수 있는 자신만의 사본 문서를 제공받는다.

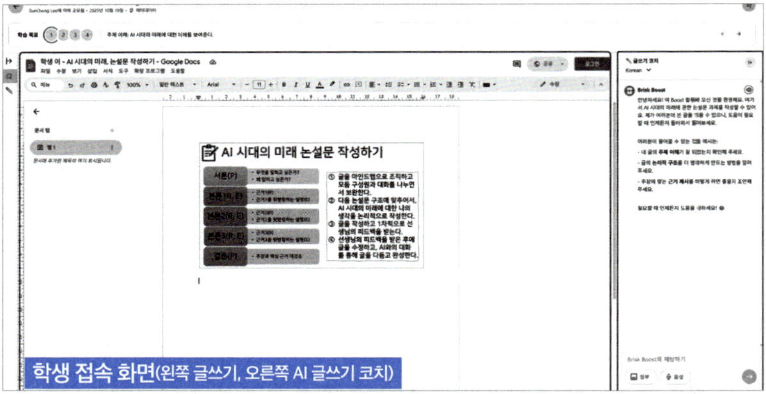


AI 글쓰기 접속 화면

글쓰기 코치가 효과적인 이유는 명확하다. 첫째, 글을 쓰다가 막히는 지점에서 학생은 AI와의 대화를 통해 즉각적인 도움을 받을 수 있다. 둘째, 프롬프트가 정교하게 설계되어 있어서 AI가 글을 대신 써 주는 부정행위를 효과적으로 예방한다. 마지막으로 교사가 모든 과정을 모니터링하고 있음을 학생들도 알기에, 과제 대필과 같은 부정행위를 시도하려는 심리적 동기 자체를 차단하는 효과가 있다.

### AI 튜터 활용 수업 사례: 토론 및 논설문 쓰기

이번에는 앞서 소개한 AI 튜터 제작 방법을 실제 수업에 적용한 구체적인 사례를 소개한다. 이 수업은 토론에서 논설문 쓰기로 자연스럽게 연결되며, 토론을 통해 생성된 생각을 논설문이라는 형식으로 제련製鍊하는 과정에 초점을 맞추었다. 즉 논설문의 형식적 측면보다는 학생들의 사고를 정교화하고 심화시키는 데 더 중점을 둔 것이다. 이 모든 과정에서 브리스크 티칭의 부스트 학생 활동으로 생성된 AI 튜터는 학생들의 사고 파트너이자 코치로서 핵심적인 역할을 수행했다.

수업의 소재는 'AI 의사는 필요한가?'라는 주제였다. 의사라는 직업은 불확실한 시대에 많은 학생이 선망하지만, AI가 인간 의사보다 더 뛰어난 진단 능력을 보여 주는 사례가 등장하면서 그 미래에 대한 근본적인 질문이 제기되고 있다. 'AI 의사'라는 주제는 학생들의 관심이 높고 참고할 자료도 풍부하여, 토론과 논설문 쓰기로 연계하기에 적절하다. 수업은 이 책에서 일관되게 강조해 온 사고력 함양을 위한 'AI·디지털 활용 수업 루틴'의 5단계를 충실히 따르며 진행되었다.

① 1단계 (학생의 사고 우선하기): 먼저 AI가 인간 의사보다 더 뛰어난 진단 능력을 보여 주었다는 실제 사례로 학생들의 호기심을 유발한다. 그 후 'AI 의사는 필요한가?'라는 논제를 제시하고, 학생 개개인이 스스로 찬성과 반대 양측의 입장과 근거를 모두 작성하도록 하여 충분한 개인적 사고 시간을 보장한다.

② 2단계 (인간-인간 협력을 통한 사고의 확장): 자신의 생각을 바탕으로 동료 및 모둠원들과 토론하며 주장을 공유하고 근거를 발전시킨다. 이 과정에서 학생들은 자신의 논리를 정교화하고 다양한 관점을 접한다.

③ 3단계 (AI와의 비판적 소통): AI 튜터(토론 파트너)를 제공하여, 관련된 신문 기사를 함께 읽고 AI와 일대일로 소통하도록 한다.

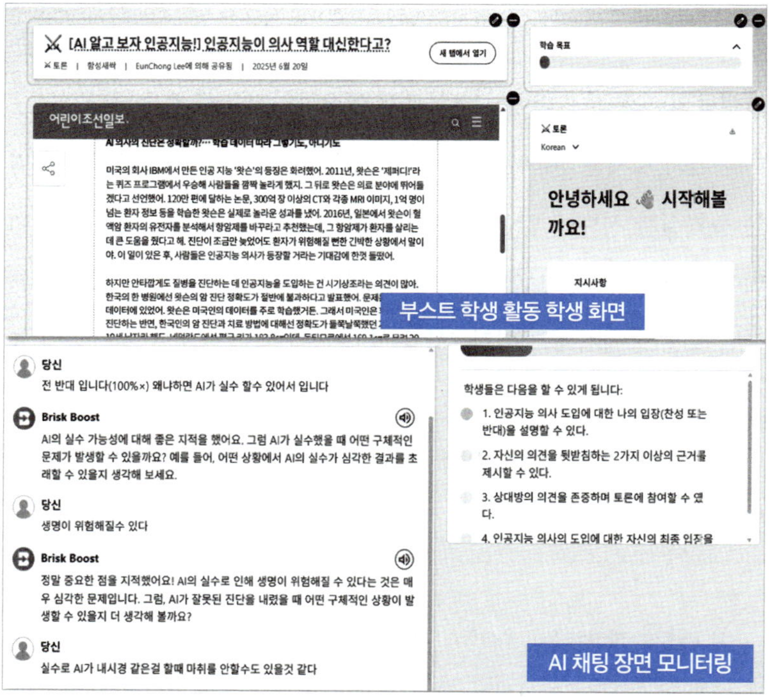

AI 튜터 학생 화면 및 채팅 장면

④ 4단계 (인간-인간 소통을 통한 종합과 재구성): AI와의 개별 소통 이후, 학급 전체가 참여하는 가치 수직선 토론을 통해 AI 의사에 대한 자신의 최종 입장을 공유하고 전체의 생각을 종합한다. 인간-인간, 인간-AI와의 대화를 통해 지적 고투를 거친 학생들의 사고 수준은 이전 단계에 비해 한층 깊어진다.

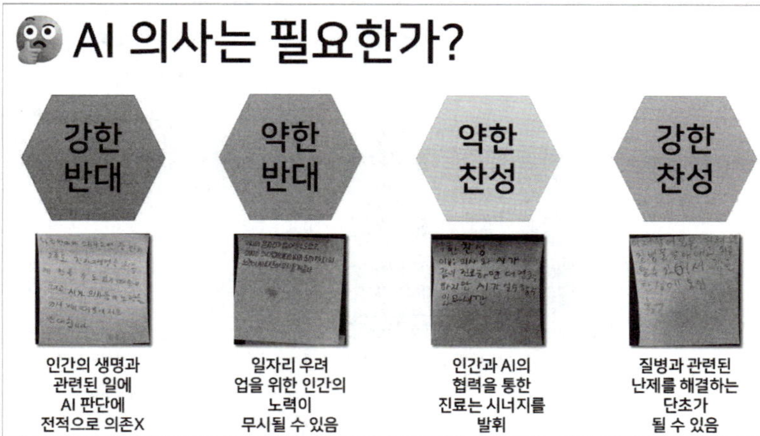


토론 논제에 대한 학생들 생각 예시

⑤ 5단계 (성찰을 통한 내면화): 5단계는 단순한 성찰을 넘어, 토론 과정을 통해 깊어진 생각을 논설문으로 써 보며 내면화하는 과정이다. 여기서 중요한 점은 이 논설문 쓰기 과정 자체가 다시 한 번 작은 규모의 '수업 루틴'을 따른다는 것이다.

- **학생의 사고 우선하기:** 학생들은 AI의 도움 없이, 먼저 자신의 힘으로 글의 구조를 짜고 초고를 직접 손으로 작성한다.
- **인간-인간 협력:** 작성한 초고를 바탕으로 동료 및 교사에게 피드백을 받으며 글의 논리적 허점을 보완하고 생각을 가다듬는다.
- **AI와의 비판적 소통:** 인간의 피드백을 통해 1차 수정을 거친 후에야 비로소 AI 튜터(글쓰기 코치)를 활용하여 문장과 표현을 다듬는 과정을 거친다.

논설문 쓰기 수업 과정

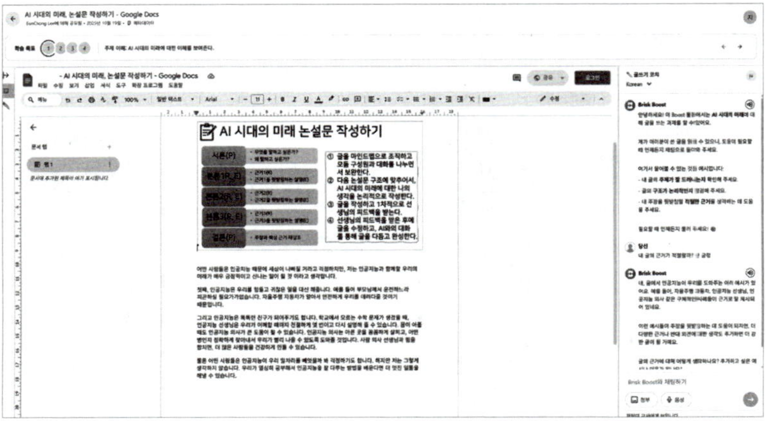


논설문 쓰기 학생 활동 장면 예시

이처럼 글쓰기 과정에 수업 루틴을 다시 한 번 적용하는 설계는 학생들이 처음부터 AI에 의존하여 사고의 과정을 외주화하는 것을 방지한다. 학생들은 자신의 생각을 먼저 세우고 인간과의 소통을 통해 생각의 뼈대를 다진 후, 마지막 단계에서 자신의 글을 더 날카롭고 정교하게 만드는 도구로써 AI를 활용하게 된다. 이는 이 책이 궁극적으로 지향하는 학생 주도성 아래 AI를 활용하는 교육철학을 실현하는 과정이라 할 수 있다.

# 4 상상력과 창의력으로 만나는 바이브 코딩Vibe Coding

인공지능 기술은 코딩이라는 전문 지식 영역에서 유독 두각을 나타내고 있다. 한때 많은 프로그래머의 몸값이 천정부지로 치솟던 시절이 있었으나, 오늘날 AI는 그 전문직의 문턱을 빠르게 허물어뜨리고 있다. 2025년 8월 스탠퍼드대학교Standford University에서 발표된 연구에 따르면, 소프트웨어 개발자 고용률은 2022년 말 정점을 찍은 이후 2025년 빠르게 감소했다. 특히 22세에서 25세 사이 신규 경력자들의 고용률은 20% 가까이 하락했는데,[65] 이는 신규 개발자들이 주로 담당하는 정형화된 기본적인 코드 작성에 있어서는 AI가 인간 노동을 빠르게 대체하고 있음을 보여 준다. 2022년 말, 소프트웨어 개발자 고용률이 정점을 찍고 하락하기 시작한 시기는 챗GPT 확산 시점과 일치한다.

이러한 개발자 고용 감소 현상은 AI가 현업에도 활용될 수 있을 만큼 높은 수준의 코딩을 해내고 있다는 뜻이다. 그런데 AI는 전문 개발자의 생산성을 높이는 것을 넘어, 코딩을 전혀 할 줄 모르는 일반인들조차 쉽게 프로그램을 만드는 장을 열어 주었다. 이렇게 등장한 것이 바로 '바이브 코딩'이다.

## 바이브 코딩의 의미

바이브 코딩은 테슬라의 오토파일럿 기술 분야의 책임자를 역임한 저명한 컴퓨터과학자 안드레 카파시Andrej Karpathy가 명명한 새로운 프로그래밍 패러다임이다. 이는 엄격한 문법에 따라 코드를 한 줄씩 작성하는 대신, 창작자의 직관과 의도를 중시하며 AI 에이전트와 자연어로 소통하며 원하는 기능을 구현하는 개발 방식을 뜻한다. 예를 들어 "5*5 형태의 디지털 빙고 판을 만들어 줘."라는 간단한 명령만 내려도 AI가 그 의도를 파악해 코드를 생성하고 실행 가능한 결과물을 제시한다. 창작자는 만들어진 결과물을 확인하고 버튼 색깔을 바꾸거나 내용을 수정해 달라고 요청하는 방식으로 지속적인 피드백과 개선을 거치며 소프트웨어를 완성한다. AI가 기술적 구현의 상당 부분을 담당하게 되면서, 인간 개발자는 복잡한 프로그램언어에 대한 부담을 덜고 '무엇을 만들 것인가'와 '어떻게 기능할 것인가'라는 본질적인 목적에 집중할 수 있게 되었다.

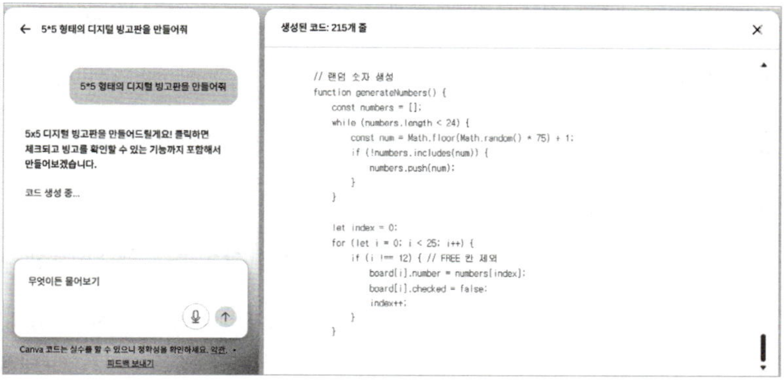


캔바 코드를 활용한 바이브 코딩 모습

실행 가능한 프로그램으로 제작된 모습

## 코딩교육의 이상과 현장의 딜레마

지난 30여 년간 컴퓨터교육은 기술과 사회의 변화에 발맞추어 끊임없이 진화해 왔다. 단순한 컴퓨터활용능력 교육에서 출발하여, 논리적 사고와 문제 해결 능력을 함양하는 소프트웨어 및 코딩교육으로 그 무게중심을 옮겨 왔다. 학교교육에서 코딩교육의 핵심 목표는 프로그래머 양성이 아니었다. 그보다는 논리적 문제 해결 능력, 창의적 사고력 등을 함양하도록 돕는 데 있었다. 이를 위해 '블록 코딩'이나 '피지컬 컴퓨팅' 도구를 활용해 진입 장벽을 낮추고 그 원리를 쉽게 가르치고자 노력해 왔다. 그러나 문제 해결 능력, 창의성 신장이라는 높은 이상과 달리, 교육 현장은 구조적인 한계에 자주 부딪혔다. 어떤 문제가 있었을까?

첫째, 교사의 전문성 및 절대적인 지도 시간 부족 문제이다. 블록 코딩이나 피지컬 컴퓨팅 도구가 아무리 쉽다 한들 컴퓨터과학에 대한 깊이 있는 이해가 없다면 제대로 다루기 어려웠다. 많은 교사가 정해진 커리큘럼을 소화하는 데 급급하여, 학생들의 다양한 질문과 창의적인 시도에 유연하게 대응할 수 없었다.

둘째, 개별화된 피드백을 제공하기 어려운 환경이었다. 코딩은 학생마다 문제 접근 방식과 오류를 겪는 지점이 모두 다른, 지극히 개별적인 학습 과정이다. 하지만 한 명의 교사가 20~30명의 학생을 동시에 지도하는 환경에서 개개인의 코드와 논리 흐름을 면밀히 살피고 맞춤형 피드백을 제공하는 것은 물리적으로 불가능에 가깝다.

이러한 제약 조건들은 결국 결과물 중심의 따라 하기식 수업을 양산했다. 창의적인 문제 해결 과정을 탐구하기보다 교사가 정해진 예제를 시연하고 학생들은 이를 그대로 따라 하여 동일한 결과물을 만드는 방식으로 흐르기 쉬웠다. 이 과정에서 학생들은 문제 해결의 과정을 내면화하기보다는 단순히 기능 블록을 조립하여 결과를 복제하는 데 집중하게 된다. 이는 코딩교육이 추구하는 본래의 목적과 정면으로 배치된다. 엔트리와 같은 블록 코딩 도구는 기술적 장벽을 낮추는 데 분명 기여했지만, 개념적 장벽을 해소할 수는 없었다. 반복문, 조건문, 변수와 같은 컴퓨팅사고의 핵심 개념은 여전히 많은 학생에게 높은 진입 장벽으로 작용하며 흥미를 잃게 만드는 요인이 되었다.

결론적으로 한국의 학교 코딩교육은 '도구 활용'에서 '컴퓨팅사고력 함양'으로 목표를 바꾸는 데는 성공했으나, 현장의 구조적 한계로 인해 그 목표를 효과적으로 실현하는 데 어려움을 겪어 왔다. 하지만 앞서 말한 바이브 코딩을 교육 현장에 적용한다면 이러한 한계를 극복하는 새로운 돌파구가 될 수 있다.

## 바이브 코딩이 코딩교육의 본질을 회복시키는 방법

MIT 미디어 랩의 공동 설립자이자 구성주의 교육론을 발전시킨 수학자·컴퓨터과학자 시모어 페퍼트Seymour Papert와 같은 학자들은 코딩교육을 본래 단순한 기술 학습을 넘어 '사고의 도구'로 활용하기 위한 목적으로 인식했다. 이러한 이상적인 코딩교육은 학생들이 무언가를 설계하고 프로그래밍하는 만들기 활동을 중심으로 직관, 상상, 호기심에 따라 학습하며 실험과 반복을 즐기는 팅커링Tinkering, 그리고 해결 과정에서 의사결정의 주체가 되는 학습자 주도성을 핵심 전략으로 강조했다.[66] 바이브 코딩은 앞서 살펴본 현장과 이상의 괴리를 AI라는 강력한 도구로 메우고, 이상적인 코딩교육의 본질에 더 가까이 다가갈 새로운 가능성을 제시한다.

첫째, 바이브 코딩은 개념적 장벽을 낮추고 학습 동기를 극대화한다. 반복문, 변수와 같은 추상적 개념은 학생들에게 높은 장벽이었다. 하지만 바이브 코딩 환경에서는 "이걸 10번 반복해 줘." 혹은 "점수를 기록하게 만들어 줘."라고 자신의 의도만 전달하면 된다. 기존 코딩교육이 어려운 용어와의 지루한 싸움이었다면, 바이브 코딩은 자신의 말이나 느낌이 즉각적으로 작동하는 소프트웨어로 구현되도록 해 준다. 이러한 즉각적인 시각적 성과는 학생들에게 코딩은 어렵다는 좌절감 대신 무엇이든 만들 수 있다는 자기효능감을 심어 주며, 더 복잡하고 창의적인 도전을 이어 가게 하는 동력이 된다.

둘째, 1:1 맞춤형 피드백을 현실화한다. 교사 한 명이 20~30명을 동시에 지도할 수밖에 없던 물리적 한계를 AI 에이전트의 등장으로 극복할 수 있다. AI는 학생의 코드를 실시간으로 분석하고 오류를 지적하며, 더 나은 방법을 제안하는 보조교사 역할을 수행한다. 학생은 자신의 속도에 맞춰 끊임없이 질문하고 즉각적인 피드백을 받으며, 교사는 기술적 오류 수정이라는 반복 작업에서 벗어나 학생의 창의적 기획을 지도하는 촉진자의 역할에 더 집중할 수 있다.

셋째, 학습의 초점을 구현에서 기획으로 전환시킨다. 코드 작성의 부담이 줄어들면서 따라 하기가 아닌, 학생에게 "무엇을 만들고 싶은가?"라는 본질적인 질문을 던지는 수업을 할 수 있게 되었다. 자신의 상상력을 명확하게 설명하고, AI가 내놓은 결과물을 보며 의도를 수정하고 다듬는 과정을 반복하는 것 자체가 바로 시모어 페퍼트가 강조했던 만들기와 팅커링의 과정이다. 이는 코딩교육이 본래 목표했던 '문제의 이해, 목표 설정, 해결 방법 탐구'라는 창의적 문제 해결 능력을 기르는 컴퓨팅사고의 핵심 과정이며, 진정으로 학생 주도성을 지원하는 방법이 된다.

## 바이브 코딩, 교육 현장 적용을 위한 신중한 접근

바이브 코딩은 AI를 활용한 문제 해결 및 사고력 증진에 핵심적인 열쇠가 될 수 있다. 하지만 새로운 기술을 교육 현장에 적용하기 위해서는 맹목적인 낙관론을 경계하고 한계와 주의점을 신중하게 살필 필요가 있다.

첫째, 대화형 AI의 본질적인 안전 문제를 고려해야 한다. 바이브 코딩은 결국 LLM과의 대화를 통해 이루어진다. 학생들과 주로 많이 사용하는 캔바의 경우 이용약관에 부적절한 콘텐츠(성인물, 폭력적 내용)를 생성할 수 없다고 명시되어 있으며, 실제 생성을 시도할 경우 콘텐츠 제작이 거부된다.[67] 하지만 우리가 미처 발견하지 못한 우회적인 경로로 유해한 답변이 생성될 가능성은 항상 열려 있다. 따라서 교육 현장에서는 지속적인 모니터링과 기술적 안전장치가 반드시 필요하다.

둘째, AI에 대한 과도한 의존과 '사고의 외주화'를 경계해야 한다. 학생이 AI에게 지속적으로 단편적인 명령만 내리고, AI가 모든 것을 해결해 주는 방식에 익숙해진다면 문제 해결을 쉽게 포기하는 습관이 생길 수 있다. 바이브 코딩의 작동 원리가 문제 해결과 맞닿아 있지만 AI에 전적으로 의존한다면, 쉽게 문제 해결을 포기하는 습관이 생길 수 있다. 학생이 자신의 생각을 돕는 조수 또는 파트너로서의 AI를 활용하며 스스로 고민하고 토론하도록 이끄는 교육적 지도가 반드시 필요하다.

셋째, 윤리적 문제에 대한 교육적 논의가 필요하다. AI는 수많은 공개 코드를 학습하여 결과물을 만든다. 이 과정에서 AI가 학습한 코드의 저작권 문제, AI가 생성한 코드의 소유권 문제 등은 아직 사회적 합의가 필요한 영역이다. 이런 문제들에 대해 학생들과 함께 토론하고 비판적으로 생각하는 과정이 반드시 포함되어야 한다.

이외에도 AI가 만든 코드의 품질이 완벽하지 않다거나, 코드가 복잡해지면 실현 및 수정이 어려워지고, 보안 취약점이 발생할 수 있는 등의 실무적 한계점도 분명히 존재한다. 결국 이러한 위험을 최소화하고 교육적 효과를 극대화하기 위해서는 명확한 교육적 가이드라인을 수립하고 세심한 모니터링과 수업 설계를 병행하는 것이 필수적이다.

# 교실 속 바이브 코딩 활용하기

앞서 바이브 코딩의 개념과 교육적 가능성을 탐구했다면, 이제 그 가능성을 교실 속 실제 활동으로 구현한 사례를 소개한다.

## 어떤 도구를 선택할 것인가? 캔바 코드(Canva Code)

바이브 코딩을 지원하는 도구는 다양하다. 챗GPT, 제미나이를 비롯해, 파이어베이스스튜디오FirebaseStudio, 클로드Claude, 커서Cursor 등 여러 도구가 엎치락뒤치락 성능 경쟁을 벌이고 있다. 하지만 현재 학교교육 현장에서 활용하기 가장 좋은 도구는 캔바 코드이다.

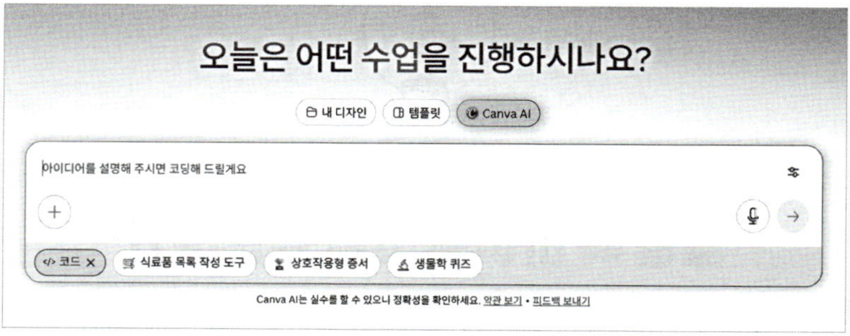


캔바 코드를 사용하기 위한 캔바 홈 화면

가장 큰 이유는 낮은 진입 장벽 때문이다. 캔바는 디자인 플랫폼으로서 포스터 만들기나 프레젠테이션 제작 등으로 이미 학교교육에서 익숙하게 활용되고 있다. 캔바 코드 역시 직관적으로 화면이 구성되어 있으며 다른 도구와 달리 개발 환경에 대한 기본적인 이해 없이도 즉시 앱 개발을 시작할 수 있다는 것이 장점이다. 또한 캔바 자체적인 데이터 시트 기능을 통해 간단한 수준의 백엔드(Back-end) 기능을 제공하여, 사용자가 프로그램을 사용하는 과정에서 입력한 데이터를 저장할 수도 있다. 입력한 데이터를 관리하는 보안적 측면이 취약하긴 하지만 학교 현장에서 컴퓨팅사고의 기초 원리를 가르치고 아이디어를 실제 프로그램으로 구현해 보는 기초 교육 용도로는 이 정도 기능으로도 충분하다. 또한 웹 기반으로 작동하므로 프로그램 설치가 필요 없고, 제작한 프로그램을 웹사이트 형태로 바로 배포할 수 있는 것도 강력한 장점이다.

사용 권한 변경하기

캔바 코드를 사용하기 전에 한 가지 설정을 확인해야 한다. 바로 사용 권한이다. '개인 계정 - 설정'에 접속하여 캔바 코드를 사용할 수 있는 회원의 권한을 '모든 사람'으로 바꿔 주어야 한다. 학교 관리자 설정에 따라 이 기능이 기본적으로 제한되어 있을 수 있으며, 이 경우 학생들이 캔바 코드 기능을 활용할 수 없으므로 수업 전에 반드시 확인해야 한다. 때에 따라서는 캔바 코드를 활용하지 못하게 제한할 수도 있다.

## 하나의 문제를 각자 해결하기

바이브 코딩은 코딩의 무게중심을 코드 작성에서 기획으로 옮겨 놓았기 때문에, 학생들이 자신의 창의적 기획력을 발휘하도록 이끄는 것이 수업의 핵심이다. 하지만 코딩 경험이 없는 학생들에게 처음부터 자유롭게 기획하라고 하면 설계 단계를 어렵게 느낄 수 있다. 따라서 초반에는 연습을 겸해 교사가 공통의 문제상황을 제시하는 방법이 효과적일 수 있다.

| 순서 | 활동 |
|---|---|
| 1 | 문제 및 기능 제시 |
| 2 | 프로그램 기획 |
| 3 | 바이브 코딩 |
| 4 | 공유 및 개선 |

하나의 문제를 함께 해결하기 활동 흐름

먼저 교사는 '우리 반 결정 뽑기 판' 앱 만들기와 같이 학생들의 삶과 관련된 문제상황을 제시한다. 이때 상황에 좀 더 몰입할 수 있도록 구체적인 스토리를 곁들여 주면 더욱 좋다.

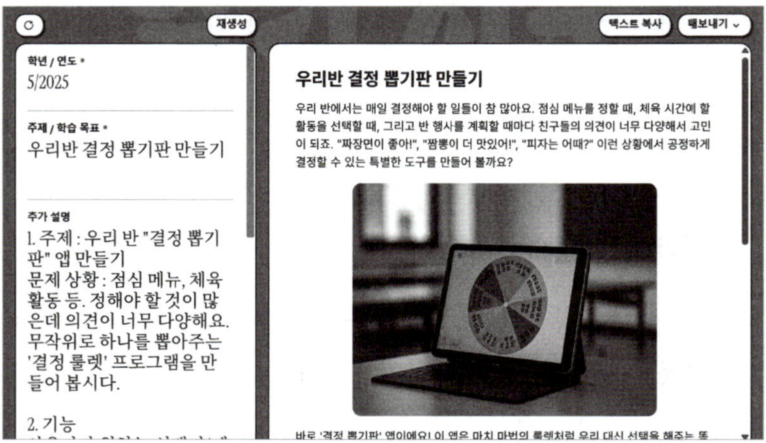


패들렛 TA를 활용해 제작한 문제상황 읽기 자료

문제상황을 제시할 때는 앱이 필수적으로 포함해야 할 최소한의 기능들을 명확히 제시해 주는 것이 좋다. 이 공통 기능은 학생들이 AI 에이전트에게 어떤 내용을 구체적으로 요청해야 하는지 지침 역할을 하기도 한다.

**우리가 만들 결정 룰렛의 기능들**

**1. 선택지 입력하기** 텍스트 입력 칸에 원하는 선택지를 직접 타이핑할 수 있어요. 예를 들어 "짜장면", "짬뽕", "김치찌개"처럼 점심 메뉴를 입력할 수 있습니다.

**2. 목록에 추가하기** '추가하기' 버튼을 누르면 입력한 내용이 선택 목록에 쏙 들어가요. 원하는 만큼 선택지를 계속 추가할 수 있답니다.

**3. 무작위로 뽑기** '뽑기 시작!' 버튼을 누르면 마법이 일어나요! 컴퓨터가 1초 동안 생각한 후, 목록에 있는 항목 중 하나를 완전히 무작위로 선택해서 화면에 크게 보여줍니다.

**4. 다시 시작하기** '다시하기' 버튼을 누르면 모든 선택지가 깨끗하게 지워지고 처음부터 새로 시작할 수 있어요.

앱의 기능 제안하기

두 번째 기획하기 단계에서는 프로그램 제작 계획서를 작성한다. 이는 AI에게 명령을 내리기 전 깊이 사고하는 과정이자 바이브 코딩에서 가장 중요한 단계이다. 이 단계에서는 해결할 문제 파악, 가상의 사용자 설정, 구현할 기능 정리, 화면 구성UI 등을 계획한다.

이러한 기획 단계를 잘 마친 뒤에야 비로소 바이브 코딩 단계에

**프로그램 제작 계획서**

( 3 ) 반 ( 홍 길 동 )

| 제목 | 손가락 헬스장 | |
|---|---|---|
| 해결할 문제는 무엇인가? | 친구와 다툼 없이 간단하고 재미있게 승부를 겨루고 싶다. | |
| 누구를 위한 것인가? | 심심한 친구들, 순서를 정해야 하는 상황에 처한 선생님 | |
| 어떤 기능을 가졌는가? | 제한 시간(예: 10초, 30초) 동안 키보드(혹은 터치)를 더 많이 눌러 게이지를 조금 더 채운 쪽이 승리 | 상단 파워 게이지, 처음에는 50:50 으로 시작 |
| | 양쪽에 캐릭터, 사용자가 이름은 각자 설정 => 게임 종료 후 랭킹에 반영 | 시간이 0초가 되면 게임 종료가 되고, 승패가 가려짐 |
| 형태와 기능 디자인하기 |  | |



프로그램 제작 계획서(예시)

들어간다. 교사가 기본적인 사용법을 먼저 시범 보이고, 학생들이 제작 계획서상의 내용들을 잘 표현해 볼 수 있도록 한다. 계획서를 작성했음에도 불구하고 처음에는 AI에게 명령 내리는 것을 어색해 하는 학생들이 많다. 이 단계에서 교사는 반드시 프롬프트의 기본 구성(목적, 맥락, 예시 등)을 개별 지도해 주는 것이 좋다.

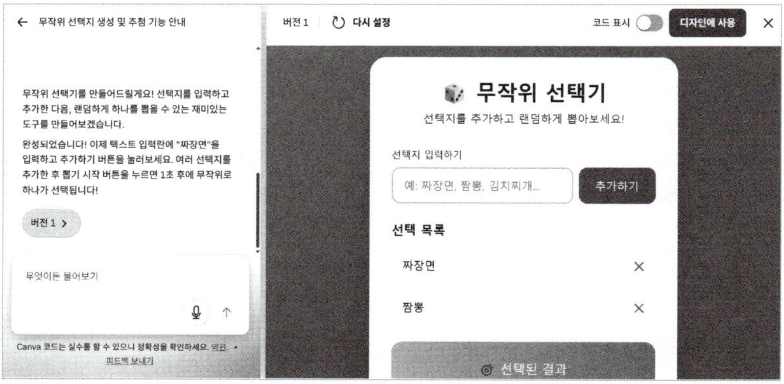

캔바를 활용한 바이브 코딩

프로그램 개발이 완료되면 만들어진 앱을 친구들과 공유한다. LLM의 특성상 똑같은 프롬프트로 앱 개발을 요청했더라도 매번 다른 결과물이 만들어진다. 친구들과 앱의 모습을 비교하고 나만의 기능을 추가해 보는 개선하기 단계를 거친다. 첫 번째 공유 이후엔 각자 개발 속도가 다르기 때문에 패들렛과 같은 온라인 공유 플랫폼을 활용해 완성된 앱의 주소를 업로드하도록 한다.

이러한 '공통 문제 기반' 수업 방식은 다양한 이점이 있다. 첫째, 코딩이 문제 해결 과정임을 자연스럽게 인식하게 된다. 학생들은 추상적인 코딩 문법을 배우는 대신, 실제 문제를 해결하기 위한 도구로서 코딩을 접하며 그 본질적 가치를 체감한다. 둘째, 교사가 학생들의 학습 과정을 모니터링하고 개별적인 피드백을 주기 용이하다. 모든 학생이 동일한 목표를 향해 개발을 진행하므로 교사는 학생들이 어떤 프롬프트를 사용하는지 쉽게 이해할 수 있다. 또한 학생들을 비교하며 관찰할 수 있기 때문에 사고 과정을 파악하고 시의적절한 피드백을 제공할 수 있다. 셋째, 학생들은 자신의 결과물과 다른 친구들의 결과물을 비교하며 공통점과 차이점을 자연스럽게 발견한다. 이 과정에서 핵심은 결과물의 완성도가 아니라, 서로가 어떻게 논리적으로 구조화하고 창의적 해결책을 제시했는지 그 과정을 공유하고 비교하는 것이다. 다른 친구들의 발표를 보며 동일한 문제에 대해서도 얼마나 다양한 접근이 가능한지를 배우고, 생성된 결과물을 비판적으로 평가하며 서로의 아이디어에 피드백을 줄 수 있다. 이러한 과정을 학생 수준에 따라서 모둠활동으로 진행하는 것도 상호작용을 극대화하는 좋은 방법이다.

| 주제 | 난이도 |
|---|---|
| 아침 독서 활동 타이머 만들기 | 하 |
| 일인일역 점검 프로그램 만들기 | 중 |
| 발표 횟수 체크 프로그램 만들기 | 중 |
| 햄버거 주문 키오스크 만들기 | 상 |

공통 문제 추천 주제

## 스스로 문제를 발견하고 해결하기

'하나의 문제를 함께 해결하기' 활동이 교사가 제시한 문제에서 출발했다면, 이 활동은 학생들이 스스로 문제를 발견하고 해결의 전 과정을 주도하는 본격적인 프로젝트 학습이다. 이 활동은 다음과 같은 단계로 진행된다.

| 순서 | 활동 |
|---|---|
| 1 | 문제상황 가정하기 |
| 2 | 프로그램 설계 및 디자인하기 |
| 3 | 프로그램 제작하기 |
| 4 | 짝 공유 및 개선하기 |
| 5 | 최종 공유하기 |

하나의 문제를 함께 해결하기 활동 흐름

첫 번째 단계는 학생들이 자신의 일상이나 우리 사회에서 해결하고 싶은 문제상황을 스스로 발견하고 정의하는 것이다. 새로운 것의 창작은 종종 기존의 불편함이나 결핍을 인식하는 데서 시작된다. '내가 자주 가는 장소들, 친구들과의 관계, 내가 관심 있는 것' 등에서 평소 느끼던 불편함은 없는지 되돌아보도록 한다.

마인드맵이나 SCAMPER 같은 창의적 사고 기법을 활용하는 것도 효과적인 방법이다. 문제를 발견하는 것은 단숨에 되는 것이 아니므로 시간을 여유롭게 주고 천천히 문제를 수집하게 하는 것도 좋은 방법이다. 교사는 거창한 문제보다는 작더라도 구체적인 문제에서 출발하도록 격려해 주어야 한다. 이 단계는 정해진 답을 찾는 것을 넘어, 해결할 가치가 있는 질문을 스스로 던지는 능력을 기르는 과정이다.

| 주제 |
| --- |
| 집에 혼자 있는 심심한 고양이를 위한 놀이 프로그램 |
| 양치하는 방법을 알려 주는 칫솔질 프로그램 |
| 포켓몬을 잘 모르는 어른들을 위한 포켓몬 카드 게임 |
| 디지털 윤리를 잘 모르는 친구들을 위한 방 탈출 프로그램 |

학생들이 발견했던 문제상황 예시

**기획을 위한 아이디어 발산하기**

- 기존의 생활 문제를 다른 방식으로 바꿔보기
- **예시**: 분리수거 앱을 만든다면
  - **S (Substitute)**: 분리 수거를 고민 하는 대신, 물건을 넣으면 알려주기
  - **C (Combine)**: 분리수거와 게임을 합치기
  - **A (Adapt)**: 급식실 잔반 문제에도 적용하기
  - **M (Modify)**: 캐릭터/아이콘을 더 귀엽게 바꾸기
  - **P (Put to other use)**: 학교뿐 아니라 집에서도 쓰기
  - **E (Eliminate)**: 어려운 기능은 빼고 꼭 필요한 기능만 남기기
  - **R (Rearrange)**: 화면 순서를 바꾸어 더 쉽게 만들기

👉 평소 생각 못 한 아이디어를 변형해낼 수 있음

다양한 방법으로 문제상황 떠올리기

문제상황이 정해졌다면 기획하기 단계에서는 자신이 정의한 문제를 해결하기 위한 프로그램 제작 계획서를 작성한다. 앞선 '공통 문제' 활동과 마찬가지로 이 단계는 코딩 이전에 '무엇을, 왜, 어떻게 만들 것인가'를 깊이 고민하는 기획의 과정이다. 학생들은 자신의 문제에 맞는 가상의 사용자, 핵심 기능 등을 구체적으로 설계하며 아이디어를 현실

화할 준비를 한다. 만약 학생들이 이 과정에 익숙해졌다면, 사용자 여정User FLOW를 설계해 보는 것도 좋다.

**프로그램 제작 계획서**

( ) 반 ( )

| 제목 | | |
|---|---|---|
| 해결할 문제는 무엇인가? | | |
| 누구를 위한 것인가? | | |
| 어떤 기능을 가졌는가? | | |
| | | |
| 형태와 기능 디자인하기 | | |

**사용자 여정 (User FLOW) 설계**

**프로그램 이름 :**

**제작자 :**

| 첫 화면 | 앱을 실행했을 때 어떤 화면이 실행되나요? | 게임 제목(Defense)이 크게 보임<br>시작 버튼, 설정 버튼, 도움말 버튼이 있음<br>배경에 몬스터가 몰려오는 애니메이션이 짧게 반복 | |
|---|---|---|---|
| 사용자 조작 | 사용자는 무엇을 어떻게 조작하나요? | 시작 버튼 클릭<br>→ 게임 시작<br>타워 선택<br>(예: 대포, 마법사, 활)<br>→ 필드 위 원하는 위치에 드래그하여 배치<br>플레이 버튼 클릭<br>→ 몬스터가 이동 시작<br>게임 중:<br>타워 업그레이드 버튼을 누르면 공격력 강화<br>일시정지 버튼으로 잠시 멈춤 | |
| 중간 흐름 | 사용자 조작에 따라 어떤 결과가 나오나요? (애니메이션, 색깔, 소리) | 타워를 놓으면<br>→ 해당 위치에 애니메이션 효과(빛나는 원, 설치 소리)<br>몬스터가 맞으면<br>→ 피가 줄고, 효과음과 함께 사라짐<br>레벨 클리어<br>→ 화면에 Victory! 가 크게 뜨며 폭죽 애니메이션<br>실패<br>→ Game Over와 함께 어두운 화면 전환, 슬픈 효과음 | |
| 끝 화면 | 사용자가 종료하려면 어떻게 하나요? | 게임 중단 시, 메뉴 버튼(X) 클릭<br>→ '정말 종료하시겠습니까?' 팝업<br>"예" 선택 → 앱 종료<br>"아니오" 선택 → 다시 게임으로 복귀<br><br>종료 시 마지막 메시지:<br>다음에 또 도전해 보세요! | |

프로그램 제작 계획서와 사용자 여정 학습지

기획이 완성되면 바이브 코딩 도구를 활용하여 실제 작동하는 프로그램을 제작한다. 이 단계는 한 번에 끝나는 것이 아니라 다음 단계인 '짝 공유 및 개선하기' 단계와 순환적으로 이루어지는 핵심 과정이다. AI 에이전트에게 코드 수정을 요청한 뒤 수정되기까지 걸리는 대기 시간이 있으므로 이 시간을 피드백 시간으로 활용하면 효율적이다. 전체 발표에 앞서 짝에게 먼저 자신의 프로그램을 시연하고, 구체적인 피드백을 주고받는다. 학생은 짝의 피드백을 바탕으로 AI 에이전트에게 어떻게 다시 요청할지, 프롬프트를 수정할지 여부를 스스로 결정하며 프로그램을 개선해 나간다. 이 과정에서 교사는 학생들의 프롬프트를 중간중간 확인하며, 학생들이 자신들의 의도를 AI에게 효과적으로 전달할 수 있는 프롬프팅 전략을 지도하며 깊이 있는 사고가 일어날 수 있도록 돕는다.

마지막은 공유하기 단계이다. 이 단계는 크게 두 부분으로 나뉘어 진행된다. 첫 번째는 발표 단계로 학생이 전체 학생들 앞에서 자신의 프로그램이 담고 있는 기획 의도와 핵심 기능을 명확히 설명한다. 두 번째는 상호 체험 및 피드백 단계이다. 발표를 들은 학생들은 해당 프로그램을 직접 사용해 본다. 체험이 끝난 후 목적에 맞게 프로그램이 설계되었는지, 기능이 정상적으로 작동하는지, 장점과 개선할 점, 내가 배운 점 등을 기준으로 구체적인 피드백을 작성하며 상호평가를 진행한다. 이러한 전 과정을 통해 학생들은 문제 발견, 기획, 제작, 개선, 공유에 이르는 창작의 전체 흐름을 주도적으로 경험한다.

### 그 밖의 창의적 활용 전략과 제언

앞서 소개한 활동들은 바이브 코딩 수업을 위한 하나의 뼈대이다. 여기에 몇 가지 전략을 더한다면 수업을 더욱 풍성하고 깊이 있게 만들 수 있다.

첫째, 자리 바꿔서 코딩하기이다. 때로는 문제에 깊이 몰입할수록 해결의 실마리가 보이지 않는 경우가 있다. 이럴 때는 관점 전환으로 쉽게 해결책을 얻는 경우가 많은데, 다른 친구와 개발 중인 프로그램을 바꿔서 개발해 보는 것이다. 새로운 실마리를 얻을 수도 있고 다른 친구가 작성한 프롬프트를 보고 나의 프롬프트를 개선할 수도 있다. 이러한 역발상은 기존의 고정관념을 깨고, 문제의 본질을 전혀 다른 각도에서 바라보게 하여 예상치 못한 창의적 해결책으로 이끌 수 있다.

둘째, 게임으로 시작하기이다. 게임을 개발하기 위해서는 복잡한 컴퓨팅사고력이 필요하다. 게임의 기본적인 규칙을 생각해야 하고 이동 기능, 아이템, 경험치 등 고려해야 할 것들이 정말 많다. 무엇보다 '재미'와 '흥미'만큼 강력한 동기부여는 없다. 이 재미와 흥미는 게임을 하면서 느껴지는 것이 아니라, 게임 만드는 과정 자체를 즐기면서 생겨나는 흥미이다. 이는 다른 프로그램 개발과 전혀 다를 바가 없다. '게임'이라는 단어에 매몰되어 부정적으로만 생각하면 아이들이 창의력을 마음껏 발산할 수 있는 기회를 막는 것일 수 있다.

결국 이 모든 활동에서 교사가 기억해야 할 가장 중요한 원칙은 하나다. 그것은 바로 사고의 외주화를 막고, 학생들이 끊임없이 인지적인 노력을 기울이도록 이끄는 것이다. 바이브 코딩은 결코 정답을 쉽게 얻기 위한 도구가 아니다. 오히려 그 반대이다. 바이브 코딩을 통해 학생들은 기획력과 절차적 사고를 즐겁게 익히고, 자신의 아이디어가 현실이 되는 성공 경험을 맛볼 수 있다. 이 긍정적인 경험은 더 큰 지적 호기심으로 이어진다. "이걸 어떻게 더 멋지게 만들 수 있을까?", "AI가 만든 코드는 무슨 뜻일까?"와 같은 질문을 스스로 던지게 되는 것이다. 교사의 지혜로운 안내 속에서 바이브 코딩은 학생들의 생각을 대신해 주는 지적 대리인이 아니라, 인간 고유의 창의성과 기획력을 증폭시키고 더 깊은 배움의 세계로 나아가게 하는 강력한 사고의 파트너가 될 것이다.

# 나오며

우리는 AI가 주어진 세상을 살아가고 있다. 거대한 기술의 파도가 교육 현장을 덮치고 있으며, 교사는 기술이 가져올 혁신에 대한 기대와 방향을 잃은 듯한 막막함을 동시에 마주하고 있다. 기계가 인간의 사고를 대체하고 데이터가 경험을 앞서는 시대, 지금 교실은 전례 없는 질문들로 가득 차 있다. 이 책의 마지막 글을 쓰는 이 순간에도 AI는 계속해서 위기와 기회라는 두 얼굴을 동시에 보여 주고 있다.

미래는 결코 마법처럼 주어지지 않는다. 긍정과 회의의 희미한 경계 위에서 용기 있게 도전하고 실패하며 끊임없이 길을 찾는 이들이 서로를 응원하는 공동체와 함께 만들어 가는 과정이다. 교육에서 변화를 만들어 내는 가장 중요한 주체는 교사이다. 교사의 전문성과 교육권에 대한 사회적 신뢰와 지지라는 단단한 토양이 뒷받침될 때 비로소 변화의 씨앗은 싹을 틔울 수 있다. 이 책을 읽는 모든 선생님의 용기 있는 도전과 성장을 응원한다.

"AI가 주어진 세상에서 교육은 어떻게
학생들의 주체성을 발견하고 키워 가도록 이끌어야 하는가?"

이 질문에 대한 고민이 이 책의 시작이었고, 이 책의 마지막 장을 닫는 독자들의 마음속에 이 질문이 새로운 시작점으로 자리 잡기를 소망한다. 저자의 손을 떠난 책은 마침표를 찍는 순간 완결되지만 그 생명력은 독자를 통해 이어진다. 이 책을 통해 저자와 독자가 함께 나눈 고민은 이제 각자의 교실에서 학생들과의 생생한 만남으로 이어져 새롭게 숨을 쉴 것이다.

이 마침표가 또 다른 배움과 성장의 여정을 여는 출발점이 되기를 바라며, 책의 마침표를 찍는다.

# 참고문헌


강태훈, 김준엽, 박주형, 박찬호. (2024). 인공지능 기반 학습자료 활용 현황 및 만족도 조사. 연구보고 KR 2025-02, 한국교육학술정보원.

고은이. (2024년 12월 30일). 텔레그램, 창업 11년 만에 '첫 흑자'…"연 매출 1.4조 넘었다". 한국경제. https://www.hankyung.com/article/202412246704i

교육부(2022). 2022 개정 초·중등학교 교육과정 총론 해설. 교육부 고시 제2022-33호(2022.12.22.).

교육부. (2023). 모두를 위한 맞춤 교육의 실현, 디지털 기반 교육혁신 방안.

교육부. (2025). AI for All: 모두를 위한 AI 인재 양성 방안.

김상운, 이윤정, 이애숙. (2022). 학교 현장의 에듀테크 활용 및 수요 분석: 에듀테크 설문조사 결과를 중심으로. 기타자료 RS 2022-01, 한국교육학술정보원.

김소영, 김현지, 이상수. (2018). 사회정서역량과 회복탄력성이 학교 적응과 부적응에 미치는 영향. 학습자중심교과교육연구, 18(18), 477-494.

김은경, 이영준. (2023). 인공지능 윤리 역량 신장을 위한 인공지능 윤리 딜레마 개발. 컴퓨터교육학회 논문지, 26(5), 31-42.
김은영. (2025년 9월 26일). 한국 대학생 92%, 과제할 때 AI 활용… '일자리 대체' 불안도 높아. AImatters. https://aimatters.co.kr/news-report/ai-report/32052/
김재은, 이재준. (2025). 2025년 에듀테크 소프트랩 실증 가이드. 교육자료 No. GM 2025-01, 한국교육학술정보원.
김진욱, 백경태, 전창배, 정필운, 주윤경. (2023). 생성형 AI 윤리 가이드북. 방송통신위원회, 한국지능정보사회진흥원.
김현진, 김미숙, 이선영, 김정아, 김민성, 김준엽, 조준영. (2020). OECD ESP 사회정서역량 조사 국제공동연구(Ⅳ). 연구보고 RR 2020-07. 한국교육개발원.
남혁우. (2025년 6월 20일). 혼자 만든 AI 코딩툴, 6개월 만에 1천억원에 팔렸다…'바이브코딩'이 뭐길래. ZDNET Korea. https://zdnet.co.kr/view/?no=20250620090112
문상혁. (2025년 11월 10일). 연세대 600명 강의 대규모 '커닝' 의혹…AI, 시험에 들다. 중앙일보.
배영임, 김유나. (2022). 인공지능의 윤리적 쟁점에 관한 탐색적 연구. 경기연구원.
서동현, 오삼일, 김민정. (2025). AI의 빠른 확산과 생산성 효과: 가계조사를 바탕으로. BOK 이슈노트 제 2025-22호.
서경혜. (2009). 교사 전문성 개발을 위한 대안적 접근으로서 교사학습공동체의 가능성과 한계. 한국교원교육연구, 26(2), 243-276.
유은제. (2024년 10월 14일). AI의 뇌졸중 예측 "의사보다 정확했다". 의학신문. http://www.bosa.co.kr/news/articleView.html?idxno=2232866
이민희. (2007). 옛날에는 돼지들이 아주 똑똑했어요. 느림보.
이상서. (2025년 1월 19일). 중고생 3명 중 2명 "생성형 AI 써봤다"…교육 경험은 부족. 연합뉴스. https://www.yna.co.kr/view/AKR20250118040500530
이정민. (2024). 주요국의 디지털 기술 확산 현황 및 시사점 : 기업·산업 측면을 중심으로. 한국지능정보사회진흥원.
이지윤. (2020년 8월 29일). 코로나발 AI로 성적평가한 英...경악한 학생들 "내

성적 아니다". 머니투데이. https://www.mt.co.kr/world/2020/08/29/2020082711342793368
장덕수. (2025년 9월 17일). 오픈AI "18세 미만 사용자 전용 챗GPT 이달 말 출시". KBS뉴스. https://news.kbs.co.kr/news/pc/view/view.do?ncd=8359631
정호준. (2025년 5월 26일). '챗GPT' 오픈AI 韓법인 설립 "한국 유료구독자 전세계 2위". 매일경제. https://www.mk.co.kr/news/it/11326951
최영호. (2025년 4월 26일). [인포그래픽] 2025년, 사람들이 AI를 활용하는 방법. MADCLUB. https://www.madclub.co.kr/news/articleView.html?idxno=9125
한지혜. (202년 8월 27일). "챗GPT가 16세 아들 자살 코치"…누구 책임? 결국 법정 갔다. 중앙일보. https://www.joongang.co.kr/article/25362067
한희원. (2018). 인공지능(AI) 법과 공존윤리. 박영사.
허유선, 이연희, 심지원. (2020). 인공지능 윤리와 로봇 윤리, 차이와 연속성-모두의 윤리로서 인공지능 윤리를 향하여. 철학· 사상· 문화, 34, 41-72.
홍준석. (2025년 10월 15일). 서울대, 내년부터 교원·학생에 '생성형 AI' 무료 제공. 연합뉴스. https://www.yna.co.kr/view/AKR20251015068900004
AI Index Steering Committee. (2025). The AI Index 2025 Annual Report. Institute for Human-Centered AI, Stanford University.
Anthropic. (2025.04.09.). Anthropic education report: How university students use Claude. Retrieved from https://www.anthropic.com/news/anthropic-education-report-how-university-students-use-claude
Artificial Analysis. (2025). Artificial Analysis Intelligence Index. Retrieved September 19, 2025, from https://artificialanalysis.ai/?intelligence-tab=coding
Bilton, N. (2014, September 10). Steve Jobs was a low-tech parent. The New York Times. https://www.nytimes.com/2014/09/11/fashion/steve-jobs-apple-was-a-low-tech-parent.html
Bjork, E. L., & Bjork, R. A. (2011). Making things hard on yourself, but in a good way: Creating desirable difficulties to enhance learning. Psychology and the real world: Essays illustrating fundamental contributions to society, 2(59-68), 56-

64.
Bloom, B. S. (1984). The 2 sigma problem: The search for methods of group instruction as effective as one-to-one tutoring. Educational Researcher, 13(6), 4-16.
Brown, P. C., Roediger Ⅲ, H. L. & McDaniel, M. A. (2014). 어떻게 공부할 것인가. (김아영, 역). 와이즈베리. (원본 출판 2014년)
Brynjolfsson, E., Chandar, B., & Chen, R. (2025, August 26). Canaries in the coal mine? Six facts about the recent employment effects of artificial intelligence. (Working Paper).
Canva. (n.d.). Canva AI 제품 약관. https://www.canva.com/ko_kr/policies/ai-product-terms/
Center for AI Safety. (2023). Statement on AI Risk. https://www.aistatement.com/
Collaborative for Academic, Social, and Emotional Learning (CASEL). (n.d.). What is the CASEL framework?. https://casel.org/fundamentals-of-sel/what-is-the-casel-framework/
Cost, B. (2025, June 26). UCLA grad brazenly shows off ChatGPT that did his assignments for him and critics aren't happy: 'We're so cooked'. New York Post. https://nypost.com/2025/06/26/tech/ucla-grad-brazenly-shows-off-chatgpt-that-did-his-assignments-for-him-and-critics-arent-happy-were-so-cooked/
Dewey, J. (2011). How we think. (정회욱, 역). 학이시습. (원본 출판 1910년)
EBS 다큐. (2014.7.15.). 교육대기획 10부작 학교란 무엇인가 8부. 0.1%의 비밀 (2010년 11월 29일 방영). https://youtu.be/auGGn_3gm2w?si=puwgeyDFLFa6IgpU
Ericsson, K. A., & Pool, R. (2016). 1만 시간의 재발견: 노력은 왜 우리를 배신하는가. (강혜정 역). 비즈니스 북스. (원본출판, 2016)
Ericsson, K. A., Krampe, R. T., & Tesch-Romer, C. (1993). The role of deliberate practice in the acquisition of expert performance. Psychological Review, 100(3), 363-406.

Fan, Y., Tang, L., Le, H., Shen, K., Tan, S., Zhao, Y., ... & Gašević, D. (2025). Beware of metacognitive laziness: Effects of generative artificial intelligence on learning motivation, processes, and performance. British Journal of Educational Technology, 56(2), 489-530.

Freeman, J. (2025). Student generative ai survey 2025. Higher Education Policy Institute: London, UK.

Gerlich, M. (2025). AI Tools in Society: Impacts on Cognitive Offloading and the Future of Critical Thinking. Societies, 15(1), 6.

Gorgan, M. (2017, April 21). Billionaire tech mogul Bill Gates didn't let his kids have a mobile phone until they were 14. The Mirror. https://www.mirror.co.uk/tech/billionaire-tech-mogul-bill-gates-10265298

Haidt, J. (2024). 불안세대. (이충호, 역). 웅진 지식하우스. (원본 출판 2024)

Harari, Y. N. (2024). 넥서스. (김명주, 역). 김영사. (원본 출판, 2024)

Hari, J. (2023). 도둑맞은 집중력. (김하현 역). 어크로스. (원본 출판, 2022)

Heinz, M. V., Mackin, D. M., Trudeau, B. M., Bhattacharya, S., Wang, Y., Banta, H. A., ... & Jacobson, N. C. (2025). Randomized trial of a generative AI chatbot for mental health treatment. Nejm Ai, 2(4), AIoa2400802.

Hess, K. (2013). Webb's depth of knowledge. Common Core Institute.

International Society for Technology in Education (ISTE). (2023). Teacher ready edtech product evaluation guide. ISTE.

Jackson, J. (2025). Higher order prompting: Applying Bloom's revised taxonomy to the use of large language models in higher education. Studies in Technology Enhanced Learning, 4(1).

Kakao. (2025년 6월). 2024 Kakao ESG Report.

Kestin, G., Miller, K., Klales, A., Milbourne, T., & Ponti, G. (2025). AI tutoring outperforms in-class active learning: an RCT introducing a novel research-based design in an authentic educational setting. Scientific Reports, 15(1), 17458.

Khan, S. (2025). 나는 AI와 공부한다. (박세연, 역). RH Korea. (원본 출판, 2024)

Kosmyna, N., Hauptmann, E., Yuan, Y. T., Situ, J., Liao, X. H., Beresnitzky, A. V., ... & Maes, P. (2025). Your Brain on ChatGPT: Accumulation of Cognitive Debt when Using an AI Assistant for Essay Writing Task. arXivpreprint arXiv:2506.08872.

Kucirkova, N., Uppstad, P. H., Holeton, R., Lin, D., Clark-Wilson, A., & Chigeda, A. (2025). Evaluating educational technology: Consolidating across multiple impact indicators and rating systems. Computers & Education, 240, Article 105467. https://doi.org/10.1016/j.compedu.2025.105467

Learning Cabinet. (2024, NOV 24). Edtech for Good Framework Presentation. https://www.learningcabinet.org

Mollick, E. (2025, July 08) Against "BrainDamage". https://www.oneusefulthing.org/p/against-brain-damage?utm_campaign=post&utm_medium=web

OECD. (2005). Formative Assessment: Improving Learning in Secondary Classrooms. OECD Publishing, Paris, https://doi.org/10.1787/9789264007413-en.

OECD. (2021). Beyond academic learning: First results from the survey of social and emotional skills. OECD Publishing, Paris, https://doi.org/10.1787/92a11084-en

OECD. (2023). PISA 2022 Results (Volume II): Learning to Learn, OECD Publishing, Paris, https://doi.org/10.1787/a97db61c-en

OECD. (2024). AI Principles Overview. OECD Publishing, Paris, https://www.oecd.org/en/topics/ai-principles

OECD. (2025). OECD Teaching Compass: Reimagining teachers as agents of curriculum changes. OECD Publishing, Paris, https://doi.org/10.1787/8297a24a-en

Padlet. (2025). AI Policy. Padlet Help Center. https://padlet.help/l/en/article/zof2mh33a6-ai-policy

Papert, S. (1980). Mindstorms: Children, Computers, and Powerful Ideas. Basic Books, Inc.

Phang, J., Lampe, M., Ahmad, L., Agarwal, S., Fang, C. M., Liu, A. R., ... & Maes, P. (2025). Investigating affective use and emotional well-being on ChatGPT. arXiv preprint arXiv:2504.03888.

Risko, E. F., & Gilbert, S. J. (2016). Cognitive offloading. Trends in cognitive sciences, 20(9), 676-688.

Scarfe, P., Watcham, K., Clarke, A., & Roesch, E. (2024). A real-world test of artificial intelligence infiltration of a university examinations system: A "Turing Test" case study. PloS one, 19(6), e0305354.

The Harris Poll. (2025, May 7). Mental Health Awareness Month: Key findings on U.S. attitudes and barriers to care. https://theharrispoll.com/briefs/mental-health-awareness-month-key-findings-on-u-s-attitudes-and-barriers-to-care-2/

UNESCO. (2021). Reimagining our futures together: A new social contract for education.

UNESCO. (2022). Recommendation on the Ethics of Artifical Intelligence.

UNESCO. (2023). Global Education Monitoring Report, 2023: Technology in education: A tool on whose terms?. https://doi.org/10.54676/UZQV8501

UNESCO. (2025, January 31). What you need to know about social and emotional learning. https://www.unesco.org/en/articles/what-you-need-know-about-social-and-emotional-learning

UNICEF. (2024). EdTech for Good: A global framework for safe, inclusive and impactful EdTech (BETA version, 1st ed.).

Viswanath, S., & Khanna, V. (2023, November 16). AI: The coming revolution. Coatue. https://www.coatue.com/blog/perspective/ai-the-coming-revolution-2023

Wiliam, D. (2006). Assessment: Learning communities can use it to engineer a bridge connecting teaching and learning. The Learning Professional, 27(1), 16.

Wiliam, D., Lee, C., Harrison, C., & Black, P. (2004). Teachers developing assessment for learning: impact on student achievement. Assessment in Education: Principles, Policy & Practice, 11(1), 49-65.

Young, J. (2024, February 13). Former Google boss calls for teen social media ban, warns of AI causing 'real harm'. CCN. https://www.ccn.com/news/technology/former-google-boss-calls-for-teen-social-media-ban-warns-of-ai-causing-real-harm/

# 미주

1 Center for AI Safety, 2023
2 AI Index Steering Committee, 2025, p. 64
3 유은제, 2024
4 UNESCO, 2021, p.9
5 교육부, 2025
6 장덕수, 2025
7 강태훈, 김준엽, 박주형, 박찬호, 2024
8 Hari, 2022
9 Haidt, 2024, p.23-24
10 Bilton, 2014; Gorgan, 2017; Young, 2024
11 UNESCO, 2023
12 OECD, 2023
13 정호준, 2025; 서동현, 오삼일, 김민정, 2025

14 이정민, 2024, p.12
15 Harari, 2024
16 배영임, 김유나, 2022; 한희원, 2018
17 허유선, 이현희, 심지원, 2020
18 김은경, 이영준, 2023
19 문상혁, 2025
20 Scarfe, Watcham. Clarke, & Roesch, 2024
21 이지윤, 2020
22 The Harris Poll, 2025
23 최영호, 2025
24 Phang et al. 2025
25 한지혜, 2025
26 Heinz et al., 2025
27 Bloom, 1984
28 교육부, 2022; OECD, 2005; William, 2006; William, Lee, Harrison, & Black, 2004
29 Cost, 2025
30 Anthropic, 2025
31 Kosmyna et al., 2025
32 Risco & Gilbert, 2016
33 Gerlich, 2025
34 Fan et al., 2024
35 고은이, 2024; kakao, 2025
36 남혁우, 2025
37 OECD, 2025, p. 8-14.
38 Khan, 2024, p. 36
39 Kosmyna et al., 2025
40 Mollick, 2025

41 OECD, 2025, p.17
42 Kestin, Miller, Klales, Milbourne, & Ponti, 2025
43 김상운, 이윤정, 이애숙, 2022
44 UNICEF, 2024
45 ISTE, 2023
46 김재은, 이재준, 2025
47 Kucirkova et al., 2025
48 Ericsson & Pool, 2016
49 Ericsson et al., 1993
50 서경혜, 2009
51 Padlet. 2025
52 Bjork & Bjork, 2011; Brown, Roediger, & McDaniel, 2014
53 EBS, 2014
54 Dewey, 1910, p. 76
55 OECD, 2024
56 김진욱, 백경태, 전창배, 정필운, 주윤경, 2023
57 김은영, 2025; 이상서, 2025; Freeman, 2025
58 홍준석, 2025
59 Jackson, 2025
60 김현진, 김미숙, 이선영, 김정아, 김민성, 김준엽, 조준영, 2020
61 김소영, 김현지, 이상수, 2018
62 UNESCO, 2025
63 OECD, 2021
64 Hess, 2013
65 Brynjolfsson et al., 2025
66 Papert, 1980
67 Canva, AI 제품 약관